Sylvia und Peter Bukowski

Was ist der Mensch, daß du seiner gedenkst?

Reden von Gott in der Welt

Neukirchener

© 1998
Neukirchener Verlag
Verlagsgesellschaft des Erziehungsvereins mbH
Alle Rechte vorbehalten
Umschlaggestaltung: Hartmut Namislow
Druckvorlage: Volker Hampel
Gesamtherstellung: Breklumer Druckerei Manfred Siegel KG
Printed in Germany
ISBN 3–7887–1709–2

Die Deutsche Bibliothek – CIP-Einheitsaufnahme

Bukowski, Sylvia:
Was ist der Mensch, daß du seiner gedenkst?: Reden von Gott
in der Welt / Sylvia und Peter Bukowski. – Neukirchen-Vluyn:
Neukirchener, 1998
   ISBN 3–7887–1709–2

Vorwort

Ermutigt durch die freundliche Aufnahme unseres Predigtbandes »Ein Buch voller Leben« legen wir eine weitere Sammlung von Predigten, Bibelarbeiten und Andachten vor. Wir nennen sie »Reden von Gott in der Welt«, um deutlich zu machen, worauf es uns ankommt, nämlich Gottes gnädiges und zurechtweisendes Wort so weiterzusagen, daß sich die Hörerinnen und Hörer in ihrer Lebenssituation gemeint und angesprochen fühlen.

Dazu bieten die den Auslegungen zugrundeliegenden Bibeltexte die wichtigste Anleitung. Mit Psalm 8 ausgedrückt: Sie bringen den Gott zur Sprache, der des Menschen gedenkt, und fragen nach dem Menschen, der im Gedenken Gottes seinen Grund und seine Hoffnung hat. Die Bibel setzt in Beziehung, was bei uns oft auseinanderzubrechen droht. Insofern bewahrt der Bibelbezug die Verkündigung am ehesten davor, trostlos von der Welt oder belanglos von Gott zu reden.

Wir haben uns bemüht, Themen aufzugreifen, die die Gemeinden bewegen. Ein Schwerpunkt liegt auf der Frage, wie man angesichts von Gewalt, zunehmender sozialer Ungerechtigkeit und einer allgemeinen Sinnkrise die Hoffnung auf Gott behalten und zu verantwortlichem Handeln finden kann.

Die Predigten von Sylvia Bukowski sind in der Dietrich-Bonhoeffer-Kirche (Wuppertal-Unterbarmen) gehalten, einer Predigtstätte, zu der unter anderem Mitarbeitende und Gäste der »Vereinten Evangelischen Mission« sowie Lehrende und Lernende der »Kirchlichen Hochschule« gehören. Peter Bukowski hatte seine Predigten und Bibelarbeiten des öfteren für ›offizielle Anlässe‹ zu konzipieren. Wo es für das Verständnis wichtig erscheint, ist die homiletische Situation vermerkt.

Die Teilnahme an einer Tagung der »Gesellschaft für Evangelische Theologie« zu dem Thema: »Was hat die Kirche heute zu sagen?« veranlaßte uns, die Predigtaufgabe noch einmal grundsätzlich zu bedenken. Unsere dort eingebrachten Beiträge bilden den Abschluß dieser Sammlung.

5

Wir danken Herrn Dr. Volker Hampel für seine freundliche, kompetente und immer anregende verlegerische Betreuung, Herrn Dr. Georg Plasger für die kritische Durchsicht des Manuskriptes, der Evangelischen Kirche im Rheinland für die Gewährung eines Druckkostenzuschusses.

Wuppertal, im März 1998 Sylvia und Peter Bukowski

Inhalt

Gottes Name leuchtet über dir

Meditation im Silvestergottesdienst über ein Bild von Marc Chagall
(Sylvia Bukowski)

Liebe Gemeinde,

Silvester gibt Anlaß zu zwiespältigen Gefühlen. Schon den ganzen
Tag über hört man Knallfrösche und das Zischen von irgendwelchen
Raketen – lauter vorlaute Vorboten des Spektakels von heute nacht,
wenn das neue Jahr eingeläutet und mit einem großen Feuerwerk
begrüßt wird. Und sicher haben einige von Ihnen vor, gleich feiern zu
gehen oder sich von dem bunten Fernsehprogramm unterhalten zu
lassen, bis es soweit ist.
Ausgelassenheit, Spaß, Übermut und Amüsement gehören zu dieser
Nacht dazu. Denn es ist doch wirklich ein Grund zu feiern, daß noch
nicht alles aus ist, daß ein neues Jahr beginnt, neue Erfahrungen möglich werden und vielleicht auch neue Anfänge. Aber zu diesem letzten
Abend im Jahr gehört auch die Besinnung, die Frage: Woher komme
ich, wer bin ich, wohin führt mein Weg? Der Anfang von etwas Neuem setzt Abschied voraus, macht bewußt, daß wir nichts festhalten
können, daß unsere Zeit vergeht, daß wir keine bleibende Stadt haben
auf dieser Erde.
Auch eine gewisse Melancholie liegt also über diesem Abend, und
manche empfinden sehr deutlich Angst vor dem, was die Zukunft an
Ungewißheit mit sich bringt, sei es im Blick auf Beziehungen, Arbeit
oder Gesundheit.
Diese leiseren und verborgeneren Gefühle sollen hier nicht einfach
übertönt oder überspielt werden. Gerade in alle Ungewißheit hinein
will ich ein biblisches Bild von Marc Chagall sprechen lassen, das den
Titel trägt: »Neues kündigt sich an.«
Sie sehen eine zusammengekauerte Gestalt, einen Menschen, der sich
verkrochen hat in seinen Mantel, der sich eingeigelt hat, so gut er
kann, und nur zaghaft herauslugt aus seiner Verschanzung.
In so einer Haltung habe ich Kinder erlebt, wenn sie völlig verstört
oder verzweifelt waren, wenn sie das Gefühl hatten, daß sie eigentlich
doch niemand versteht oder wirklich liebhat, oder wenn sie niemanden

mehr an sich herankommen lassen wollten aus Angst vor neuen Enttäuschungen und sich doch gleichzeitig nach nichts stärker gesehnt haben als nach menschlicher Nähe, nach unverhofftem Trost und nach jemandem, der sie endlich erlöst aus ihrer Abwehr und Angst.

Aber der Mensch auf dem Bild ist kein Kind mehr. Sein Gesicht ist voller Falten, seine rechte Hand ist die große Hand einer Person, die zupacken kann. Nur die linke, mit der er seine Schulter umschließt, die hat etwas kindlich Hilfloses an sich.

Was ist los mit diesem Menschen? Worauf richtet er seinen Blick? Was treibt ihn dazu, sich wie ein Kind zu verschanzen, als wollte er nichts mehr hören, nichts mehr sagen und eigentlich auch nichts mehr sehen – und das, obwohl er seine Augen nicht lösen kann von dem, was vor ihm ist. Was hat dieser Mensch erlebt, daß er sich so in sich selbst verkriecht, daß er sich so kleinmacht, als sehne er sich zurück in den Schoß seiner Mutter?

»Neues kündigt sich an« heißt das Bild. Fürchtet dieser Mensch die Zukunft so sehr? Fühlt er sich nicht mehr fähig aufzustehen und es mit neuen Herausforderungen aufzunehmen? Ist ihm alles nur noch eine Last? Wäre er am liebsten gar nicht mehr da und kann doch vom Leben nicht lassen?

So müde sind manche Menschen tatsächlich – und nicht nur Alte. So wenig dem Leben gewachsen fühlen sich zuweilen auch die, denen man es gar nicht ansieht, weil wir solche Schwäche mit aller Macht voreinander verbergen.

Aber ich glaube, bei Chagall ist es noch etwas anderes, das ihn diesen Menschen so zeichnen läßt. Als Jude hat er nämlich ein völlig anderes Verständnis vom Zeitablauf als wir: Ihm liegt die *Vergangenheit* vor Augen; sie ist die Zeit, die man überblickt. Die *Zukunft* dagegen hat man im Rücken; sie kommt ungesehen und unbekannt über einen.

So verstanden ist es also Vergangenes, das die Haltung dieses Menschen prägt; es ist der Schrecken der Geschichte, der ihn so im Bann hält. Er sieht, was gewesen ist in seinem Leben und im Leben anderer und kann oder will angesichts dessen nicht mehr aufstehen und die Ärmel hochkrempeln. Was er sieht, nimmt ihm die Kraft dazu, einzugreifen oder aktiv etwas zu verändern. Und auch das ist ein Gefühl, das bestimmt manche von Ihnen kennen: Resignation angesichts von so unendlich viel Schmerz und Zerstörung, eine bleierne Müdigkeit, die daran hindert, irgend etwas beherzt anzupacken, das Bedürfnis, sich in sich selbst zurückzuziehen und sich zu schützen gegen das Grauen der täglichen Nachrichten oder der eigenen Erinnerung.

Aber nun stellt Chagall mit diesem Bild nicht irgendwen dar. Nach seiner Absicht ist es der Prophet Jesaja, weshalb er dem Bild zwei zunächst sehr widersprüchlich scheinende Stellen aus dem Jesajabuch zuordnet: »*Es ist vorbei mit Israel, seine heiligen Stätten sind zur Wüste geworden, Jerusalem liegt zerstört.*« Und: »*Tröste, tröste mein Volk, steig auf einen hohen Berg. Erhebe deine Stimme mit Macht und fürchte dich nicht. Sag den Städten Judas: Siehe da: euer Gott. Er kommt.*«

In der Tat: Jesaja hat viel Schreckliches mit ansehen müssen, und er hat alles kommen sehen: die Zerstörung all dessen, was einmal als heilig galt, die Eskalation der Gewalt, die Verwüstung der Erde und die Entwurzelung derer, die noch einmal davongekommen sind. Er hat die Menschen gewarnt und ist nicht gehört worden, er hat zu Gott gefleht und hat doch nichts aufhalten können. Gott hat sein Antlitz verborgen, hat kein Erbarmen gezeigt, hat nicht eingegriffen.

Ich glaube, es ist nachzuvollziehen, daß die Wucht des Erlebten Jesaja lähmt, daß sie ihn müde hat werden lassen, ihn aber nicht zur Ruhe kommen läßt. Hier sieht der Prophet so aus, als wünschte er: »*Finsternis möge mich decken und Nacht statt Licht um mich sein*« – so fest verkriecht er sich in die Schwärze seines Mantels und kann die Augen doch nicht verschließen vor dem, was ist.

Neben Jesaja liegt ein Buch. Es spiegelt das Licht des Himmels, und ich nehme an, es ist das Buch, das von dem erzählt, von dem alles Licht stammt. Aber dieses Buch ist geschlossen. Jesaja rührt es nicht an. Was darin steht, scheint keine Verbindung mehr zu ihm zu haben, kommt nicht mehr an ihn heran, erreicht ihn nicht mehr. Wie soll so einer nun andere trösten? Denn genau das ist trotz allem Jesajas Auftrag.

In Chagalls Augen reicht dazu offenbar nicht die geheimnisvolle menschliche Erfahrung, daß oft die, die selbst gelitten haben, andere am besten verstehen und ermutigen können. Jesaja kann zum Tröster nur werden durch ein Geschehen von außen. Nur die Berührung eines Engels kann ihn aus der Verkrümmung in sich selbst herauslösen, und es sieht so aus, als riefe der Engel Jesaja etwas zu, als setze er alles daran, ihn aus seiner Erstarrung zu wecken und ihn aufmerksam zu machen auf den Namen, der ihm im Rücken steht, den Namen dessen, der für Leben und Zukunft und Hoffnung steht, den Namen des Herrn. Aus unserer Warte heraus sehen wir, daß sich Jesaja eigentlich nur umzuwenden braucht, um diesen Namen zu erkennen im Zentrum des Lichts, das über ihm aufgeht. Dort leuchtet er. Allerdings auf eine eigenartige, befremdliche Weise. Denn es ist kein Versehen, daß der Name Gottes hier in Spiegelschrift steht. So kommt die Gebrochenheit jeder menschlichen Gotteserfahrung zum Ausdruck, wie sie auch Paulus einmal beschreibt: »*Jetzt sehen wir durch einen Spiegel ein dunkles Bild, dann aber von Angesicht zu Angesicht. Jetzt erkenne ich stückweise, dann werde ich erkennen, wie ich erkannt bin.*«

Nur so können auch wir Gott erfahren, aber immerhin, so können wir ihn erfahren. Und es kommt vor, daß der Name Gottes auch über uns ausgerufen wird, daß auch wir uns nur umwenden müssen, um ihn über uns zu entdecken und zu erkennen, daß in seiner Gegenwart selbst die Finsternis nicht finster bleibt und selbst die Nacht leuchtet wie der Tag.

Der hier sitzt wie ein verlorenes Kind, ist längst eingehüllt in die Geborgenheit, nach der er sich sehnt. Er kann sie nur noch nicht sehen, weil sie ihn von hinten her umfängt, ihm nach jüdischem Verständnis aus der Zukunft zuwächst. Wir würden aus unserer Sicht vielleicht eher sagen: Er kann sie nicht sehen, weil er nicht vor Augen hat, daß Gott das, was er von alters her versprochen hat, gewiß auch halten wird.

In Vergangenheit und Zukunft liegt Gottes Nähe verborgen. Und manchmal wird auch uns Gottes Trost gegenwärtig wie hier Jesaja. Es ist ein mütterlicher Trost: sacht und geduldig, bis wir soweit sind, den Kopf zu heben und aufzustehen und endlich wieder aus uns herauszugehen.

Ich habe das Bild lange angesehen und täusche mich vielleicht nicht, wenn ich in dem Gesicht Jesajas Chagalls eigene Züge wiedererkenne. Dann teilt er uns mit dem Bild also auch eine eigene Erfahrung mit: die Erfahrung, wie er selbst unverhofft von Gottes Trost berührt worden ist, nachdem er jahrelang gelähmt war in seinem Schaffen und nicht loskommen konnte von den Verwüstungen, die der Holocaust in seinem Leben und im Leben seines Volkes angerichtet hat.

»Neues kündigt sich an« hat Chagall sein Bild genannt. Mit ihm spricht er all denen Mut zu, die den Blick nicht wenden können von dem, was war, und auch denen, die voller Angst auf das starren, was an Ungereimtheiten auf sie zukommt: Seid getrost, auch Ihr habt einen Engel hinter Euch! Und er wird auch Euch anrühren und aus Eurer Erstarrung lösen. Und Ihr werdet entdecken: Gottes heiliger und heilmachender Name leuchtet auch über Euch. In seinem gnädigen Licht könnt Ihr Euch aufrichten und neue Schritte wagen auf Eurem Weg, auch durch das kommende Jahr. Amen.

Erinnerung ist das Geheimnis der Erlösung

Predigt über 5. Mose 25,17–19 und 2. Mose 17,14, gehalten im
Anschluß an eine Gemeindefahrt nach Auschwitz
(Sylvia Bukowski)

Liebe Gemeinde,

mit geliehenen Worten haben einige von uns beschrieben, was der Besuch in Auschwitz und Birkenau bei uns ausgelöst hat. Eine eigene Sprache dafür zu finden braucht noch Zeit; zuviel ist in uns aufgewühlt worden, um es schon selbst angemessen ausdrücken und Ihnen vermitteln zu können.

Und so wie vor unserer Fahrt fragen vielleicht manche von Ihnen auch jetzt: Warum tut Ihr euch so etwas denn auch an? Weshalb setzt Ihr Euch überhaupt diesem Ort des größten Grauens freiwillig aus? Ist es nicht endlich an der Zeit, die Vergangenheit ruhen zu lassen und sich lieber ganz auf die Gegenwart zu konzentrieren? Darf man nach 50 Jahren nicht endlich vergessen, was damals war, zumal, wenn man selbst daran nicht beteiligt war?

Ich möchte diese Fragen nicht einfach abtun, sondern will versuchen, Antwort zu geben, und zwar mit Hilfe zweier biblischer Texte, die in den jüdischen Gemeinden eine Schlüsselrolle spielen, wenn es um das Gedenken an Auschwitz und den Holocaust insgesamt geht.

Ich lese 5. Mose 25,17–19 und 2. Mose 17,14:

»Denke daran, was dir die Amalekiter taten auf dem Wege, als ihr aus Ägypten zogt: wie sie dich unterwegs angriffen und deine Nachzügler erschlugen, alle die Schwachen, die hinter dir zurückgeblieben sind, als du müde und matt warst, und wie sie Gott nicht fürchteten. Wenn nun der HERR, dein Gott, dich vor allen deinen Feinden ringsumher zur Ruhe bringt im Land, das dir der HERR zum Erbe gibt, so sollst du die Erinnerung an die Amalekiter austilgen unter dem Himmel. Das vergiß nicht!«

»Und der HERR sprach zu Mose: Schreibe dies zum Gedächtnis in ein Buch und präge es Josua ein; denn ich will Amalek austilgen unter dem Himmel, daß man seiner nicht mehr gedenke.«

16

Ich möchte zunächst etwas dazu sagen, wer die Amalekiter überhaupt waren. Berichtet wird, wie Sie gehört haben, daß sie offenbar besonders skrupellose Angreifer Israels waren. Nicht von vorn, wie andere Feinde, haben sie gegen Israel gekämpft, sondern hinterrücks sind sie über seine Nachzügler hergefallen, haben sich die Schwächsten als Ziel ausgesucht, und das zu einem Zeitpunkt, als offenbar das ganze Volk müde und erschöpft war von den Strapazen des langen Weges. Frauen, Kinder und Alte waren also vornehmlich ihre Opfer, Menschen, die sich am wenigsten wehren konnten, die schutzlos waren, weil die Starken alle nach vorn konzentriert waren.

Was hier von Amalek berichtet wird, zählt bis heute zu dem Furchtbarsten in allen kriegerischen Auseinandersetzungen: der Angriff auf die »Zivilbevölkerung«, wie wir heute sagen würden, die Mitleidlosigkeit selbst kleinen Kindern und gebrechlichen Alten gegenüber. Bis heute erleben wir, daß solche Gewalt gegenüber Wehrlosen ganz bewußt als Mittel der Kriegführung eingesetzt wird. Man erschießt Kinder vor den Augen ihrer Eltern, vergewaltigt Frauen im Beisein ihrer Ehemänner mit der erklärten Absicht, den Feind dadurch besonders empfindlich zu treffen und ihm durch solche Demütigungen seine Würde zu nehmen. Amalek steht also für eine solche gezielte und absolut skrupellose Form der Grausamkeit.

Und wenn es heißt: »Amalek hat Gott nicht gefürchtet«, dann bedeutet das nicht nur, daß Amalek zu den vielen heidnischen Völkern um Israel gehört, die irgendeine andere Gottheit verehrten, sondern das Hebräische läßt auf etwas viel Grundsätzlicheres schließen: Amalek respektiert keinerlei göttliche Instanz, fühlt sich keinerlei göttlicher Rechtsordnung verantwortlich. Mit anderen Worten: Nichts ist Amalek heilig. Das Leben und die Würde eines anderen sind ihm einen Dreck wert. Und Gewissensbisse kennt Amalek nicht.

Auch mit diesen Eigenschaften gehört Amalek nicht der Vergangenheit an. Auch solche Menschen gibt es immer noch, Menschen, die zu allem fähig und bereit sind und von keinerlei Schuldbewußtsein gequält werden. Und das Verwirrende und Beunruhigende ist: Diese Leute gibt es nicht nur mit typischer Verbrechervisage und Knarre in der Hand, also sofort erkennbar. Es gibt sie auch in gediegenem Anzug, in Uniform und in jeder anderen Berufskleidung: Der liebevolle Familienvater und gewissenhafte Bürokrat Rudolf Höß war gleichzeitig der erbarmungslose Kommandant von Auschwitz. Über Frauen, die doch im allgemeinen als empfindsamer und weicher gelten als Männer, sagten die KZ-Häftlinge: »Gnade kannst du vielleicht von einem Mann erbitten; eine Frau wird sie dir niemals gewähren.« Und

Ärzte, die im Lager ungeheuerliche Versuche – auch an Kindern – durchgeführt haben, haben oft noch jahrzehntelang unangefochten weiterpraktiziert. Die Reihe ließe sich weiter fortsetzen. Es ist jedenfalls diese Art des Bösen, das keinerlei Unrechtsbewußtsein kennt, für die der Name Amalek auch steht.

Dazu kommt schließlich noch, daß Amalek zu den Enkeln Esaus gehört, also eigentlich mit Israel verwandt ist. Und diese Verwandtschaft wirkt sich besonders verhängnisvoll aus. Denn sie gibt Einsicht in die verborgenen Schwachstellen des anderen und läßt Schläge aus nächster der Nähe zu, die bekanntlich am meisten weh tun.

Je länger man sich mit Amalek beschäftigt, desto klarer wird: Es handelt sich hier nicht nur wie bei anderen Feinden Israels um ein eingrenzbares, historisch verifizierbares feindliches Volk, sondern Amalek ist schon in der Bibel zu einer Chiffre geworden für den Feind schlechthin. Das deutet auch schon sein Name an. Amalek bezeichnet im Hebräischen ganz allgemein den Würger.

Und alle Merkmale Amaleks, die ich gerade aufgezählt habe, haben dazu geführt, daß im gegenwärtigen Judentum Amalek ein Name für Nazi-Deutschland geworden ist. Auch die Nazi waren Würger, getarnt mit dem Gesicht von Nachbarn, Kollegen und kultivierten Menschen; auch sie waren Mörder, die aus nächster Nähe zugeschlagen und auch vor Kindern und Alten nicht haltgemacht haben, ohne Unrechtsbewußtsein, ohne Schuldgefühl, mit dem erklärten Ziel, das »Deutsche Reich« und mit ihm ganz Europa »judenfrei« zu machen, so wie es Jahrtausende zuvor als erster der Amalekiter Haman für das Perserreich geplant hatte. Durch diese fatale Übereinstimmung zwischen Amalek und Nazi-Deutschland rückt der Predigttext uns denn auch mit einem Mal auf besondere Weise auf den Leib. Und es wird deutlich: Es geht hier auch um unsere eigene Geschichte.

II

Ich komme nun zu der Frage, wie hier über Erinnern und Vergessen geredet wird. Sie haben vielleicht den logischen Widerspruch herausgehört: Ziel der göttlichen Anweisung ist, nicht zu vergessen, was Amalek getan hat, damit das Gedächtnis Amaleks ausgelöscht wird. Anders gesagt: Man soll sich erinnern, um zu vergessen. Aber wie soll das gehen? Muß durch die Erinnerung nicht das, was vergessen werden soll, gerade immer weiter präsent bleiben? Nein, das Gedächtnis an Amalek soll wirklich getilgt werden. Aber vergessen läßt sich diese verheerende Macht nur, wenn sie keine Bedrohung mehr darstellt, wenn endgültig sicher ist, daß sie niemals mehr neuen Zuwachs erhält, niemals mehr Menschen entwürdigen und zerstören kann. Um dieses

Ziel zu erreichen, muß die Erinnerung wachbleiben. Und zwar eine möglichst genaue Erinnerung. Wir haben in der Gedenkstätte Auschwitz exemplarisch Einsicht erhalten, was das bedeutet, und waren beeindruckt von dem detaillierten Wissen der MitarbeiterInnen dort, die bis in alle Einzelheiten festzuhalten versuchen, wie und was damals an Bösem geplant und Menschen angetan worden ist und wer daran auf welche Weise beteiligt war. Nur so eine genaue, ganz konkrete Erinnerung kann eine neue Katastrophe schon im Ansatz erkennen und verhindern.

So paradox es also klingt: Um Amalek oder die Verbrechen der Nazis tatsächlich endlich vergessen zu können, muß ausgerechnet die Erinnerung an ihre Verbrechen wachgehalten werden. Aber diese Erinnerung dient nicht dazu, das vergangene Grauen immer wieder zu beschwören und uns ein schlechtes zu Gewissen machen. Sie soll uns gerade nicht in der Rückschau auf das Entsetzen festhalten, weil einen solche Rückschau allein völlig erstarren läßt und lebensunfähig macht. Das kann man an einer anderen Stelle der Bibel sehen, nämlich an der Versteinerung von Lots Frau. Vielmehr: Wenn Gott zur Erinnerung aufruft an die blutige Spur, die Amalek in all seinen Erscheinungsweisen durch die Geschichte Israels gezogen hat, dann soll diese Erinnerung dem Leben und der Zukunft dienen und zum Kampf gegen alle menschen- und lebensfeindlichen Mächte stärken. Sich an Amalek erinnern bedeutet mit anderen Worten: Nie wieder darf dieser Feind siegen! Nie wieder darf sich die Hölle seiner absoluten Menschenverachtung auftun! Nie wieder sollen das Leben und die Welt von Wehrlosen zerstört werden. Und das heißt auch: Nie wieder darf es ein Auschwitz geben!

Aber dieses »Nie wieder«, das Ihnen sicher sofort einleuchtet, hat doch auch eine sehr vertrackte praktische Folge. Ich glaube, ich kann sagen, für uns im kirchlichen Bereich hat die Beschäftigung mit dem Grauen, das Deutschland im letzten Krieg angerichtet hat, ganz klar zu der Konsequenz geführt: Nie wieder Täter werden! Deshalb waren viele von uns in der Friedensbewegung aktiv, und viele haben dementsprechend wenig Verständnis aufgebracht für die Politik des Staates Israel, der sosehr auf militärische Stärke setzt. Aber für die Nachkommen der Opfer bedeutet das »Nie wieder« eben vor allen Dingen: Nie wieder Opfer werden! Nie wieder wehrlos sein! Nie wieder abgeschlachtet werden können!

Ich denke, es ist wichtig, sich einmal klarzumachen, daß die Lektion aus der jüngsten Geschichte so unterschiedlich ist, und die Gründe dafür zu verstehen. Das bewahrt uns vielleicht vor den üblichen und allzu schnellen moralischen Urteilen über Israels Kampfbereitschaft und macht ein Überdenken der eigenen Position möglich, etwa im

Blick auf ein militärisches Eingreifen in Bosnien, das viele Überlebende von Auschwitz zur Beendigung des Völkermords fordern. »Nie wieder Krieg« und »Nie wieder Auschwitz« – beide Lehren aus der Erinnerungsarbeit sind nicht immer problemlos miteinander zu vereinbaren!

Ich kehre noch einmal zu den biblischen Texten über Amalek zurück. Bisher stand das Gebot menschlicher Erinnerung im Vordergrund, das ein Vergessen seiner Verbrechen im Sinne eines »Nie wieder« möglich machen soll. Darüber hinaus verpflichtet sich aber auch Gott selbst, das Vergessen des Grauens zu ermöglichen: »Ich *will Amalek unter dem Himmel vertilgen, daß man seiner nicht mehr gedenke.*« Wer die Zusammenhänge dieser Äußerung nicht kennt, hält sie vielleicht für einen neuerlichen Beweis für den angeblich so grausamen und rachsüchtigen Gott des Alten Testaments. Aber auf dem dargestellten Hintergrund dessen, wofür Amalek steht, entpuppt sich diese kompromißlose Drohung als eine sehr tröstliche Zusage Gottes: »Ich selbst werde das Böse und alles, was der Vernichtung Israels und der Menschen überhaupt dient, vertilgen! Denn ich bin stärker als der heimtückischste und skrupelloseste Gewalttäter! Niemand kann meinen Frieden und meine Gerechtigkeit auf Dauer verhindern!« Diese Zusage hat in der Bibel so ein Gewicht, daß es nicht reicht, sie mündlich einzuschärfen. Sie soll ausdrücklich schriftlich festgehalten werden für alle künftigen Generationen: »*Schreibe dies zum Gedächtnis in ein Buch ...*« So ist die ganze Heilige Schrift im Grunde nichts anderes als ein Buch der Erinnerung an Gottes lebensbewahrendes Reden und Handeln geworden.

III

Ich komme zum Schluß. Gottes Mahnung, sich Amaleks als Inbegriff des Menschenfeindes zu erinnern, um es endlich vergessen zu können, soll dem Leben dienen. Es soll eine Gegenwart und eine Zukunft ohne Bedrohung möglich machen. Die jüdische Tradition weiß jedoch, welche Last solche Erinnerungsarbeit bedeutet. Deshalb weist sie unserem Predigttext nur *einen* festen Ort im Kalender zu: An dem Schabbat vor Purim wird er in der Synagoge gelesen, also unmittelbar bevor man an das glückliche Entrinnen aus Hamans Vernichtungsplänen zurückdenkt. Zu allen anderen Tagen im Jahr gehört ein anderes Gedenken: das Gedenken an die Befreiung aus Ägypten. Die Last der Erinnerung an das Grauen Amaleks wird also sozusagen durch die Lust der Erinnerung an Gottes starken Arm ergänzt und überwogen. Die Last und die Lust der Erinnerung verbinden sich zu der Verpflichtung und der getrosten Hoffnung: Amalek *darf* nie wieder siegen! Und es kommt der Tag, da *wird* Amalek nie wieder siegen! Amen.

Gottes Bund mit Sunnyboy Simson

Zwei Dialogpredigten zur Simsongeschichte
(Sylvia und Peter Bukowski)

Erwählung und Gewalt

S.: Liebe Gemeinde,

wir möchten uns in zwei Dialogpredigten der Simsongeschichte und
ihren zentralen Themen nähern. Heute wird es um »Erwählung« und
»Gewalt« gehen, nächsten Sonntag um »Wege und Umwege der Liebe«. Wir hoffen, im Gespräch miteinander der Vielschichtigkeit der
Simsongeschichte besser gerecht zu werden als im üblichen Predigtmo-
nolog.

P.: Ich lese Richter 13,1–14.24–25; 14,1–4:
*Und die Israeliten taten wiederum, was dem HERRN mißfiel, und der HERR
gab sie in die Hände der Philister vierzig Jahre. Es war aber ein Mann in
Zora von einem Geschlecht der Daniter, mit Namen Manoach, und seine
Frau war unfruchtbar und hatte keine Kinder. Und der Engel des HERRN
erschien der Frau und sprach zu ihr: Siehe, du bist unfruchtbar und hast
keine Kinder, aber du wirst schwanger werden und einen Sohn gebären. So
hüte dich nun, Wein oder starkes Getränk zu trinken und Unreines zu es-
sen; denn du wirst schwanger werden und einen Sohn gebären, dem kein
Schermesser aufs Haupt kommen soll. Denn der Knabe wird ein Geweihter
Gottes sein von Mutterleibe an; und er wird anfangen, Israel zu erretten
aus der Hand der Philister.*
*Da kam die Frau und sagte es ihrem Mann und sprach: Es kam ein Mann
Gottes zu mir, und seine Gestalt war anzusehen wie der Engel Gottes, zum
Erschrecken, so daß ich ihn nicht fragte, woher oder wohin; und er sagte mir
nicht, wie er hieß. Er sprach aber zu mir: Siehe, du wirst schwanger werden
und einen Sohn gebären. So trinke nun keinen Wein oder starkes Getränk
und iß nichts Unreines; denn der Knabe soll ein Geweihter Gottes sein von
Mutterleibe an bis zum Tag seines Todes. Da bat Manoach den HERRN
und sprach: Ach, HERR, laß den Mann Gottes wieder zu uns kommen, den*

du gesandt hast, damit er uns lehre, was wir mit dem Knaben tun sollen, der geboren werden soll.

Und Gott erhörte Manoach, und der Engel Gottes kam wieder zu der Frau. Sie saß aber auf dem Felde, und ihr Mann Manoach war nicht bei ihr. Da lief sie eilends und sagte es ihrem Mann und sprach zu ihm: Siehe, der Mann ist mir erschienen, der heute Nacht zu mir kam. Manoach machte sich auf und ging hinter seiner Frau her und kam zu dem Mann und sprach zu ihm: Bist du der Mann, der mit der Frau geredet hat? Er sprach: Ja. Und Manoach sprach: Wenn nun eintrifft, was du gesagt hast: Wie sollen wir's mit dem Knaben halten und tun? Der Engel des HERRN sprach zu Manoach: Vor allem, was ich der Frau gesagt habe, soll sie sich hüten: sie soll nicht essen, was vom Weinstock kommt, und soll keinen Wein oder starkes Getränk trinken und nichts Unreines essen; alles, was ich ihr geboten habe, soll sie halten ...

Und die Frau gebar einen Sohn und nannte ihn Simson. Und der Knabe wuchs heran, und der HERR segnete ihn. Und der Geist des HERRN fing an, ihn umzutreiben im Lager Dans zwischen Zora und Eschtaol.

Simson ging hinab nach Timna und sah ein Mädchen in Timna unter den Töchtern der Philister. Und als er heraufkam, sagte er's seinem Vater und seiner Mutter und sprach: Ich hab ein Mädchen gesehen in Timna unter den Töchtern der Philister; nehmt mir nun diese zur Frau. Sein Vater und seine Mutter sprachen zu ihm: Ist denn nun kein Mädchen unter den Töchtern deiner Brüder und in deinem ganzen Volk, daß du hingehst und willst eine Frau nehmen von den Philistern, die unbeschnitten sind? Simson sprach zu seinem Vater: Nimm mir diese, denn sie gefällt meinen Augen. Aber sein Vater und seine Mutter wußten nicht, daß es von dem HERRN kam; denn er suchte einen Anlaß gegen die Philister. Die Philister aber herrschten zu der Zeit über Israel.

S.: Als erstes fällt an der Geschichte auf, daß Simsons Geburt so ausführlich angekündigt wird, und zwar einer bis dahin unfruchtbaren Frau. Und ich glaube, daß jedem von Ihnen gleich eine ganze Reihe biblischer Geschichten einfällt, wo das auch so war. Etwa bei Isaak, bei Samuel oder bei Johannes. In gewisser Weise kann man auch Jesus in diese Reihe stellen. Schon durch die Vorgeschichte seiner Geburt wird Simson also ganz besonders hervorgehoben und als Mensch mit einer besonderen Bedeutung und mit einem besonderen Auftrag Gottes gekennzeichnet. Was heißt das für die Auslegung seiner Geschichte?

Zunächst muß die Besonderheit seiner Bedeutung und seines göttlichen Auftrags wirklich beachtet werden; man darf nicht sofort verallgemeinern nach dem Motto: Jeder von uns hat einen Auftrag wie Simson. Gleichwohl lassen sich an Simsons Geschichte Strukturen des Menschlichen aufzeigen, die auch uns zu denken geben.

P.: Strukturen des Menschlichen – ich möchte das zunächst an den Eltern verdeutlichen, an dem, was uns von *ihnen* berichtet wird. Zwar handelt es sich um eine wundersame Geschichte – wie immer, wenn ein Bote Gottes die Initiative ergreift, liegt über allem ein Schleier des Geheimnisvollen – und doch gibt es Stellen, wo ich dachte: typisch. So sind Eltern tatsächlich. So oder ähnlich hätten meine auch reagiert.

Ich mache das zuerst einmal am Schluß der Passage fest, die ich verlesen habe: als Simson das erste Mädchen mit nach Hause bringt. Natürlich ist es pikant, daß er sich in eines von den Feinden verliebt; und das wird uns auch noch zu beschäftigen haben. Aber die elterliche Reaktion ist doch einfach nur typisch: »Warum gerade die? Es gibt doch so nette andere Mädchen!« Meinen Eltern waren früher alle Mädchen recht – »Wir haben nichts gegen eine Freundin« –, nur die, die ich gerade hatte, war haarscharf die falsche: »Muß es gerade die sein?« Hier treffen sich elterliche Sorge und elterliches Nicht-loslassen-Können.

Zum Stichwort der elterlichen Sorge noch zwei weitere Beobachtungen, eine zur Mutter und eine zum Vater. Etwas vom Zartesten in der ganzen Simsongeschichte ist zu Beginn die mütterliche Übertreibung. Ich meine damit folgendes: Der Engel hatte gesagt: »... *der Knabe wird ein Geweihter Gottes sein vom Mutterleibe an.*« Doch als die Mutter dem Vater diese Verheißung weitergibt, da übertreibt sie und behauptet, der Engel habe gesagt: »... *der Knabe soll ein Geweihter Gottes sein vom Mutterleibe an bis zum Tag seines Todes.*« Bis zum Tag seines Todes – ist es Furcht, ist es Sorge oder Hoffnung, welche die Mutter die Verheißung noch kräftiger festhalten und noch kräftiger weitertragen läßt, als sie ihr gegeben wurde? Was auch immer, hier äußert sich mütterliche Fürsorge als Für-Hoffnung. Als wollte sie sagen: Was auch geschehen mag, mein Junge bleibt ein Leben lang geborgen unter dem Segen Gottes.

Der Vater will es in seiner väterlichen Sorge genau wissen. Er will es richtig machen mit seinem Sohn. Darum ruft er den Engel noch einmal eigens zurück und fragt: »*Wie sollen wir's mit dem Knaben halten und tun?*« Nicht wahr, das wäre schön, wenn es so etwas gäbe wie göttliche Anweisungen und Rezepte, die man nur befolgen brauchte, und die Kinder gerieten ordentlich. Aber eben solche Rezepte verweigert der Engel, und wehe dem, der von sich behauptet, er hätte welche. Statt dessen antwortet der Engel: Haltet das, was ich euch geboten habe. Daraus höre ich: Es gibt in der Erziehung keine Patentrezepte, auch keine göttlichen! Wenn ihr wollt, daß eure Kinder einmal so leben, wie es Gott gefällt, dann müßt ihr selbst Gottes Wort halten und seinen Willen tun. Euer Vorbild ist das Beste, was ihr der nachfolgenden Generation mitgeben könnt.

Ich möchte noch eines hinzufügen. Mich hat die vorgeburtliche Geschichte auch erschreckt. Was ist diesem Kind nicht alles an Erwartungen und Hoffnungen mit auf den Weg gegeben. Es ist noch im Werden, und schon ist klar: Es ist zu Besonderem ausersehen, es wird einmal Großes leisten. Der Retter seines Volkes soll Simson werden. Eines wird dieses Kind nie, niemals sein dürfen, nämlich einfach durchschnittlich, einfach stinknormal. Und man fragt sich: Wie wird es das verkraften?

S.: Ja, aber diese Frage kommt mir viel zu harmlos vor. Wenn ich sehe, was aus diesem Kind wird, dann interessiert mich weniger, wie Simson seine Besonderheit verkraftet, als vielmehr das, was aus seiner Kraft eigentlich wird, was er aus seiner Kraft macht.

Da werden erst mal einige spektakuläre Muskelspielereien berichtet. Ich denke an die Episode vor der Hochzeit, wo er mir nichts, dir nichts einen Löwen zerreißt, »*wie man ein Böcklein zerreißt, und hatte doch nichts in seiner Hand*«. Oder ich denke an die andere Geschichte, wo er in der Stadt Gaza von Feinden umzingelt ist und sich dadurch rettet, daß er einfach beide Stadttore packt, sie aus den Angeln hebt und sie auf einen Berg trägt. Damit schindet er natürlich ordentlich Eindruck, im Grunde tut das aber noch niemandem weh – vom Löwen einmal abgesehen. Damit komme ich noch einigermaßen zurecht. So sind die Männer halt.

Eine ganz andere Sache ist es, wenn er seine Kraft nutzt, um Gottes Auftrag zu erfüllen, d.h. um der Retter Israels zu sein, wie Du gesagt hast. Aber das ist eigentlich zu schön formuliert. Denn er soll Israel ja erretten aus der Hand der Philister, und das geht eben nicht ab, ohne jemandem wehzutun. Simsons Aktionen kosten viele das Leben. Ich möchte einmal drei Stellen zitieren, die wahrscheinlich allen schwer eingängig waren, die die Simsongeschichte vorher gelesen haben:

Als Simson auf seiner Hochzeit eine Wette verloren hat und dreißig Feierkleider beschaffen muß, da heißt es: »*... der Geist des HERRN geriet über ihn, und er ging hinab nach Aschkelon und erschlug dreißig Mann unter den Philistern und nahm ihre Gewänder und gab Feierkleider denen, die das Rätsel erraten hatten.*« (14,19)

Von da an eskaliert die Gewalt immer mehr; schließlich versammeln sich die Philister vor den Judäern und fordern die Herausgabe von Simson. Er wird gefesselt und zu den Philistern geführt, und dann heißt es in der Bibel: »*Aber der Geist des HERRN geriet über ihn, und die Stricke an seinen Armen wurden wie Fäden, die das Feuer versengt hat, so daß die Fesseln an seinen Händen zerschmolzen. Und er fand einen frischen Eselskinnbacken. Da streckte er seine Hand aus und nahm ihn und erschlug damit tausend Mann.*« (15,14f)

So geht das weiter. Schließlich wird er durch den Verrat seiner Geliebten doch seiner Kraft beraubt. Er wird geblendet und zu tierischer
Sklavenarbeit bei den Philistern gezwungen. Als er zur Krönung seiner
Schmach dann auch noch auf einem riesigen Fest als Witzfigur herhalten muß, betet er in seiner Verzweiflung: »*HERR, HERR denke an
mich und gib mir Kraft, Gott, noch dies eine Mal, damit ich mich für meine
beiden Augen* einmal *räche an den Philistern.*« Und dann heißt es: »*Und
er umfaßte die zwei Mittelsäulen, auf denen das Haus ruhte, die eine mit
seiner rechten und die andere mit seiner linken Hand, und stemmte sich gegen sie und sprach: Ich will sterben mit den Philistern! Und er neigte sich mit
aller Kraft. Da fiel das Haus auf die Fürsten und auf alles Volk, das darin
war, so daß es mehr Tote waren, die er durch seinen Tod tötete, als die er zu
seinen Lebzeiten getötet hatte.*« (16,28–30)

P.: Ich finde es richtig, daß Du diese Stellen in ihrer ganzen provozie-
renden Härte noch einmal ausdrücklich zitierst. Aber gerade deshalb
möchte ich mich zum Anwalt der Hörer machen und fragen: Wie soll
man eigentlich damit umgehen, daß solche blutrünstigen Geschichten in der Bibel stehen – unkritisiert?! Mir ist schon klar, daß man sie
nicht in unhistorischer Weise moralisieren darf: Die grundsätzliche
Infragestellung kriegerischer Gewalt ist nun einmal sehr jung. Noch
Clausewitz konnte sagen, Krieg sei Politik mit anderen Mitteln. Ich
bin auch bereit, in Rechnung zu stellen, daß hier in sagenhafter Weise
übertrieben wird, daß wir also die genannten Zahlenangaben gewiß
nicht auf die Goldwaage legen dürfen. Was aber doch bleibt, ist die
Tatsache, daß solche biblischen Aussagen eine gräßliche Wirkungsge-
schichte hatten, eine Geschichte von Blut und Tränen, in deren Verlauf sich Kriegsherren aller Art als Vollstrecker des Willens Gottes aufgespielt haben – bis hin zu dem »Gott mit uns« auf dem Koppelschloß
der Soldaten.

S.: Ich will noch einmal auf das zurückkommen, was ich schon am An
fang gesagt habe: Bei allem, was wir an allgemein-menschlichen Grund-
zügen in Simsons Geschichte entdecken können, bleibt es ebenso wichtig, daran festzuhalten: Simsons Auftrag ist ein besonderer, der speziell
diesem Menschen in einer konkreten historischen Situation verliehen
ist. Und wenn man das beachtet, wird zweierlei deutlich:
Zum einen wird deutlich, wie das Kräfteverhältnis zwischen Israel und
den Philistern damals aussah. Denn vor lauter Mitleid mit den Opfern von Simsons Gewalt übersieht man leicht, daß eigentlich die Philister die viel stärkeren, die wirklich lebensbedrohlichen Feinde Israels
waren. Sie waren für damalige Verhältnisse mit den modernsten Waffen hochgerüstet und verhielten sich absolut skrupellos im Kampf um

ihre Vorherrschaft und auch in der Unterdrückung besiegter Völker. Das hatte Israel schon eine ganze Zeit lang sehr schmerzhaft erfahren und hatte keine Chance, sich mit eigener Kraft zu wehren – bis eben Simson auftrat. Seine Gewalt ist, so betrachtet, also das, was wir revolutionäre Gegengewalt nennen, Gewalt, die dazu dienen soll, Gottes Volk zu befreien aus der Hand der übermächtigen Unterdrücker. Und als solche ist sie, so denke ich, nicht einfach in einen Topf zu werfen mit imperialistischer Gewalt, wie sie von kirchlichem oder weltlichem Regiment oft ausgeübt worden ist; sprich: mit einer Gewalt, die andere Menschen oder Völker unter die eigene Herrschaft zwingt und daraus Profit zieht.

Hinzu kommt noch ein weiterer Gesichtspunkt: Simsons Kraft steht ihm nicht einfach nach eigener Lust und Laune zur Verfügung. Sie ist gebunden an das Einhalten seines besonderen geistlichen Status als Nasiräer (als Geweihter Gottes) und an das Wirken des Heiligen Geistes. Hier leuchtet also im Ansatz schon die Erkenntnis auf, auf die Du gerade hingewiesen hast, daß nämlich Gewalt und Krieg keine Mittel der Politik sind – keine Mittel, über die Machthaber eigenwillig entscheiden und verfügen können. Es wird ganz klar herausgestellt: Gott bleibt der Herr über die Gewalt, er hat das letzte Wort.

P.: Dann muß ich meine Frage zuspitzen. Ich verstehe, was Du sagen willst: Indem hier die Gewalt exklusiv Gottes Mittel ist, wird sie dem Menschen auch ein Stück weit entzogen. Aber damit stellt sich doch sofort eine viel radikalere Frage: Was ist das für ein Gott, der sich in dieser Weise an Gewalt bindet? Das genau ist es doch, was Menschen dazu bewegt, sich vom Gott des Alten Testaments abzuwenden. Aus diesem Grund spielen manche sogar die beiden Testamente gegeneinander aus, kritisieren, wie sie es sagen, den »alttestamentarischen Gewaltgott« im Namen des »neutestamentlichen Liebesgottes«. Ihre Argumentation lautet, es widerspreche dem Wesen Gottes, so eng mit Gewalt zusammengedacht zu werden, daß am Ende Gewalt als etwas Gottgefügtes erscheine.

S.: Ich glaube, daß man den Ansatz, den Gott des Alten Testaments gegen den des Neuen auszuspielen, relativ leicht widerlegen kann. Auch im Neuen Testament gibt es eine ganze Menge von Stellen, in denen Gott gewalttätig erscheint. Ich brauche nur an die Lesung vorhin zu denken (aus Offenbarung 6), und ich könnte auch Sätze Jesu anführen, sogar aus der Bergpredigt. So harmlos lieb, wie wir Gott darstellen und vielleicht gerne hätten, ist er nirgendwo in der Bibel. Und frühere Generationen von Christen haben das nicht nur als Bedrohung oder als Anfechtung empfunden, sondern auch als Trost. So haben einige

Kirchenväter und manche Künstler des Mittelalters in Simson ganz unbefangen ein Vorbild oder – besser gesagt – ein Urbild für Jesus gesehen. Wie der Nasiräer, der Geweihte Gottes, kämpft der Nazarener gewalttätig gegen den Feind des Volkes Gottes, gegen den Satan.

Ich selbst finde es nicht leicht, aber ich glaube, es ist wichtig, sich mit der Einsicht auseinanderzusetzen: Die Tatsache, daß Gott in der Bibel auch mit Gewalt verbunden wird, hat etwas damit zu tun, daß er sich wirklich in die Gewaltgeschichte unserer Welt einmischt und sich eben nicht vornehm aus allem heraushält. Vielleicht hat die jüdische Tradition besser begriffen, daß Gott trotzdem nie ein Gott ist, der einfach Lust an Gewalt hat oder der sein sadistisches Spiel mit den Menschen treibt. In einer Legende heißt es: Als die ägyptische Streitmacht im Roten Meer untergegangen ist und die Engel in das Freudenlied Mirjams einstimmen wollen, da weist Gott sie ganz energisch zurück und sagt: »Meine Kinder sind untergegangen, und ihr wollt singen?« Also, wie gesagt, auch ich tue mich schwer damit, daß in der Simsongeschichte Gewalt so eng mit Gott in Zusammenhang gebracht wird. Aber ich sehe zugleich auch die andere Linie, daß nämlich die Gewalt für Gott nicht das Eigentliche ist, daß sie nicht einfach seinem Wesen entspricht. Wenn Gott Gewalt in sein Handeln einbezieht, dann als letztes Mittel, um Befreiung und Gerechtigkeit gegen den Willen und Widerstand menschlicher Machthaber herzustellen.

Und schließlich glaube ich, daß man diese Stellen nicht einfach isoliert lesen darf. Man muß sie zusammensehen und -hören mit dem immer stärker hervortretenden Strang der prophetischen Friedensverheißungen, die ganz deutlich machen, daß Gottes Ziel eine Welt ohne Waffen, eine Welt ohne Gewalt ist.

P.: Ich möchte nach diesen theologischen Erwägungen zum Gewaltproblem in der Simsongeschichte den Blick jetzt noch einmal auf den Menschen Simson lenken. Ich hatte ja am Ende meiner Überlegungen zu Simsons Vorgeschichte die bange Frage gestellt, was wohl aus jemandem werden wird, dem so wahnsinnig viel an Erwartungen und Perspektiven schon in die Wiege gelegt ist. Und in der Tat, was wir jetzt aus seinem Leben erfahren haben, ist, wie immer man es bewertet, jedenfalls dies: Es ist grandios. Was immer dieser Mann darstellt und tut – er ist nie mittelmäßig. Er ist, wir hörten es, unglaublich stark. Er ist aber auch unglaublich klug. An seine Erfahrung mit dem erlegten Löwen anknüpfend schüttelt er mir nichts, dir nichts ein in seiner Schlichtheit faszinierendes Rätsel aus dem Ärmel: »*Speise ging aus vom Fresser und Süßigkeit vom Starken.*« Daß niemand dieses Rätsel lösen kann, zeigt zugleich, wie überlegen seine Klugheit ist. Der Kerl ist aber auch pfiffig. Immerhin zockt er mit jenem Rätsel eine ganze Hochzeitsgesellschaft ab, und wäre er nicht verraten worden, hätte er allen eine ›Nase gedreht‹. Dieser Simson ist mit einem Wort wirklich das, was sein Name bedeutet: »Sonnenmann« oder auch »Sönnchen« oder einfach »Sunnyboy«.

Allerdings: Unser Simson-Sunnyboy wirkt gerade in seiner ständigen Grandiosität auch sehr angestrengt und sehr anstrengend. Wenn man seine Geschichte liest, bekommt man den Eindruck, er müßte sich und anderen seine Größe ständig unter Beweis stellen. Ihm wird alles zum Spiel, alles zum Wettkampf, um wieder und wieder zu demonstrieren, wie stark und klug und pfiffig er ist. Mir scheint, in diesem Leben vollzieht sich das, was man das »Drama des begabten Kindes« genannt hat – dazu verdammt, immer und auf allen Gebieten nur Höchstleistungen zu vollbringen. Und wie Narziß, so braucht und mißbraucht Simson die anderen Menschen als Zuschauer, als Claqueure, als Mitspieler, mit deren Bewunderung er sich immer neu in die Höhe jubelt, die allein er für den ihm zugewiesenen Ort hält. Wenn man diesen Gedanken weiterführt, fällt auf die Gewalt in unserer Geschichte noch ein anderes Licht. Simson ist ja nicht allein, die anderen Männer wetteifern mit. Da will sich jeder auf Kosten des anderen messen, auf Kosten des anderen »king« sein. Psychologen nennen dieses männliche Imponierspiel lapidar: »Wer hat den Längsten«. Daß ich mir diese Assoziation nicht einfach aus den Fingern sauge, mag man daraus ersehen, daß man sich in der jüdischen Auslegungtradition tatsächlich Gedanken über die Größe von Simsons Glied gemacht hat. So gesehen würde unsere Geschichte die Erkenntnis aufbewahren: Solange in einer Gesellschaft bzw. in einer Gemeinschaft von Völkern die ihre Kräfte messenden männlichen Machos das Sagen haben, solange wird es ohne Gewalt und Eskalation von Gewalt nicht abgehen, und am Ende gibt es dann auf allen Seiten immer wieder furchtbare Verluste.

Simson-Sunnyboy – man wünschte ihm und seinesgleichen, sie könnten einmal zur Ruhe kommen. Wenn doch einer käme, der Simson den Arm um seine Schulter legte und sagte: Ist ja gut. Laß es doch mal gut sein. Du mußt es uns nicht immer wieder neu beweisen, wir wissen doch, wie toll du bist. Und wenn du es nicht wärest, wir hätten dich genauso lieb.

Eine solche Stimme hat Simson aber leider nicht erreicht. Auch in seinen Liebesbeziehungen, wir werden nächstes Mal davon hören, findet er nicht zur Ruhe. Statt dessen bleibt er bis zum Ende der angestrengte und anstrengende Sunnyboy.

S.: Gerade Deine letzten Bemerkungen zeigen: Simson ist wirklich alles andere als ein Vorzeigeheld. Der Lebensweg dieses Sunnyboys hat tatsächlich viele Schattenseiten. Und es ist vielleicht kein Zufall, daß er ausgerechnet an seiner größten Gabe, an seiner Stärke, schließlich stirbt. Aber obwohl menschlich vieles gegen ihn spricht, läßt Gott sich nicht davon abhalten, gerade diesen Menschen zu erwählen und mit ihm Geschichte zu machen. Gott verbündet sich eben wirklich mit den Menschen, wie sie »jenseits von Eden« sind – und nicht mit irgendwelchen Idealtypen. Was Paulus später »Rechtfertigung des Sünders« nennt, das zeichnet sich schon hier bei Simson ab. Denn bis ans Ende steht Gott zu seiner Verheißung, bis ans Ende bewahrt er seinem Sunnyboy die Treue. Amen.

Wege und Umwege der Liebe

S.: Liebe Gemeinde,

wir wollen uns der Simsongeschichte heute von einem anderen Gesichtspunkt her nähern und fragen: Wie geht es dem Kraftprotz, der mit bloßen Händen einen Löwen zerreißen, Stadttore locker aus den Angeln heben und Säulen zusammendrücken kann, denn nun mit dem sogenannten schwachen Geschlecht? Welche Erfahrungen macht Simson, dessen Namen wir mit »Sönnchen«, »Strahlemann« oder neudeutsch »Sunnyboy« übersetzt haben, mit den Frauen? Wir wissen: Seinem Zorn kann niemand etwas entgegensetzen, reihenweise erliegen ihm die Feinde. Ist er auch in der Liebe so bezwingend, daß ihm die Frauen erliegen? Anders gefragt: Ist der Held Simson auch ein Frauenheld?

P.: Abgesehen von seiner Mutter erfahren wir von drei Frauen in Simsons Leben.
Zuerst ist da die Ehe mit einem namenlosen Mädchen aus dem Volk der verfeindeten Philister. Wir hörten bereits am letzten Sonntag, daß Simsons Eltern diese Verbindung gar nicht gerne sahen. Von Simson selbst heißt es: Dieses Mädchen gefiel ihm (14,3). Das ist ein schwaches Wort für eine Beziehung, die von Dauer sein soll. Und in der Tat: Diese Ehe muß herhalten für das politische Ränkespiel mit den Philistern – und am Ende fallen dem die junge Frau und ihre Familie zum Opfer.
Danach wirkte Simson zwanzig Jahre lang als Richter in Israel. Aus dieser ganzen Zeit wird nur eine Frauengeschichte mit wenigen Worten erwähnt: sein Gang zu einer Hure (16,1–3). Vielleicht blieb es bei einem Mal. Vielleicht soll die Notiz aber auch zum Ausdruck bringen,

daß dieser Gang zu Simsons Leben dazugehörte: Als Single erlaubte er sich je und dann ein erotisches Abenteuer. Wie dem auch sei: Die erste Frau in seinem Leben fand er nett, auf die andere war er scharf.

Aber dann – endlich und zum ersten (und einzigen!) Mal in seinem Leben – verliebt sich Simson: In Kapitel 16,4 heißt es: »*Danach gewann er ein Mädchen lieb im Tal Sorek, die hieß Delila.*« Und diese eine und einzige Liebe in seinem Leben wird sein Verderben.

S.: Was Du da gerade von den Beziehungen Simsons geschildert hast, heißt doch im Klartext: Eigentlich sind nur zwei davon ohne fatale Folgen, und zwar die zu seiner Mutter und die zu der Hure. Und was zuerst etwas merkwürdig scheinen mag, ist – glaube ich – gar nicht so ungewöhnlich. Denn so unterschiedlich das Verhältnis zu der Mutter und zu der Hure im einzelnen natürlich ist, so gibt es doch auch etwas, das beide Verhältnisse gemeinsam haben: Beide sind nicht primär auf Partnerschaft angelegt. Vielleicht teilt Simson also mit vielen anderen Männern und gerade mit vielen anderen *starken* Männern die Schwäche, mit einer partnerschaftlichen Beziehung am schlechtesten zurechtzukommen. Das wird noch deutlicher, wenn wir uns genauer anhören, was die Bibel über Simsons Liebe zu Delila erzählt.

P.: Ich lese Richter 16,4–22:
Danach gewann er ein Mädchen lieb im Tal Sorek, die hieß Delila. Zu der kamen die Fürsten der Philister und sprachen zu ihr: Überrede ihn und sieh, wodurch er so große Kraft hat und womit wir ihn überwältigen können, daß wir ihn binden und bezwingen, so wollen wir dir ein jeder tausendeinhundert Silberstücke geben.
Und Delila sprach zu Simson: Sage mir doch, worin deine große Kraft liegt und womit man dich binden muß, um dich zu bezwingen? Simson sprach zu ihr: Wenn man mich bände mit sieben Seilen von frischem Bast, die noch nicht getrocknet sind, so würde ich schwach und wäre wie ein anderer Mensch. Da brachten die Fürsten der Philister ihr sieben Seile von frischem Bast, die noch nicht getrocknet waren, und sie band ihn damit. Man lauerte ihm aber auf bei ihr in der Kammer. Da sprach sie zu ihm: Philister über dir, Simson! Er aber zerriß die Seile, wie eine Flachsschnur zerreißt, wenn sie ans Feuer kommt. Und so wurde nicht kund, worin seine Kraft lag.
Da sprach Delila zu Simson: Siehe, du hast mich getäuscht und mich belogen. So sage mir nun doch, womit kann man dich binden? Er antwortete ihr: Wenn sie mich bänden mit neuen Stricken, mit denen noch nie eine Arbeit getan worden ist, so würde ich schwach und wie ein anderer Mensch. Da nahm Delila neue Stricke und band ihn damit und sprach: Philister über dir, Simson! – man lauerte ihm aber auf in der Kammer –, und er riß sie von seinen Armen herunter wie einen Faden.

Da sprach Delila zu ihm: Bisher hast du mich getäuscht und mich belogen. Sage mir doch, womit kann man dich binden? Er antwortete ihr: Wenn du die sieben Locken meines Hauptes zusammenflöchtest mit dem Aufzug deines Webstuhls und heftetest sie mit dem Pflock an, so würde ich schwach und wie ein anderer Mensch. Da ließ sie ihn einschlafen und flocht die sieben Locken seines Hauptes zusammen mit dem Gewebe und heftete sie mit dem Pflock an und sprach zu ihm: Philister über dir, Simson! Er aber wachte auf von seinem Schlaf und riß die geflochtenen Locken mit Pflock und Gewebe heraus.

Da sprach sie zu ihm: Wie kannst du sagen, du habest mich lieb, wenn doch dein Herz nicht mit mir ist? Dreimal hast du mich getäuscht und mir nicht gesagt, worin deine große Kraft liegt. Als sie aber mit ihren Worten alle Tage in ihn drang und ihm zusetzte, wurde seine Seele sterbensmatt, und er tat ihr sein ganzes Herz auf und sprach zu ihr: Es ist nie ein Schermesser auf mein Haupt gekommen; denn ich bin ein Geweihter Gottes von Mutterleib an. Wenn ich geschoren würde, so wiche meine Kraft von mir, so daß ich schwach würde und wie alle anderen Menschen.

Als nun Delila sah, daß er ihr sein ganzes Herz aufgetan hatte, sandte sie hin und ließ die Fürsten der Philister rufen und sagen: Kommt noch einmal her, denn er hat mir sein ganzes Herz aufgetan. Da kamen die Fürsten der Philister zu ihr und brachten das Geld in ihrer Hand mit. Und sie ließ ihn einschlafen in ihrem Schoß und rief einen, der ihm die sieben Locken seines Hauptes abschnitt. Und sie fing an, ihn zu bezwingen – da war seine Kraft von ihm gewichen. Und sie sprach zu ihm: Philister über dir, Simson! Als er nun von seinem Schlaf erwachte, dachte er: Ich will frei ausgehen, wie ich früher getan habe, und will mich losreißen. Aber er wußte nicht, daß der HERR von ihm gewichen war. Da ergriffen ihn die Philister und stachen ihm die Augen aus, führten ihn hinab nach Gaza und legten ihn in Ketten; und er mußte die Mühle drehen im Gefängnis.

Aber das Haar seines Hauptes fing wieder an zu wachsen, nachdem es geschoren war.

S.: Ich finde schon den Anfang dieser Liebesbeziehung unheilvoll. Zum ersten Mal *liebt* Simson eine Frau, aber nun ausgerechnet eine, die seine Liebe überhaupt nicht erwidert. Offenbar ist Delila etwas ganz anderes wichtig: das Geld und daneben vielleicht auch die politischen Interessen ihres Volkes. Da kann man eigentlich nur sagen: armer Simson, armer Sunnyboy. Gewalt und Tod hat er in der Hand, nur über die Liebe, über das, was das Leben lebendig und schön macht, darüber kann er nicht verfügen. Da geht es ihm wie so manchem anderen: Die, die er haben kann, die liebt er nicht, und die er liebt, die kann er nicht haben. Vielleicht kannst Du zu diesem verhängnisvollen und verbreiteten Muster nachher noch etwas sagen.

Mir fällt in diesem Zusammenhang noch etwas anderes auf. Von der ersten Beziehung Simons heißt es, daß sie »*von von dem Herrn kam ...; denn er suchte einen Anlaß gegen die Philister.*« Das heißt: Eigentlich dient diese erste Beziehung von vornherein einem fremden, einem politischen Zweck. Und bei Simons letzter Beziehung ist es im Grunde genauso, nur daß diesmal die Philister seine Liebe zu Delila für *ihre* Zwecke ausnutzen. Das, was zum Glück der Liebe gehört, nämlich die völlige Zweckfreiheit auf beiden Seiten, erlebt Simson nie. Kein Wunder, daß er ein so getriebener Mensch ist, der nie zur Ruhe kommt. Es ist wirklich schlimm, daß ausgerechnet die Liebe in seiner Lebensgeschichte derart mißbraucht wird.

Allerdings, man fragt sich doch: Wieso bemerkt Simson das eigentlich nicht? Zumindest bei Delila, wo der Betrug doch so offen zu Tage liegt – er ist doch sonst so schlau.

P.: Es ist wichtig, die Erzählperspektive dieser Geschichte zu beachten: Wir, die Hörer bzw. Leser, werden gleichsam eingeweiht in das düstere Ränkespiel Delilas. *Wir* wissen, daß alles, was da so harmlos, neckisch-verspielt daherkommt, in Wahrheit blutiger Ernst ist. *Wir* sehen die ganze Zeit die Philister im Nebenraum lauern, bereit, zum tödlichen Schlag auszuholen, sobald Simsons Kraft gebrochen ist. *Wir* wissen das und sehen das. Aber aus Simsons Perspektive, aus der des Verliebten, stellt sich die Sache ganz anders dar: Da ist die süße, kesse Delila, die das Geheimnis seiner Kraft herausfinden will. Preisgeben wird er es natürlich nicht, aber warum soll er nicht so tun als ob? Aus seiner Sicht – er sieht die Häscher ja nicht, und sie werden sich bei den Fehlversuchen auch tunlichst verborgen gehalten haben –, aus seiner Sicht ist das eine Balgerei unter Verliebten, die ihm zudem die Möglichkeit bietet, noch und noch einmal die Muskeln spielen zu lassen.

Dazu, wie Simson sich sein Geheimnis dann doch abtrotzen läßt, solltest Du etwas sagen, denn mit Verlaub: Delila kämpft hier nun wirklich mit den Waffen einer Frau.

S.: Ich weiß, worauf Du hinaus willst, und das Gemeine ist, daß ich nicht einmal sagen kann, Du hättest Unrecht. Delila kämpft tatsächlich mit den Waffen einer Frau – ganz ähnlich übrigens wie schon die erste Frau Simsons. Sie hat damals ganze sieben Tage nach der Hochzeit, also sozusagen die ganze Flitterwoche hindurch, nur geheult, um aus Simson die Lösung seines Rätsels herauszupressen – und sie hat es tatsächlich geschafft! Denn so gut sich Simson gegen handfeste Gegner wehren konnte, sowenig war er den Tränen seiner Frau gewachsen. Jemanden, der weint, kann man schließlich nicht in die Pfanne hauen, und ein Gegenüber, das schon so fertig ist, kann man nicht auch noch fertig machen. Damit kann man sich jedenfalls keine Lorbeeren verdienen.

Ich finde schlau, daß Simsons Frau ausgerechnet ihre Schwäche ins Feld führt, um Simsons Widerstand zu brechen, daß sie ihre kräftemäßige Unterlegenheit so geschickt als Stärke erkennt und zu nutzen weiß. In diesem konkreten Fall habe ich auch keine Probleme mit den Waffen einer Frau. Aber da, wo es zu einer Masche wird, mit Tränen und Schwäche zu powern, wird mir mulmig. Und das kenne ich nun wirklich nicht nur von Frauen, sondern ich finde, das ist eine der klassischen Weisen von Frauen und Männern, in der Kirche Konflikte auszutragen. Dem Druck, der dort oft mit Schwäche ausgeübt wird, ist wirklich am schwersten beizukommen – schließlich will niemand das Schwein sein.

Was nun Simson angeht: Anscheinend hat er aus der Erfahrung mit seiner ersten Frau gelernt. Die drei Versuche Delilas, ihm mit Quengeln sein Geheimnis zu entlocken, federt er spielerisch ab, wie Du das eben beschrieben hast. Aber als Delila dann zu einem weiteren Mittel greift und das macht, was ein Paarpsychologe einmal den »Empfindsamkeitstest« genannt hat, ist Simson schließlich geliefert. Empfindsamkeitstest heißt: in einem Konflikt auf die Beziehungsebene wechseln und nicht mehr um die Sache streiten, sondern um die Liebe, und dabei auf jede mögliche Weise erproben, ob der Partner noch mit Liebe reagiert – also etwa weglaufen und warten, ob der andere hinterherkommt. Bei Delila läuft das so: Sie wirft Simson vor: »*Wie kannst du sagen, du habest mich lieb, wenn doch dein Herz nicht bei mir ist? Dreimal hast du mich getäuscht und mir nicht gesagt, worin deine große Kraft lieg.«*t (16,15) Und das Ergebnis: »*Als sie aber mit ihren Worten alle Tage in ihn drang und ihm zusetzte, da wurde seine Seele sterbensmatt und er tat ihr sein ganzes Herz auf* (16,16f).

Wenn du mich lieb hättest, würdest du ... – vielleicht ist das wirklich etwas, was wir Frauen schneller sagen als Ihr Männer. Aber Ihr Männer macht es den Frauen ja manchmal auch wirklich schwer, noch zu merken, ob Ihr sie liebt. So viele andere Dinge sind wichtig, daß für die Beziehung oft kaum noch Raum bleibt oder Zeit.

Für Simson ist es jedoch schier unerträglich, daß Delila ausgerechnet seine Liebe in Frage stellt, das einzige, was für ihn selbst völlig außer Frage steht. Und indem er sich darauf einläßt, nimmt das Verderben seinen Lauf. Der Sunnyboy hat wirklich kein Glück in der Liebe – das steht fest. Was kann man zu dem Ganzen nun eigentlich theologisch sagen?

P.: Ich will den Anfang machen, indem ich zunächst sage, wie es meiner Meinung nach *nicht* geht: Für die älteren Ausleger ist die Sache ganz klar, sie sehen in Simson schlicht das Opfer des bösen Weibes. So konnte Hugo Greßmann schreiben: »Der Held wird nicht durch seinesgleichen, sondern durch ein Weib bezwungen. Gegen Weibertränen und Weiberstücke ist auch er machtlos.« Man hört die geheime Sympathie des Auslegers für den armen, machtlosen Helden. Ähnlich äußerte sich Hermann Gunkel, der die Verratsszene in seiner unverwechselbaren Sprache so beschreibt: »Der Held, so vertrauensvoll im Schoße der Geliebten schlafend, sie aber vom Gelde bestochen, des Helden unwürdig, in Verrat denkend, und der Lauerer in der Kammer nebenan ...« Mir scheint, diese Sicht der Dinge ist viel zu einfach. Sie wird der Komplexität des Erzählten in keiner Weise gerecht, und sagt mehr über die Ausleger und deren Ängste als über das Auszulegende.

Der große Gerhard von Rad blieb dagegen mit seiner Aufmerksamkeit bei Simson und fragte, was sich eigentlich bei ihm abgespielt habe. Simson, so stellt er dann tadelnd fest, sei vor allem hinter Frauen her, statt bei seinem geistlichen Auftrag zu bleiben. Von Rads Fazit zitiere ich wörtlich, weil es beispielhaft für eine ganze Auslegungstradition steht: »So zeigen uns die Simsongeschichten das Bild einer vertanen Gotteskraft ... Sie zeigen das klägliche Unterliegen in dem Kampf zwischen Eros und Charisma.«

S.: Ich glaube nicht, daß von Rad wirklich den Punkt trifft, wenn er Eros und Charisma so gegeneinander ausspielt. Der Eros bzw. die Erotik in Simsons Geschichte wird von der Bibel selbst gar nicht negativ bewertet. Nicht einmal Simsons Gang zu der Hure wird moralisch verurteilt oder mit irgendeiner Strafe verbunden. Überhaupt scheint dem Alten Testament die Dämonisierung von Erotik in einer Liebesbeziehung eher fremd zu sein. Ich denke z.B. an die Unbefangenheit, mit der das Hohelied den sinnlichen Genuß der Liebe beschreibt.

Bei von Rad schlägt meiner Meinung nach die christliche Tradition durch, die bis heute kein positives Verhältnis zur Erotik gefunden hat. Ich sage »bis heute«, weil dieser ganze wichtige Lebensbereich in den Liturgien und Liedern unserer Kirche bis heute völlig fehlt. In der Vorbereitung dieses Gottesdienstes fiel mir das bei der Suche passender Gesangbuchlieder auf: Liebe kommt zwar häufig vor, aber immer nur als Nächsten- oder Gottesliebe; weder dem Glück noch dem Schmerz menschlicher Sexualität und Erotik wird singend Ausdruck gegeben. Als ob das keine Rolle spielte oder keine Rolle spielen dürfte!

Um auf Simson zurückzukommen: Ich glaube nicht, daß der Eros ihm zum Verhängnis geworden ist. Interessant finde ich, daß im Gegenzug zu von Rad eine feministische Auslegung die Hingabe Simsons an Delila sehr positiv wertet. Ich zitiere aus einer feministischen Predigtmeditation: »Wahre Liebe kennt keine Geheimnisse. Wahre

Liebe macht verletzlich, gibt sich selbst preis, ist offen bis zur Selbstaufgabe ... Und das ist die letzte Konsequenz der Liebe: Der bis dahin unbezwungene Held wird schwach und allen anderen Menschen gleich.« Und beifällig wird festgestellt, daß Simson damit aufhört, der patriarchalische Held zu sein.

P.: Ich halte diese Deutung für romantisierenden Quatsch. Und überdies ist sie brandgefährlich, ebenso gefährlich wie eine christliche Abwertung des Eros. Denn diese Deutung erweckt doch den Anschein, als sei Simsons grenzenlose Liebe, als sei seine totale, bis ins Ausgeliefertsein führende Hingabe vorbildlich oder erstrebenswert.

Statt dessen: Wieviel Schmerz und fruchtlosen Kummer bereiten sich Menschen, die ihre Liebe in unrealistischer Weise auf jemanden richten, der für sie nicht zu haben ist. Sie müssen gerade das Loslassen lernen anstatt zum Klammern ermutigt zu werden. Und wieviel Enttäuschung bereiten sich Liebende, die ihr Gegenüber unrealistisch wahrnehmen – die, wie Simson, die negativen Seiten nicht wahrhaben wollen. Und wieviel schließlich tun diejenigen sich und anderen an, die in der Liebe die eigenen Grenzen nicht zu schützen wissen.

Nein, da ist die Geschichte selbst viel realistischer, viel lebensklüger als jene romantisierende Auslegung. Sie warnt doch gerade vor dem Mißverständnis, Liebe mit grenzenloser Hingabe zu verwechseln. Es wäre viel Unheil vermieden worden, wenn Simson dem Empfindsamkeitstest nicht nachgegeben und sein Geheimnis gewahrt hätte, wenn er fähig gewesen wäre zum »Nein in der Liebe«. Denn es ist falsch verstandene Liebe zu meinen, man müsse dem Partner jeden Gefallen tun, wenn er nur anhaltend genug bettelt. Man darf für die Liebe nicht jeden Preis zahlen!

Es ist übrigens – das möchte ich gerade uns christlich Erzogenen sagen – falsch verstandene Liebe, wenn man meint, man müsse sich alles sagen, man müsse alles voneinander wissen, es dürfe keine Geheimnisse geben. Auch die Liebenden haben ein Recht auf ihre Grenzen, die vom Partner und von der Partnerin geachtet werden müssen!

Ich finde deshalb gerade umgekehrt: Die Geschichte von Simson und Delila lehrt uns, daß grenzenlose Liebe zum Scheitern verurteilt ist und ins Verderben führt. Du hast ja eben auf den bezeichnenden Umstand hingewiesen, daß Simson gerade die Frau liebt, die seine Liebe nicht erwidert, die Frau, die er nicht kriegen kann. Ich kann nur vermuten, womit das zusammenhängt: Vielleicht fühlt sich unser Simson-Sunnyboy, so wie er gebaut ist, gerade davon angezogen, daß diese Frau offenbar nicht gleich auf ihn abfährt. Vielleicht kann er sich in seiner Grandiosität auch gar nicht vorstellen, daß eine Frau seiner Liebe widerstehen könnte. Aber soviel ist offensichtlich: Gerade in seiner übergroßen Liebe verfehlt Simson Delila. Er nimmt sie in ihrer Art, mit ihm umzugehen, nicht wirklich wahr. Ich mußte an die Brecht-Geschichte denken, wo Herr K. einmal gefragt wird: »Was machen Sie, wenn Sie einen Menschen lieben?« Antwort: »Ich mache mir ein Bild von ihm.«

So auch Simson! Theologisch gesprochen verstößt er gegen das Bilderverbot. Er liebt an Delila vorbei das Bild, das er sich von ihr gemacht hat. Darum bemerkt er nichts – auch dann nicht, als ihr Spiel und die nicht enden wollende Quengelei ihn hätten nachdenklich machen müssen. Das ist Simsons Schuld, daß er vor Liebe blind ist. Und es ist von abgründiger Symbolhaftigkeit, daß dem vor Liebe Blinden dann die Augen ausgestochen werden. So endet die grenzenlose Liebe: Weil Simson Delila vergöttert, macht er sie zum Teufel.

S.: Ich finde gut, daß Du gerade so formuliert hast, daß weder Simson nur als Opfer noch Delila nur als die Böse dasteht. Man kann nicht einen herausgreifen und sagen: Der oder die ist an allem schuld. Delila kann ihr durchtriebenes Spiel nur spielen, weil Simson auf seine Weise mitspielt. Die beiden passen, salopp gesagt, zusammen wie Döschen und Deckelchen. Das deutet sich schon in ihren Namen an: Simson ist das »Sönnchen«, und im Namen Delila steckt das Wort für »Nacht«. Nach einer anderen Übersetzung steckt in Delila das Wort »schwach«, und als solche ist sie das Pendant zum starken Simson. So oder so, die beiden bilden zusammen ein System. Aber keins, das sich positiv ergänzt, sondern ein System der negativen Verstärkung, das immer tiefer ins Verderben führt.

P.: Die Geschichte von Simsons Liebe zu Delila endet in der Zerstörung. Aber sie ist deshalb nicht destruktiv. Ihre positive Absicht liegt darin, daß sie uns, die Leserinnen und Leser, vor einem naheliegenden Mißverständnis der Liebe warnt. Und das um so dringlicher, als sie uns die unheilvolle Verstrickung, den Teufelskreis, in den Simson und Delila sich begeben haben, nachdrücklich vor Augen führt. Positiv gewendet: Zu dem, was Simson nicht vermochte, werden wir ermutigt: unser Gegenüber sehend zu lieben, in gegenseitiger Achtung und mit Respekt vor den Grenzen; und einander zu lieben im menschlichen Maß. So, wie es Erich Fried in einem seiner Liebesgedichte beschreibt:

»Dich

Dich nicht näher denken
und dich nicht weiter denken
dich denken wo du bist
weil du dort wirklich bist

Dich nicht älter denken
und dich nicht jünger denken
nicht größer nicht kleiner
nicht hitziger und nicht kälter

Dich denken und mich nach dir sehnen
dich sehen wollen
und dich liebhaben
so wie du wirklich bist«

S.: Ich möchte noch einen letzten Blick auf Simson und seine un-
glückliche Liebesbeziehung werfen. Denn ich finde tröstlich, daß da,
wo menschliche Irrungen und Wirrungen im wahrsten Sinne des Wortes zum Kahlschlag geführt haben, Gott Neues wachsen läßt. Es heißt:
*»Aber das Haar seines Hauptes fing wieder an zu wachsen, nachdem es
geschoren war.*« (16,22) Die Sackgassen, in die Simson und seinesgleichen sich hineinmanövrieren, sind also nicht das Ende der Wege Gottes. Auch seinem gescheiterten Sunnyboy bleibt Gott treu. Amen.

Gebet

Barmherziger, gnädiger Gott.
Deine Liebe reicht weiter, als wir ermessen.
Selbst da, wo wir am Ende sind mit unserer Kraft,
läßt du uns oft neue Möglichkeiten zuwachsen.
Wir bitten dich heute für alle, die die Liebe blind gemacht hat
und die Verrat und Demütigung hinnehmen müssen.
Lindere den Schmerz der enttäuschten Liebe,
und mach andere, gute Erfahrungen möglich.
Wir bitten dich für die,
die ihren Partner oder ihre Partnerin nicht mehr lieben können
und darunter leiden, soviel Leid zuzufügen.
Hilf, daß sich falsche Klammern lösen können,
und mach möglich,
daß Freundschaft statt Haß übrigbleibt, wo zwei sich trennen.
Gott, schütze das Glück derer, die sich lieben,
bewahre ihnen den Blick füreinander
und die Freude an ihrem gemeinsamen Leben.
Du hast der Liebe eine Fülle von Ausdrucksformen gegeben,
verhindere, daß wir sie in ein starres Bild pressen.
Laß uns wachsen und reifen in unserer Fähigkeit,
Liebe miteinander zu teilen. Amen.

Namenloses Frauenleid

Predigt über Richter 19,1–30, gehalten in einem Gottesdienst zur
Frauenkampagne von amnesty international
(Sylvia Bukowski)

Gewalt gegen Frauen will amnesty international mit seiner speziellen
Kampagne aufdecken, zu Herzen gehen lassen und auch mit unserer
Hilfe bekämpfen. Und das Schicksal von Katia Bengana ist nur einer
von unzähligen Fällen, in denen Frauen zu Opfern eines rücksichtslo-
sen Machtkampfes, einer fanatischen Ideologie oder einer großen Geringschätzung ihres Geschlechts werden.
Auch in der Bibel werden solche Fälle beschrieben. Einen, vielleicht
den brutalsten – sofern es überhaupt eine Meßskala des Leidens geben
kann –, möchte ich heute aus der Vergessenheit herausholen. Er wird
berichtet im 19. Kapitel des Richterbuches:

*Zu der Zeit war kein König in Israel. Und ein Levit wohnte als Fremdling
weit hinten im Gebirge Ephraim und hatte sich eine Nebenfrau genommen
aus Bethlehem in Juda. Und als sie über ihn erzürnt war, lief sie von ihm
fort zu ihres Vaters Hause nach Bethlehem in Juda und war dort vier Monate lang. Da machte sich ihr Mann auf und zog ihr nach, um freundlich
mit ihr zu reden und sie zu sich zurückzuholen; und er hatte seinen Knecht
und ein Paar Esel bei sich. Und sie führte ihn in ihres Vaters Haus. Als ihn
aber der Vater der jungen Frau sah, wurde er froh und ging ihm entgegen. Und sein Schwiegervater, der Vater der jungen Frau, hielt ihn fest, daß
er drei Tage bei ihm blieb. Sie aßen und tranken und blieben dort über
Nacht. Am vierten Tag erhoben sie sich früh am Morgen, und er machte sich
auf und wollte fortziehen. Da sprach der Vater der jungen Frau zu seinem
Schwiegersohn: Labe dich zuvor mit einem Bissen Brot, danach könnt ihr
ziehen. Und sie setzten sich und aßen beide miteinander und tranken. Da
sprach der Vater der jungen Frau zu dem Mann: Bleib doch über Nacht
und laß dein Herz guter Dinge sein. Als aber der Mann aufstand und ziehen wollte, nötigte ihn sein Schwiegervater, daß er noch einmal über Nacht
dablieb. Am Morgen des fünften Tages machte er sich früh auf und wollte
ziehen. Da sprach der Vater der jungen Frau: Labe dich doch und laß uns
warten, bis sich der Tag neigt. Und so aßen die beiden miteinander. Da
machte sich der Mann auf und wollte mit seiner Nebenfrau und mit seinem*

Knecht fortziehen. Aber sein Schwiegervater, der Vater der jungen Frau, sprach zu ihm: Siehe, der Tag hat sich geneigt, und es will Abend werden; bleib über Nacht und laß dein Herz guter Dinge sein. Morgen mögt ihr früh aufstehen und eures Weges ziehen zu deinem Zelt. Aber der Mann wollte nicht mehr über Nacht bleiben, sondern machte sich auf und zog hin und kam bis gegenüber von Jebus – das ist Jerusalem – und hatte ein Paar beladene Esel bei sich und seine Nebenfrau und seinen Knecht.

Als sie nun nahe bei Jebus waren, dunkelte es schnell; da sprach der Knecht zu seinem Herrn: Komm doch und laß uns in diese Stadt der Jebusiter einkehren und über Nacht dort bleiben. Aber sein Herr sprach zu ihm: Wir wollen nicht in die Stadt der Fremden einkehren, die nicht von den Israeliten sind, sondern wollen hinüber auf Gibea zu. Und er sprach zu seinem Knecht: Geh weiter, damit wir an einen andern Ort kommen und über Nacht in Gibea oder in Rama bleiben. Und sie zogen weiter ihres Weges, und die Sonne ging unter, als sie nahe bei Gibea waren, das in Benjamin liegt. Und sie bogen ab vom Wege, um nach Gibea zu kommen und dort über Nacht zu bleiben. Als er aber hineinkam, blieb er auf dem Platze der Stadt; denn es war niemand, der sie die Nacht im Hause beherbergen wollte.

Und siehe, da kam ein alter Mann von seiner Arbeit vom Felde am Abend; der war auch vom Gebirge Ephraim und ein Fremdling in Gibea, aber die Leute des Orts waren Benjaminiter. Und als er seine Augen aufhob, sah er den Wanderer auf dem Platze und sprach zu ihm: Wo willst du hin? Und wo kommst du her? Er aber antwortete ihm: Wir reisen von Bethlehem in Juda weit ins Gebirge Ephraim hinein, wo ich her bin. Ich bin nach Bethlehem in Juda gezogen und kehre jetzt nach Hause zurück, doch niemand will mich beherbergen. Wir haben Stroh und Futter für unsere Esel und Brot und Wein für mich, deinen Knecht, und für deine Magd und den Knecht, der bei mir ist, so daß uns nichts fehlt. Der alte Mann sprach: Friede sei mit dir! Alles, was dir mangelt, findest du bei mir; bleib nur nicht über Nacht auf dem Platze. Und er führte ihn in sein Haus und gab den Eseln Futter, und sie wuschen ihre Füße und aßen und tranken.

Und als ihr Herz nun guter Dinge war, siehe, da kamen die Leute der Stadt, ruchlose Männer, und umstellten das Haus und pochten an die Tür und sprachen zu dem alten Mann, dem Hauswirt: Gib den Mann heraus, der in dein Haus gekommen ist, daß wir uns über ihn hermachen. Aber der Mann, der Hauswirt, ging zu ihnen hinaus und sprach zu ihnen: Nicht, meine Brüder, tut doch nicht solch ein Unrecht! Nachdem dieser Mann in mein Haus gekommen ist, tut nicht solch eine Schandtat! Siehe, ich habe eine Tochter, noch eine Jungfrau, und dieser hat eine Nebenfrau; die will ich euch herausbringen. Die könnt ihr schänden und mit ihnen tun, was euch gefällt, aber an diesem Mann tut nicht solch eine Schandtat! Aber die Leute wollten nicht auf ihn hören. Da faßte der Mann seine Nebenfrau und brachte sie zu ihnen hinaus. Die machten sich über sie her und trieben ihren

Mutwillen mit ihr die ganze Nacht bis an den Morgen. Und als die Morgenröte anbrach, ließen sie sie gehen. Da kam die Frau, als der Morgen anbrach, und fiel hin vor der Tür des Hauses, in dem ihr Herr war, und lag da, bis es licht wurde. Als nun ihr Herr am Morgen aufstand und die Tür des Hauses auftat und herausging, um seines Weges zu ziehen, siehe, da lag seine Nebenfrau vor der Tür des Hauses, die Hände auf der Schwelle. Er sprach zu ihr: Steh auf, laß uns ziehen! Aber sie antwortete nicht. Da legte er sie auf den Esel, machte sich auf und zog an seinen Ort. Als er nun heimkam, nahm er ein Messer, faßte seine Nebenfrau und zerstückelte sie Glied für Glied in zwölf Stücke und sandte sie in das ganze Gebiet Israels. Wer das sah, der sprach: Solches ist nicht geschehen noch gesehen, seitdem Israel aus Ägyptenland gezogen ist, bis auf diesen Tag. Nun denkt darüber nach, beratet und sprecht!

Gewalt gegen Frauen ...
Die Frau, deren Schicksal hier festgehalten ist, steht für die vielen namenlosen Opfer. Nichts weiß man von ihrer Lebensgeschichte, nichts von der Buntheit ihres Wesens, nur ihr Leiden findet Erwähnung, nur ihr Tod scheint der Rede wert.
Manchmal hat diese Namenlosigkeit bewußt ein System. Denn Menschen ohne Namen lassen sich leichter vergessen, ihr Schmerz bleibt letztlich doch abstrakt, auch wenn ihre Mißhandlungen bis in konkrete Einzelheiten geschildert werden. Man weiß nichts von ihren Gefühlen, erfährt nichts von ihren Gedanken, muß sich ihren Fragen und Anklagen nicht aussetzen. Menschen ohne Namen sind »Fälle«, die uns vielleicht interessieren, aber von denen wir uns auch leicht wieder distanzieren können.
So berührt uns auch das Schicksal der Millionen namenloser Opfer des Holocaust erst dann wirklich, wenn es Gestalt annimmt und eine eigene Lebensgeschichte, einen Namen bekommt wie z.B. Anne Frank. Und vielleicht könnten wir nicht so schnell vergessen, was Frauen in den Massenvergewaltigungen in Bosnien angetan worden ist, wenn wir wenigstens einen ihrer Namen behalten hätten, mit allem, was zu diesem Namen gehört an zerstörter Hoffnung, erstickter Lebenslust und Träumen.
»Ich habe dich bei deinem Namen gerufen!« Gott kennt keine namenlosen Opfer. Für ihn behält jeder Mensch sein eigenes Gesicht, und er vergißt keine einzige Träne, keinen einzigen noch so leisen Schrei. Das gilt auch für die Frau des biblischen Berichts, deren Namen für uns unkenntlich bleibt. Aber wenn wir uns heute an ihr Leid erinnern, wenn wir uns angehen lassen, was ihr angetan wurde, dann leisten wir dem Programm der Namenlosigkeit, sprich dem Vergessen, doch wenigstens den uns möglichen Widerstand.

Lassen Sie uns das Schicksal dieser Frau daher etwas genauer betrachten. Es spielt sich ab in einer Zeit, in der es keinen König gab in Israel, sondern jeder tat, was in seinen eigenen Augen gut war, in einem Zustand der Anarchie und Rechtlosigkeit also, in dem nur das Gesetz der Stärke galt und Schwache völlig ohne Schutz blieben, wie es bis heute vielerorts der Fall ist.

Was der Blutnacht im einzelnen vorausgegangen ist, möchte ich nicht weiter vertiefen – Sie haben von der Beziehungskrise gehört, die die Frau zurück in ihr Elternhaus getrieben hat, und von dem rührend klingenden Versuch des Mannes, sie durch freundliches Zureden wieder zurückzuholen. Ob sie tatsächlich wieder gewonnen wurde von ihrem Mann oder ob sie von ihrem Vater in berechnendem Einverständnis mit dem Schwiegersohn zurückgezwungen wurde, das steht dahin. Zu Wort kommt die Frau ja an keiner Stelle, sie bleibt stumm auf dem ganzen Weg, der für sie im wahrsten Sinne des Wortes ein Weg zur Schlachtbank werden soll, stumm wie ein Lamm, das seinen Mund nicht auftut. Unheilvoll scheint jedenfalls schon der Zeitpunkt des Aufbruchs: abends, kurz vor Einbruch der Dunkelheit, ohne das Ziel einer festen Bleibe. Und in der Tat wirkt sich das als ein großes Problem für die Reisenden aus. Denn als sie in Gibea Station machen, finden sie keine Unterkunft, bis schließlich der alte Mann aus der Heimat des Leviten auftaucht. Der nimmt ihre Notlage wahr und ist bereit, sie aufzunehmen. Allerdings klingt der Wortlaut seiner Einladung, die er an den Leviten richtet, schon fast wie eine böse Prophezeiung: »*Friede sei mit dir! Alles, was dir mangelt, findest du bei mir; bleib nur nicht über Nacht auf dem Platze.*«

Haben Sie gemerkt, daß hier in der Einzahl geredet wird, obwohl es sich doch um drei Personen handelt? Und begreifen Sie, wie sich diese ausgrenzende Rede später bestätigt, wenn tatsächlich nur der Mann im Haus des Gastgebers Sicherheit findet, während die Frau auf dem Platz der Gewalt preisgegeben wird! Sprache ist eben manchmal wirklich verräterisch – gerade im Detail.

Aber zunächst fängt die Gastfreundschaft für alle gut an. Sie können sich erfrischen, essen und trinken. Dann allerdings wird die Idylle jäh gestört: Wie in Sodom und Gomorra gibt es auch in Gibea ruchlose Leute, die Fremde als Freiwild betrachten und die Herausgabe des Leviten fordern, um mit ihm sexuell Mutwillen zu treiben. Und ebenso abgründig wie damals Lot in Sodom, bietet der Gastgeber auch hier statt dessen seine eigene Tochter und die Frau des Gastes als Ersatz an. Der Levit setzt dieses Angebot dann selbst in die Tat um. Gewaltsam stößt er seine Frau hinaus in die lüsterne, johlende Männermeute.

Wie oft hat sich das wiederholt, daß eine Frau unfreiwillig herhalten mußte in gewalttätigen Auseinandersetzungen zwischen Männern, wie oft sind Frauen zerrieben worden zwischen den Fronten männlicher Machtdemonstration! Und was bedeutet es, als Frau so schutzlos ausgeliefert zu sein, stellvertretend mißbraucht zu werden, damit der Mann gekränkt wird!

Die vergewaltigten Frauen im bosnischen Krieg haben uns eine Ahnung davon gegeben: vom Feind gequält und geschändet und von den eigenen Männern deswegen verstoßen! Aber ich glaube, die abgrundtiefe Verlassenheit und den Schmerz, die mit so einem Schicksal einhergehen, kann letztlich niemand von außen je ermessen, auch nicht wir Frauen, die wir bisher verschont geblieben sind!

Bis ins Unerträgliche spitzt sich auch in der biblischen Geschichte das Leid der namenlosen Frau zu. Nach einer Nacht der Vergewaltigung und Folter gelingt es ihr, sich zurückzuschleppen zu dem Haus des Gastgebers. Dort bricht sie vor der Tür zusammen, und ihr Mann findet sie am nächsten Morgen, die Hände ausgestreckt nach der Schwelle des erhofften Zufluchtsortes, der ihr aber doch keine Zuflucht geboten hat. Denn die Tür ist gegen das Elend der Frau bis zuletzt verschlossen geblieben. Und nicht einmal jetzt, wo zutage kommt, was der Frau angetan worden ist, findet der Mann Worte der Entschuldigung oder des Trostes. »Steh auf, laß uns ziehen!« ist das einzige, was er zu seiner Frau sagt. Auch als sie nicht antwortet, kümmert er sich nicht weiter um sie, beachtet und versorgt er nicht ihre Wunden, sondern legt sie, die schwerverletzt ist an Leib und Seele ohne jegliche Rücksicht auf seinen Esel und zieht nach Hause.

Was ist das, das diesen Mann so handeln läßt! Hat er sich nicht ursprünglich auf den Weg gemacht, um seine Frau zu behalten? Hat er ihr nicht freundlich zugeredet, damit sie nur ja zu ihm zurückkehrt? Vielleicht war es die Unfähigkeit, über die Folgen seiner Feigheit zu trauern, vielleicht wollte er sich nicht seiner Schuld stellen, die an seiner Frau nun unübersehbar war, vielleicht wollte er nicht wahrhaben, daß sie das alles für ihn, an seiner Statt, erleiden mußte.

Es ist nicht selten, daß Opfer gehaßt werden. »Die Deutschen werden uns Juden Auschwitz nie verzeihen« ist das bittere Fazit, das Hannah Arendt aus der Nachkriegszeit gezogen hat. Sie hat genau beobachtet, wie unangenehm und lästig die Verantwortlichen es immer empfunden haben, mit den blutigen Konsequenzen ihrer Taten oder ihrer Gleichgültigkeit konfrontiert zu werden und dem Schmerz ihrer Opfer nicht mehr ausweichen zu können. Ähnliches ist auch bei Gewalttaten gegen Frauen zu beobachten. Und auch in diesem Fall wird der Zynismus oft dadurch noch auf die Spitze getrieben, daß behauptet wird, die Opfer seien doch eigentlich auch selber »mitschuldig«!

Auch in einigen Handschriften der Bibel findet sich so ein widerwärtiger Unterton, wenn sie am Anfang der Geschichte den Streit der Eheleute interpretieren: »*... die Frau benahm sich nämlich wie eine Hure*«. In der gültigen biblischen Fassung ist von solchen Unterstellungen jedoch nichts zu finden, und nichts macht es leichter, das abgründige Verhalten des Leviten zu verstehen. Der geht schließlich soweit, seine Frau zu zerstückeln und ihren geschändeten Körper nun auch noch als Kriegsaufruf zu mißbrauchen. Ich kann das nur als einen makabren letzten Versuch deuten, von seiner eigenen Schande abzulenken und noch einmal auf Kosten seiner Frau seine männliche Ehre zu verteidigen. Das Ergebnis seines blutigen Kriegsaufrufs ist jedenfalls, daß wieder Frauen die Zeche zahlen: Die »Rächer« der Schandtat zu Gibea dürfen sich nun ihrerseits über 400 Mädchen und Frauen aus dem Stamm der Vergewaltiger hermachen.

Wann hört diese Spirale von Haß und Vergeltung endlich auf, der bis heute immer noch so viele Frauen zum Opfer fallen? Und wo ist Gott bei alledem? Warum greift er nicht ein? Warum rettet er nicht die Wehrlosen? Warum schafft er nicht wenigstens später Recht durch gerechte Strafe?

Es ist schwer, solche dunklen Lebensgeschichten wie die der namenlosen Frau in Gibea auszuhalten und auch die Fülle der Fragen, mit denen sie uns konfrontieren. Und ich glaube, es ist für uns alle besonders schwer, daß nicht einmal in der Bibel so ein Schicksal eine beruhigende »Lösung« findet, daß auch sie das Unbegreifliche unbegreiflich bleiben läßt.

Aber ich muß sagen: Ich liebe die Bibel auch dafür, daß sie solche dunklen Geschichten in ihrer ganzen Entsetzlichkeit erzählt. Sie hält uns damit ein Stück unserer Wirklichkeit vor Augen, das wir gern ausblenden, um unsere eigene mühsam konstruierte heile Welt nicht zu gefährden. Aber sie tut es, weil Gott dieses Dunkel aus seinem Blick nicht ausblendet.

Er selbst begibt sich mitten hinein, um die Welt wirklich zu heilen. Stumm wie ein Lamm, das zur Schlachtbank geführt wird, läßt sich Jesus den Gewalttätern ausliefern, die sich über ihn hermachen und ihn schließlich ans Kreuz nageln. Und wie die Frau in unserem Predigttext muß er aushalten, daß selbst der Himmel seinem Leiden gegenüber verschlossen bleibt. Aber in der Nacht seines Todes setzt sich das Licht des Namens Gottes durch als Lebenslicht und Vorschein von Gottes kommender Gerechtigkeit. Und die Auferstehung Jesu verbreitet dieses Licht auf alle Opfer menschlicher Gewalt, auch auf die geschändete Frau von Gibea. Ihre Geschichte bleibt unbegreiflich, jedoch nicht mehr ohne Hoffnung auf Gerechtigkeit und neues Leben. Amen.

Frauen in der Fremde

Zwei Predigten über das Buch Rut
(Sylvia Bukowski)

1. Predigt

Liebe Gemeinde,

das kleine Buch Rut gehört nicht zu den Predigttexten, die die Perikopenordnung vorschlägt. Aber ich finde es eigentlich zu schade, diese wunderschöne Frauengeschichte nie im Gottesdienst zu Gehör zu bringen. Sie geht zu Herzen, macht nachdenklich und hat eine gute Botschaft auch für uns. Ich möchte daher gern über das Buch Rut predigen, und zwar aus zwei verschiedenen Sichtweisen. Denn anders als der Buchtitel vermuten läßt, spielen *zwei* Frauen darin die Hauptrolle: Rut und ihre Schwiegermutter Noomi, eine junge und eine alte Frau, eine Jüdin und eine Heidin. Und so unterschiedlich diese beiden Frauen sind, so unterschiedlich ist auch ihr Erleben. Es reizt mich, heute zuerst einmal die Sichtweise Noomis in den Vordergrund zu stellen und nächsten Sonntag dann die von Rut. Hören Sie zum Einstieg das 1. Kapitel des biblischen Buches:

Zu der Zeit, als die Richter richteten, entstand eine Hungersnot im Lande. Und ein Mann von Bethlehem in Juda zog aus ins Land der Moabiter, um dort als Fremdling zu wohnen, mit seiner Frau und seinen beiden Söhnen. Der hieß Elimelech und seine Frau Noomi und seine beiden Söhne Machlon und Kiljon; die waren Efratiter aus Bethlehem in Juda. Und als sie ins Land der Moabiter gekommen waren, blieben sie dort. Und Elimelech, Noomis Mann, starb, und sie blieb übrig mit ihren beiden Söhnen. Die nahmen moabitische Frauen; die eine hieß Orpa, die andere Rut. Und als sie ungefähr zehn Jahre dort gewohnt hatten, starben auch die beiden, Machlon und Kiljon, so daß die Frau beide Söhne und ihren Mann überlebte. Da machte sie sich auf mit ihren beiden Schwiegertöchtern und zog aus dem Land der Moabiter wieder zurück; denn sie hatte erfahren im Moabiterland, daß der HERR sich seines Volkes angenommen und ihnen Brot gege-

ben hatte. Und sie ging aus von dem Ort, wo sie gewesen war, und ihre beiden Schwiegertöchter mit ihr. Und als sie unterwegs waren, um ins Land Juda zurückzukehren, sprach sie zu ihren beiden Schwiegertöchtern: Geht hin und kehrt um, eine jede ins Haus ihrer Mutter! Der HERR tue an euch Barmherzigkeit, wie ihr an den Toten und an mir getan habt. Der HERR gebe euch, daß ihr Ruhe findet, eine jede in ihres Mannes Hause! Und sie küßte sie. Da erhoben sie ihre Stimme und weinten und sprachen zu ihr: Wir wollen mit dir zu deinem Volk gehen. Aber Noomi sprach: Kehrt um, meine Töchter! Warum wollt ihr mit mir gehen? Wie kann ich noch einmal Kinder in meinem Schoße haben, die eure Männer werden könnten? Kehrt um, meine Töchter, und geht hin; denn ich bin nun zu alt, um wieder einen Mann zu nehmen. Und wenn ich dächte: Ich habe noch Hoffnung! und diese Nacht einen Mann nehmen und Söhne gebären würde, wolltet ihr warten, bis sie groß würden? Wolltet ihr euch so lange einschließen und keinen Mann nehmen? Nicht doch, meine Töchter! Mein Los ist zu bitter für euch, denn des HERRN Hand ist gegen mich gewesen. Da erhoben sie ihre Stimme und weinten noch mehr. Und Orpa küßte ihre Schwiegermutter, Rut aber blieb bei ihr. Sie aber sprach: Siehe, deine Schwägerin ist umgekehrt zu ihrem Volk und zu ihrem Gott; kehre auch du um, deiner Schwägerin nach. Rut antwortete: Rede mir nicht ein, daß ich dich verlassen und von dir umkehren sollte. Wo du hingehst, da will ich auch hingehen; wo du bleibst, da bleibe ich auch. Dein Volk ist mein Volk, und dein Gott ist mein Gott. Wo du stirbst, da sterbe ich auch, da will ich auch begraben werden. Der HERR tue mir dies und das, nur der Tod wird mich und dich scheiden. Als sie nun sah, daß sie festen Sinnes war, mit ihr zu gehen, ließ sie ab, ihr zuzureden. So gingen die beiden miteinander, bis sie nach Bethlehem kamen. Und als sie nach Bethlehem hineinkamen, erregte sich die ganze Stadt über sie, und die Frauen sprachen: Ist das die Noomi? Sie aber sprach zu ihnen: Nennt mich nicht Noomi, sondern Mara; denn der Allmächtige hat mir viel Bitteres angetan. Voll zog ich aus, aber leer hat mich der HERR wieder heimgebracht. Warum nennt ihr mich denn Noomi, da doch der HERR gegen mich gesprochen und der Allmächtige mich betrübt hat?
Es war aber um die Zeit, da die Gerstenernte anging, als Noomi mit ihrer Schwiegertochter Rut, der Moabiterin, zurückkam vom Moabiterland nach Bethlehem.

Alles beginnt mit einer Katastrophe, und man kann anhand der Bruchstücke von Informationen nur erahnen, wie das Leben aussah, das durch sie zerstört worden ist. So weckt z.B. die Zeitangabe »*als die Richter richteten*« bei den ursprünglichen Hörern und Hörerinnen auf Anhieb erst einmal nostalgische Gefühle. Denn mittlerweile ist man durch viele bittere Erfahrungen hindurch in weiten Kreisen überaus herrschaftskritisch geworden und erinnert sich der königslosen Zeit gern als »der guten alten Zeit«. Zu dieser Idylle passen die Namen des jungen Ehepaares, von dem erzählt wird: Noomi, die »Liebliche«, und Elimelech, der Fromme, der weiß: »Mein Gott ist König«. Dazu paßt auch der Ort des Geschehens: Bethlehem, zu deutsch: »Haus des Brotes«; dieser Name läßt an Fruchtbarkeit, Fleiß und Wohlstand denken. Aber, wie gesagt, alle diese idyllischen Anklänge existieren nur noch in Trümmern. Die Hungersnot hat das schöne Bild brutal zerstört. Bethlehem, das Haus des Brotes, kann seine Einwohner nicht mehr ernähren, aus Noomi, der Lieblichen, ist eine verhärmte Flüchtlingsfrau geworden, aus der jungen Familie vier entwurzelte Menschen, für die es nur noch ums Überleben geht.

Was Hunger bedeutet, haben manche von Ihnen am eigenen Leib erfahren, und Sie können daher vielleicht im einzelnen noch besser ermessen, was Noomi vor dem Entschluß auszuwandern durchgemacht hat: Da ist zuerst der Versuch, mit immer weniger auszukommen, jede Mahlzeit irgendwie zu strecken, sich selbst zugunsten von Mann und Kindern möglichst zurückzunehmen, nachts dann aber wachzuliegen vor Hunger und Sorge, wie man über den nächsten Tag kommen soll, wo noch etwas aufzutreiben sein könnte, wen man noch bitten könnte. Hinzu kommen die Wut und die Enttäuschung über die, die immer so schnell dabei sind mit frommen Sprüchen, aber letztlich nichts tun. Es muß viel zusammenkommen, bis man den Entschluß faßt, daß nur noch Weggehen eine Chance bedeutet. Und auch für Noomi und ihre Familie wird es nicht leicht gewesen sein, aus Bethlehem, dem Ort, an dem es kein Brot mehr gab, wegzugehen, alles hinter sich zu lassen, was vorher zu ihnen dazugehört hat: die eigenen vier Wände, seien sie auch noch so bescheiden gewesen, die Freunde, die Nachbarn, die vielen Erinnerungen, die mit jeder Ecke, jeder Straße verbunden sind. Wer so einen Abschied nicht selbst erlebt hat, der muß sich einmal davon erzählen lassen von den Flüchtlingen in der Schönebecker Straße oder von Milete aus Eritrea, die oft hier im Gottesdienst ist.

Zu dem schweren Aufbruch kommt auch noch die schwierige Frage: Wohin sollen wir denn gehen? Wer nimmt uns auf? Wie werden die Kinder durchhalten bis dahin? Noomi und ihr Mann beschließen, nach Moab zu gehen, in ein Land, das mehr Regen gehabt hat, wo niemand darben muß. Aber sie wissen: Moab hat schon einmal jüdische Flüchtlinge abgewehrt aus Angst vor Überfremdung und aus Sorge, die fremden Hungerleider würden ihnen alles wegessen und wegnehmen, damals, als Israel aus Ägypten, aus der Sklaverei geflohen war. Aber die Verzweiflung läßt Noomi und Elimelech keine andere Wahl, als es zu versuchen. Werden sich Moabs Grenzen diesmal öffnen?

Das Wunder geschieht. Die jüdische Flüchtlingsfamilie wird aufgenommen und darf bleiben. Die Kinder lernen wieder spielen und fröhlich sein, sie wachsen heran mit moabitischen Freunden, verlieben sich in moabitische Mädchen und heiraten sie schließlich. Noch einmal scheint eine Idylle auf, nach der sich viele Flüchtlinge bis heute sehnen.

Aber wieder wird das Glück jäh zerstört. Elimelech, Noomis Mann, wird krank und stirbt. Das ist ein schwerer Schlag, der eine ganz neue Art von Fremdheit für Noomi mit sich bringt: Fremdheit gegenüber dem Lachen, gegenüber der ganzen Unbeschwertheit und Normalität um sie herum, Fremdheit auch dem eigenen Leben gegenüber, das Noomi – wie alle Witwen – noch einmal ganz neu lernen muß, allein, ohne den geliebten Partner. Ein Trost sind ihr dabei sicher ihre beiden Söhne. Sie sind zwar längst verheiratet und brauchen sie nicht mehr so wie früher, aber immerhin, sie sind doch so etwas wie ein Stück Heimat für Noomi in der alten und neuen Fremde.

Wer die Namen der beiden Söhne in ihrer Bedeutung versteht, wird jedoch das Verhängnis ahnen, das sich anbahnt. Machlon und Kiljon, »Schwächlich« und »Gebrechlich«, sterben innerhalb kurzer Zeit ebenso. Nun hält Noomi nichts mehr. Aus dem Land des Überlebens ist ihr ein Land des Todes geworden. Dort kann sie, dort will sie nicht mehr bleiben. Da ist nicht nur die Versorgungsfrage: Wer kümmert sich um alt- und krankgewordene Ausländer?, auch die Sehnsucht nach Altvertrautem, vielleicht auch nach glücklicheren Erinnerungen treibt sie zurück. In Bethlehem, so hat sie erfahren, gibt es längst auch wieder Brot. Dahin will sie nun also auf schnellstem Wege heimkehren. Die Gefahren, die ihr als Frau allein unterwegs drohen, schrecken sie nicht: Was ist ihr Leben denn schon noch wert! Die Begleitung, die ihr ihre Schwiegertöchter anbieten, lehnt sie ab. In ihrer Trauer um Mann und Söhne ist kein Raum für diese beiden Frauen. Sie will allein sein mit ihrem unerträglichen Schmerz, vielleicht auch, weil sie sich selbst darin für andere unerträglich findet.

Ich finde, Noomis Schicksal ist in seiner Härte vergleichbar mit dem Schicksal Hiobs. Und wie Hiob deutet auch sie das, was sie erleiden muß, als Schläge Gottes. Aber ihre Reaktion ist bezeichnend anders als die des Hiob. Statt wie er ihre Trauer und Empörung herauszuschreien, statt mit Gott zu ringen um Antwort auf die unaufhörliche Frage des Warum, nimmt Noomi alles ergeben hin, frißt ihren Schmerz in sich hinein, wendet sich nach innen statt nach außen und macht dicht gegen alle, die sie begleiten wollen. Das ist eine selbstzerstörerische Form der Trauer, aber eine, die uns selbst oft näherliegt als Hiobs lautes Klagen. Man will schließlich niemandem zur Last fallen, man möchte sich vielleicht auch schützen vor einer Anteilnahme, die weh tut; und in einer Gesellschaft, in der alles schnell gehen muß, auch der Kummer, und in der lauter lächelnde Masken das Bild der Öffentlichkeit beherrschen, da ist es auch schwer zuzugeben, wie lange man mit dem Verlust eines Menschen oder mit einem anderen Unglück nicht fertig wird.

Noomi hat allerdings das Glück, daß sich ihre Schwiegertöchter nicht so leicht abweisen lassen. Auch hier deuten die Namen auf den Fortgang des Geschehens. Als Noomi sie noch einmal beschwört, doch an sich selbst zu denken, in ihrer Heimat zu bleiben und dort neues Glück zu suchen, da kehrt Orpa, »die den Rücken kehrt«, tatsächlich um. Rut dagegen, auf deutsch: »die Freundin«, läßt sich nicht abweisen: *»Wo du hingehst, da will ich auch hingehen, wo du bleibst, da bleibe ich auch. Dein Volk ist mein Volk, und dein Gott ist mein Gott. Wo du stirbst, da sterbe ich auch, da will ich auch begraben werden. Der HERR tue mir dies und das, nur der Tod kann dich und mich scheiden.«*

Diese Worte Ruts als Ausdruck unbeirrbarer Liebe sind inzwischen von vielen Paaren zu Anfang ihres gemeinsamen Lebensweges nachgesprochen worden, oft ohne zu wissen, daß sie ursprünglich einer Schwiegermutter galten. Aber die Hingabe, die Menschen bis heute mit diesen Worten anrührt und beglückt, die erreicht Noomi in der Verschlossenheit ihres Schmerzes offenbar lange gar nicht. Zwar wehrt sie Rut nicht länger ab, aber in Bethlehem angesprochen: *»Ist das nicht Noomi?«*, antwortet sie: »Nennt mich nicht Noomi, sondern Mara (die Bittere); denn der Allmächtige hat mir viel Bitteres angetan. Voll zog ich aus, leer hat mich der HERR wieder heimgebracht«. Ja, so blind macht Bitterkeit, daß Noomi weder die Vergangenheit sieht, wie sie wirklich gewesen ist (»voll *zog ich aus*«), noch daß sie auch nur im Ansatz wahrnimmt, wen ihr Gott mit Rut geschenkt hat. Vielleicht ist sie es auch gewohnt, den Wert ihres Lebens über Männer zu definieren – den Ehemann, die Söhne –, so daß sie Ruts Anwesenheit und Liebe noch gar nicht richtig zu schätzen weiß. Man kann ahnen, was die Bitterkeit aus Noomi gemacht hätte, wäre Rut nicht bei ihr geblieben. Man kennt ja die Frauen und Männer, die keinem anderen mehr Glück gönnen können, die immer an allem etwas auszusetzen haben und die nur noch von dem sprechen, was sie mitgemacht haben.

Noomi wird von Ruts liebevoller Beharrlichkeit, oder sollte ich sagen: von Ruts beharrlicher Liebe, davor bewahrt, so zu werden. Sie kann langsam, in *ihrem* Zeitmaß, wieder leben lernen. Weil ein Mensch bei ihr ist, der einfach da ist, nicht drängt und keinerlei Druck macht, deshalb kann Noomi schließlich wieder lernen, das Gute zu sehen, das ihr geblieben ist, und erwartungsvoll in die Zukunft zu blicken. Neue Lebensgeister, alte Frauenweisheit und Witz kehren zu Noomi zurück; und am Ende der weiteren Geschichte, die sie selber mit einfädelt, wird sie noch einmal so gezeigt, wie ihr Name sie beschreibt: als liebevolle, vielleicht auch auf neue Art wirklich »liebliche« Großmutter, die den

Enkel auf ihrem Schoß hält, als sei er ihr eigenes Kind. Dem überschwänglichen Lob ihrer Nachbarinnen kann sie jetzt nur zustimmen: Eine Schwiegertochter wie Rut »*ist mehr wert ... als sieben Söhne*«.

Ich möchte zwei Schlußbemerkungen machen:

Das Ende der Geschichte aus dem Blickwinkel Noomis darf, glaube ich, nicht einfach mit einem platten Happy-End verwechselt werden, das alles Vorherige eben auch platt macht, sprich: vergessen läßt. Noomi bleibt eine Überlebende, eine vom Leid gezeichnete und einer Katastrophe entronnene Frau, für die nichts noch einmal so sein kann, wie es einmal war. Ihr späteres Glück macht das Unglück der Vergangenheit nicht einfach wett, raubt dem Entsetzlichen nicht im nachhinein seinen Stachel. Aber es weist auf eine Kraft, die das Leben stärker macht als die Schatten des Todes.

Und das führt zu der Frage: Wo ist eigentlich Gott in dieser Geschichte? Noomi erwähnt ihn als den, der ihr die harten Schläge versetzt hat, der ihr viel Bitteres getan hat, als einen unbegreiflichen, unheimlichen Gott, wie er auch uns manchmal in Lebenskrisen begegnet. Aber am Werk ist Gott, ohne daß es besonders hervorgehoben wird, auch in der Treue Ruts, die Noomi zum Leben zurückführt. Denn in dieser menschlichen Treue, in dieser Frauensolidarität, spiegelt sich etwas von Gottes unendlicher Treue wieder, von der wir alle leben. Mag es auch für uns Zeiten geben, in denen uns alles hinfällig scheint, in denen wir uns in unseren Schmerz zurückziehen und dichtmachen gegen alle, auch gegen Gott, so läßt Gott doch nicht von uns ab. »*Denn es sollen wohl Berge weichen und Hügel hinfallen, aber meine Gnade* (man könnte auch übersetzen: *meine Treue*) *soll nicht von dir weichen und der Bund meines Friedens soll nicht hinfallen, spricht der HERR, dein Erbarmer.*« Amen.

2. Predigt

Liebe Gemeinde,

das Buch Rut soll heute noch einmal Grundlage meiner Predigt sein. Letzten Sonntag habe ich Noomi, Ruts Schwiegermutter, mit ihrem Hiobsschicksal in den Vordergrund gestellt und geschildert, wie sie mit Hilfe von Ruts großer Treue einen neuen Zugang zum Leben finden konnte. Heute soll Rut selbst im Mittelpunkt stehen.

Rut ist Moabiterin. Sie ist aufgewachsen in einem Nachbarland Israels. Aber das Verhältnis zwischen Moab und Israel ist geprägt von einer äußerst problematischen Vergangenheit. Die Angst voreinander führte immer wieder zu kriegerischen Auseinandersetzungen, und auf beiden Seiten war man jahrzehntelang auf Abgrenzung bedacht. Dementsprechend ist man sich trotz der räumlichen Nähe fremd geblieben, so fremd, wie Menschen einander eben sind, wenn sie unter dem Einfluß eines Feindbilds stehen, das verknüpft ist mit vielen bösen alten Geschichten und immer neuen Vorurteilen.

In Israel fand die Ablehnung Moabs schriftlichen Niederschlag in dem Gebot: »*Die Ammoniter und Moabiter sollen nicht in die Gemeinde des Herrn kommen*« (5. Mose 23,4). Ich gehe davon aus, daß es in Moab ähnliche festgeschriebene Ausgrenzungen gab. Jedenfalls scheint mir eins sicher: Unter den gegebenen Umständen war es keine Selbstverständlichkeit, daß eine jüdische Familie Fuß fassen konnte in Moab. Nicht nur die leidvolle Vergangenheit beider Völker sprach dagegen, auch die Tatsache, daß Noomis Familie als Hungerleider, modern ausgedrückt: als Wirtschaftsflüchtlinge gekommen war, wird nicht gerade dazu angetan gewesen sein, sie willkommen zu heißen.

Aber Gott sei dank ist auf der Ebene von Mensch zu Mensch doch oft mehr möglich, als die offizielle Politik propagiert. Auch in Moab gab es Leute, denen die Herkunft dieser fremden Familie weniger bedeutete als ihre Not, und die daher durchaus bereit waren, sie aufzunehmen und heimisch zu machen. Und mit der Zeit wuchs dann auch die Vertrautheit zwischeneinander, vor allem bei den Kindern, und als die Zeit reif war, gab es offenbar auf keiner Seite Bedenken, daß Rut und Orpa, zwei junge Moabiterinnen, Kiljon und Machlon, die beiden jüdischen Flüchtlingssöhne, heirateten, und zwar, ohne die jeweilige kulturelle bzw. religiöse Identität dabei aufzugeben. Erst viel später – nach dem Tod des Schwiegervaters, des Schwagers und des eigenen Ehemannes – wendet sich Rut dem Gott Israels zu und verspricht Noomi: »*Wo du hingehst, da will ich ich auch hingehen; wo du bleibst, da bleibe ich auch. Dein Volk ist mein Volk, dein Gott ist mein Gott. Wo du stirbst, da sterbe ich auch, dort will ich auch begraben sein. Der HERR tue mir dies und das, nur der Tod wird dich und mich scheiden.*«

Ich finde den Zeitpunkt von Ruts Hinwendung zu dem Gott Israels allerdings wirklich bemerkenswert. Ausgerechnet nach so vielen schweren Schicksalsschlägen bekennt sie sich zu ihm. Da, wo andere jeden Gott in Frage stellen würden, macht sie sich an einem ihr fremden Gott fest. Vielleicht hat sie ja, wie manche anderen auch, gerade bei all dem Sterben um sich herum etwas von dessen besonderer tröstender und lebensstiftender Kraft erfahren. Es kann aber auch sein, daß Ruts Bekenntnis zu Noomis Gott zunächst nur durch die Liebe zu Noomi motiviert ist und sich erst später mit eigener Erfahrung füllt. Die Bibel und auch das Buch Rut sind voller Hinweise auf die verschiedenar tigen Wege, auf denen Gott Menschen anspricht und für sich in Beschlag nimmt. Und jeder möge sich hüten, diese Weite auf ein einheitliches Bekehrungsmuster einzuengen.

Aber ganz gleich, wodurch Ruts Bekenntnis zu dem Gott Israels zustande gekommen ist, denkwürdig ist, daß sie auf jedenfall schon in dessen Geist *handelt*. Ihre Liebe zu Noomi bewirkt, daß sie sich an die letzte Vertreterin einer zum Aussterben verurteilten jüdischen Familie bindet, daß sie ihr eigenes Leben mit dieser todgeweihten Sippe weiterhin verknüpft. Und durch diese Entscheidung macht Rut, wie wir noch sehen werden, das Undenkbare möglich, daß diese Familie *nicht* ausstirbt, sondern durch Rut neue Nachkommen erhält, zu denen später auch der König David und schließlich sogar Jesus gehören werden. Aus der todgeweihten jüdischen Sippe geht mit Hilfe von Ruts Entscheidung für Noomi also neues Leben hervor, das Heil bringt für Israel und die Völker.

Ich habe gesagt, Rut habe mit ihrer Bindung an Noomi, die nach menschlichem Ermessen keine Zukunftsaussichten mehr hatte, schon im Geist des Gottes, zu dem sie sich gerade erst bekannt hat, gehandelt. Das behaupte ich, weil es von Gottes Seite aus eine merkwürdige Entsprechung zum Verhalten Ruts in der Geschichte Israels gibt, und zwar in den allerersten Anfängen.

Die historisch erste Erwähnung Israels in der Weltgeschichte findet sich auf der Siegesstele des Pharao Merneptah aus dem Jahre 1220 v.Chr. Dort rühmt sich der Pharao nach einem erfolgreichen Palästinafeldzug, daß er auch eine Volksgruppe namens Israel besiegt habe. Wörtlich läßt er einmeißeln: »Israel hat keinen Samen mehr.« Das heißt: Israel hat keine Nachkommen mehr und ist nach seiner Überzeugung also zum Aussterben verurteilt.

Seit ich das gelesen habe, hat mich immer tief beeindruckt, daß die erste Erwähnung Israels außerhalb der Bibel eine Vernichtungsmeldung ist. Gerade mit dieser der Vernichtung ausgesetzten Gruppe, mit denen, die dem Pharao entronnen sind, beginnt nun Gott eine neue Geschichte. Die vom Aussterben bedrohte Gruppe wird durch Gottes Bindung an sie zur Trägerin neuen Lebens, nicht nur für die eigenen Nachkommen, sondern für alle Menschen. Denn Gottes Hinwendung zu todgeweihten Menschen durchzieht auch weiterhin die Geschichte seines Volkes und ermöglicht schließlich auch uns Leben und Hoffnung.

Aber zurück zu Rut: Ruts Liebe und Treue spiegelt etwas von Gottes lebenserweckenden Solidarität mit seinem Volk, und es ist meines Erachtens sehr angebracht, deshalb davon mit besonderer Hochachtung zu sprechen. Jede menschliche Solidarität, die diese »Lebenslinie« in Gottes Geschichte fortsetzt, verdient beachtet und erinnert zu werden.

Ich will nur ein Beispiel nennen, das ein jüdischer Überlebender des Holocaust aus unserer deutschen Vergangenheit berichtet hat. Als in einem Ort am Starnberger See eine jüdische Familie die Koffer pakken und zur Deportation antreten sollte, standen am nächsten Morgen alle Honoratioren des Dorfes mit gepackten Koffern neben ihr, nicht bereit, sie allein gehen zu lassen. Die ungewöhnliche Solidarität war die Rettung. Die Familie durfte bleiben. Was wäre geschehen, wenn an allen anderen Orten so ein Zusammenhalt zwischen christlichen und jüdischen Menschen demonstriert worden wäre? Aber nicht nur in so besonderen und dramatischen Zeiten leuchtet menschliche Treue auf wie ein Stern in der Nacht. Auch aus unserer Gemeinde könnte ich etliche Geschichten erzählen, wie die Mühsale des Alltags und des Altwerdens dadurch nicht mehr ganz so düster erscheinen.

Doch zurück zu Rut: Durch ihre Anhänglichkeit an Noomi, ihre ausländische Schwiegermutter, wird Rut nun ihrerseits zur Fremden. Fremd und unverständlich wird ihr Weggang aus Moab ihrer alten Umgebung vorkommen, fremd ist sie in der Heimat Noomis, in Bethlehem, und vielleicht ist sie auch sich selbst noch fremd in diesem neuen Leben ohne Ehemann, ohne die Hoffnung auf eine eigene Familie, ohne jegliche Sicherheit im Blick auf das, was kommt.

Rut macht jedoch die Erfahrung, daß der Gott Israels in besonderer Weise ein Herz hat für alle Fremden, eine Zuneigung, auf die er mittels Rechtsgrundsätzen auch sein Volk verpflichtet: »*Die Fremdlinge sollt ihr nicht unterdrücken*«, ordnet er an, »*denn ihr wisset um der Fremdlinge Herz, weil auch ihr Fremdinge in Ägyptenland gewesen seid*« (2. Mose 23,9) oder: »*Du sollst ihn (den Fremdling) lieben wie dich selbst*« (3. Mose 19,34). Er sorgt aber auch für ganz praktische Konsequenzen dieser Gebote: »*Wenn du dein Land aberntest, sollst du nicht alles bis an die Ecken deines Feldes abschneiden, auch nicht Nachlese halten ... sondern dem Armen und Fremdling sollst du es lassen*« (3. Mose 19,9). Das heißt: Nicht auf Willkür oder mitleidige Almosen sollen die Fremden und Bedürftigen nach Gottes Willen angewiesen sein. Sie erhalten von ihm vielmehr einen *Rechtsanspruch* auf Lebensunterhalt.

Und Rut hat Glück. Als sie von ihrem Recht auf Nachlese Gebrauch macht, fügt es sich, wie die Bibel vieldeutig erwähnt, daß sie an den Acker eines Mannes gerät, der dieses Recht auch tatsächlich respektiert und der sich auch noch als ein Verwandter Noomis entpuppt. Bei ihm ist Rut von Anfang an gut aufgehoben. Boas bietet ihr Schutz vor der offenbar üblichen Anmache fremder Frauen und vor den damit häufig verbundenen sexuellen Übergriffen, und er weiß ihre Solidarität mit Noomi zu schätzen. Ausdrücklich wünscht er ihr: »*Der HERR vergelte dir deine Tat und dein Lohn möge vollkommen sein bei dem HERRN, dem Gott Israels, zu dem du gekommen bist, daß du unter seinen Fittichen*

Zuflucht hättest.« Dieser Wunsch wird noch einmal auf ganz eigene Art auf Boas zurückfallen.

Aber zunächst kehrt Rut, von so viel Fremdenfreundlichkeit begeistert, zu Noomi zurück und erfährt, daß Boas ein »Löser« der Familie ist, also einer, der ihren verpfändeten Acker, den sie bei ihrer Auswanderung zurücklassen mußte, auslösen kann und der eigentlich auch für die zukünftige Versorgung der Familie zuständig ist.

Zeit vergeht. Die Ernte geht weiter. Und während die Äcker abgeerntet werden, wächst an anderem Ort etwas Neues heran: in Rut und Boas eine geheime Zuneigung, in Noomi ein neuer Lebensgeist, der sie aus der Starrheit und Rückwärtsgewandtheit ihrer Trauer löst und ihr die Augen öffnet für das, was um sie herum vorgeht, und der sie wieder Zukunftspläne schmieden läßt.

Rut soll sich auf Noomis Rat hin vor der letzten Nacht des Dreschens baden, salben, parfümieren und schön anziehen und dann zu Boas auf die Tenne gehen. Der hält dort nämlich noch einmal Nachtwache bzw. bleibt dort, um den Ertrag seiner Ernte nicht unbeaufsichtigt zu lassen. Aber die Angst vor Dieben raubt ihm offenbar nicht gerade den Schlaf. Die Bibel berichtet: »*Und als Boas gegessen und getrunken hatte, ward sein Herz guter Dinge ... und er legte sich hinter einen Kornhaufen.*« Dort schläft er so fest ein, daß er nicht bemerkt, wie Rut leise kommt, die Decke hochhebt und sich getreu der Anweisung Noomis zu seinen Füßen hinlegt. Nun heißt es weiter: »*Als es nun Mitternacht ward, erschrak der Mann und beugte sich vor; und siehe, da lag eine Frau zu seinen Füßen. Und er sprach: Wer bist du? Und sie antwortete: Ich bin Rut, deine Magd. Breite den Zipfel deines Gewandes über deine Magd, denn du bist der Löser.*« Die zarte Verschwiegenheit, die über dieser nächtlichen Begegnung auch im Folgenden liegt, will ich nicht zerreden. Aber ich habe vorhin erwähnt, daß der Segenswunsch des Boas, Rut möge unter den Fittichen Gottes Schutz finden, noch auf eigene Weise auf ihn zurückfallen würde. Und das geschieht genau an dieser Stelle. Denn wenn Rut sagt: »*Breite den Zipfel deines Gewands über deine Magd*« und damit meint: Heirate mich!, dann benutzt sie mit dem Ausdruck »*Zipfel deines Gewandes*« dasselbe Wort, das auch für die »Fittiche« Gottes steht. Mehr als er gedacht hatte, muß Boas nun also selbst tun, damit sein Segenswort wahr wird. Aber wie gut. Er will es!

Deshalb folgen nun alle möglichen notwendige Rechtsverhandlungen, um seinem Verhältnis mit Rut den rechtlich gesicherten Rahmen einer Ehe zu geben. Trotz angedeuteter Erotik geht es hier also nicht um eine so anarchische Leidenschaft wie im Hohenlied, in dem der Aspekt der Legalität überhaupt keine Rolle spielt. Bei Rut und Boas geht alles ruhiger und bedächtiger zu, vielleicht weil beide schon einiges hinter sich haben.

Am Ende beglückwünschen aber alle Boas und sagen: *»Der HERR mache die Frau, die in dein Haus kommt, wie Rahel und Lea, die beide das Haus Israel gebaut haben ... Und dein Haus werde wie das Haus des Perez, den Tamar dem Juda gebar«.*

Zu diesem Glückwunsch möchte ich noch etwas sagen, denn er trägt sehr gezielt den merkwürdigen Wegen Rechnung, die Gott schon immer gegangen ist, um seine Geschichte mit Israel und der Welt voranzubringen: Es waren oft Wege mit Frauen, die von Natur aus unfruchtbar waren wie Rahel oder die sich auf so abenteuerliche, um nicht zu sagen: skandalöse Weise Kinder verschafft haben wie Tamar von ihrem Schwiegervater Juda. Und nun soll es also mit der Moabiterin Rut weitergehen, die eigentlich doch gar nicht zur Gemeinde Gottes gehören darf!

Wie gut, daß Gott auch auf den krummen Linien des Lebens geradeschreiben kann, daß für ihn auch die unmöglichsten Menschen mögliche Zeugen sind; wie gut, daß Gottes Erbarmen Geschichte macht und daß sein Geist weht, wo er will!

Das Buch Rut endet mit der Geburt von Ruts Sohn Obed und mündet in einen Stammbaum, an dessen Schluß David, der große König Israels, steht. Und schon die Propheten haben angekündigt, daß aus Davids Geschlecht der Messias hervorgehen wird. Der Evangelist Matthäus nimmt diesen Faden auf: Im Stammbaum Jesu erscheint folgerichtig auch Rut, die Moabiterin, eine geborene Heidin und Angehörige eines israelfeindlichen Volkes. Man könnte also von Jesus her rückblickend sagen: Ruts Weg zeichnet den Weg aller Völker vor, auch unseren Weg. Denn die Verheißung Jesajas hat sich in Jesus erfüllt: *»Überall auf der ganzen Erde soll man erkennen, daß ich allein Gott bin, ich, der Herr, und sonst keiner.«* (Jes 45,6 [Gute Nachricht]) Amen.

Was ist der Mensch, daß du seiner gedenkst?

Predigt zum Gedenken an die Shoa über Psalm 8,5b
(Sylvia Bukowski)

Liebe Gemeinde,

die Frage des 8. Psalms erhält angesichts von Auschwitz und dem, wofür dieser Name steht, eine bedrängende Schärfe. Was ist der Mensch, daß er zu solch einem Verbrechen gegen andere Menschen fähig wird und nicht einmal im nachhinein an seiner Schuld zerbricht? Aber auch: Was hat Auschwitz aus den Menschen gemacht, die dort gefangen waren? Kann man angesichts von dieser Hölle überhaupt noch davon reden, daß Gott des Menschen gedenkt? Hat er nicht zu alldem geschwiegen? Und wenn er trotz seines unbegreiflichen Schweigens nicht übersehen hat, was Menschen aus unserem Land seinem Volk angetan haben, was bedeutet dann sein Gedenken für die Opfer und für die Täter?

Ich möchte in meiner Predigt diesen Fragen nachgehen. Aber mein Anspruch ist nicht, sie zu beantworten. Eher liegt mir daran, sie zu vertiefen und sie als Fragen erkennbar zu machen, die jeden und jede von uns angehen und umtreiben müssen.

Zuerst möchte ich die Täter in den Blick nehmen. Was sind das für Menschen, die den millionenfachen Mord geplant, entschieden, organisiert, fabrikmäßig durchgeführt oder ihn gleichgültig hingenommen haben? Im Licht der Bibel erscheinen sie als Nachkommen Kains, als Brudermörder aus kalter Berechnung, ohne Unrechtsbewußtsein und ohne irgendeinen Skrupel. Die Würde, die Gott jedem Menschen als seinem Ebenbild gegeben hat, unabhängig von Geschlecht, Rassen- oder Klassenzugehörigkeit, haben sie allein für sich beansprucht. Und wenn es im 8. Psalm heißt, der Mensch sei »*wenig geringer ... als Gott*« gemacht, so ist ihnen das noch nicht genug. Ganz wie Gott wollen sie sein, und zu teuflischen Herrgöttern haben sie sich tatsächlich aufgespielt und sich Gottes Recht angemaßt, über Tod und Leben zu entscheiden. Wie so viele vor und nach ihnen haben sie nach eigener Willkür ausgelegt, was es bedeutet, von Gott zum »*Herrn ... über deiner Hände Werk*« gesetzt zu sein, haben es als Freibrief genommen, das, was ihnen Gottes Güte »*unter seine Füße getan*« hat, mit Füßen zu treten, auszuplündern und zu zerstören, auch andere Menschen.

Aber so hat die Bibel »Herrschaft« nie verstanden. Wenn es im Schöpfungsbericht heißt: Macht euch die Erde untertan und herrscht über sie, so ist das hebräische Wort für »herrschen« dem Tätigkeitsfeld eines Hirten entnommen. Was darin anklingt, ist das Leiten der Herde zu guten Weiden, der Schutz vor wilden Tieren und die Fürsorge für die Schwachen. So verstanden, hat »herrschen« also viel mit »behüten« zu tun und mit dem Bewahren von Leben.

Die Schergen von Auschwitz dagegen haben ihre Macht dazu mißbraucht, Menschen wie Schafe zur Schlachtbank zu treiben. Als angeblich »arische« Herrenmenschen haben sie das Leben anderer als »unwertes Leben« deklariert und Juden, Zigeuner, Polen und Russen zu Untermenschen herabgesetzt, ja mehr noch, ihnen das Menschsein ganz und gar abgesprochen. Wie Vieh wurden sie in die Lager geschafft, und dort sollten sie dann nur noch als die Nummern existieren, die ihnen gleich nach der Ankunft eingebrannt wurden. Alle persönlichen Dinge mußten sie hergeben. Ihre individuelle Würde und Schönheit wurde ihnen genommen durch das Abrasieren der Haare, durch den Zwang, fremde Häftlingskleider zu tragen und durch das Verweigern jeglicher Privatsphäre. Jeder, der die Massenlatrinen von Auschwitz gesehen hat, ahnt, was für eine Schmach allein schon diese Schikane den Häftlingen angetan hat. Die letzte Steigerung der systematischen Entmenschlichung war aber die infame Praxis, die Opfer selber in die Tötungsmaschinerie einzubinden, ja ausgerechnet sie die schmutzigste und brutalste Arbeit machen zu lassen. So mußten die sogenannten Sonderkommandos die für den Tod Selektierten in die Gaskammern treiben, die Toten noch ein letztes Mal plündern, ihnen die Goldzähne ausbrechen und schließlich die Leichname im Akkord verbrennen. Die teuflische Absicht war, den noch Lebenden nicht einmal mehr ihre Unschuld zu lassen, und selbst die Toten nicht als tote Menschen anzuerkennen, sondern sie als Material zu gewinnbringender Verwertung zu mißbrauchen. Alles Menschliche der Opfer sollte getilgt werden, keine menschliche Spur von ihnen mehr bleiben, damit nichts an diese Verbrechen erinnern könnte. Am Ende sollte Gras wachsen über die Stätten des Todes und über die mit dem Blut und den Tränen der Ermordeten getränkten Erde. Nicht nur das Leben der Opfer, sondern auch das Gedächtnis an sie sollte ausgelöscht werden für immer. Auschwitz sollte auch noch für die Toten die Hölle sein, so wie die Psalmen sie verstehen, nämlich als Land ewigen Vergessenseins. Und der Gottlose meint, Gott frage nicht danach. »*Er spricht in seinem Herzen: Gott hat's vergessen, er hat sein Antlitz verborgen, wird's nimmermehr sehen.*«

Was ist der Mensch, der sich so etwas ausdenken, der sich an so einer totalen Vernichtung anderer Menschen beteiligen kann oder sie gleichgültig geschehen läßt?

Eine Bestie? Ein Monster? Ein Teufel in Menschengestalt? Solche Bezeichnungen fallen einem ein, wenn man sich mit den Verbrechern von Auschwitz beschäftigt hat. Und könnte man dabei stehenbleiben, wäre man schnell fertig mit ihnen, denn dann wären sie vollkommen anders als wir, und es gäbe nichts, was uns mit ihnen verbände. Aber so leicht kommen wir mit so einer Schwarzweißmalerei nicht davon. Aller Empörung zum Trotz müssen wir aushalten: Ja, es sind Menschen, die zu so etwas fähig sind. Und zwar »ganz normale« Menschen, nicht nur irgendwelche abartigen Verbrechertypen oder sonstige gescheiterte Existenzen, deren Biographie von Gewalttätigkeit geprägt worden ist. Wenn man die Aufzeichnungen der SS-Leute von Auschwitz liest, läuft es einem kalt über den Rücken, weil das Verbrechen gegen die Menschlichkeit, für das sie verantwortlich sind, sich so bruchlos vermischen kann mit den deutschen Tugenden von Pflichtbewußtsein, Prinzipientreue, Ordnung und Disziplin oder, wie bei den grauenhaften Menschenversuchen der SS-Ärzte, mit nüchterner Wissenschaftlichkeit. Und mir geht der Sinn eines Satzes von Karl Barth neu auf, der behauptet: »Die Sünde der Unmenschlichkeit tarnt sich besonders gern in der Sachlichkeit.«

Wenn wir uns dieser Tatsache stellen, daß in Auschwitz das Monströse tatsächlich mitten in positiven Werten wuchern konnte und das Teuflische mitten in der Banalität des Alltags, dann rückt uns Auschwitz mit seinen Fragen mit einem Mal selbst ganz nah auf den Leib: Wo sind wir verführbar? Wo gibt es für uns Grenzen dessen, was wir mitmachen? Und wo steht uns unsere Prinzipientreue im Weg, uns richtig zu entscheiden? Wo werden wir ohne Unrechtsbewußtsein schuldig? Das sind für mich Fragen, die nicht nur wichtig sind angesichts der verschiedenen Spielarten von Fremdenfeindlichkeit und Rechtsradikalismus in unserem Alltag. Im Golfkrieg reichte es mit einem Mal nicht mehr, gelernt zu haben: »Nie wieder Krieg!« Dadurch, daß Israel durch das deutsche Giftgas Saddams bedroht war, stand das »Nie wieder Auschwitz!« dazu plötzlich in Widerspruch! Und ähnlich schwierig fand ich die Diskussion über ein militärisches Eingreifen in Bosnien, um den systematischen Völkermord dort zu beenden. Einfache Antworten auf die Fragen von Auschwitz gibt es also offenbar wirklich nicht!

Was ist der Mensch? Das möchte ich nun zu verstehen suchen im Blick auf die, die in der Hölle von Auschwitz gefangen waren. Es gibt inzwischen viele Berichte, die von ihnen erzählen und die an einzelne von ihnen erinnern, an ihre Größe und ihre Schwäche, an die Kraft ihrer

Hoffnung und an den Sog der Verzweiflung, dem sie ausgesetzt waren. Und wenn ich bedenke, was ich von ihnen weiß, so wird mir zunehmend klar, worum die allermeisten mit den Mitteln, die sie noch zur Verfügung hatten, gekämpft haben: nicht nur um ihr Überleben. Auch darum, selbst noch an diesem Ort ihr Menschsein zu behaupten gegen alle Akte der Entmenschlichung. Sei es, daß sie einen, der nicht mehr konnte, in die Mitte ihrer Kolonne genommen haben, um ihn oder sie vor den Schlägen der Aufseher zu schützen, sei es, daß sie Kindern mit Geschichten die Angst vertrieben haben, oder sei es auch, daß sich Frauen von den winzigen Margarinerationen etwas abgespart haben, um es als Creme zu benutzen. Viele Beispiele ließen sich noch anführen.

Und jeder Bericht, der heimlich vergraben oder unter Lebensgefahr nach draußen getragen oder von Überlebenden später aufgeschrieben wurde, hat das Ziel, festzuhalten und in das Gedächtnis der Menschheit einzuprägen: Die Verbrechen, die in Auschwitz verübt worden sind, sind Menschen angetan worden, nicht einer anonymen Masse, nicht namenlosen Nummern! Jeder von ihnen hat ein Gesicht, eine besondere Wesensart, eine ganz eigene Lebensgeschichte und auch einen ganz eigenen Schmerz gehabt. Und es darf den Nazis nicht gelingen, auch nicht im nachhinein, mit dem Auslöschen dieser Menschen die Erinnerung an ihre Persönlichkeit und das Unrecht, das jedem einzelnen von ihnen angetan wurde, auszulöschen!

Deshalb sind die Berichte so wichtig, die uns mit Worten die Menschen vorstellen, die da waren und von denen so viele nicht mehr sind. Denn vor diesen Erzählbildern kann man nicht so leicht das Herz verschließen wie vor manchen Dokumentaraufnahmen. Sie gehen unter die Haut und suchen eine Bleibe für die, die so erbarmungslos aus unserer Welt vertrieben worden sind. Und das ist, was Gedenken bedeutet: den Untergegangenen eine Bleibe geben, die Erinnerung an ihr Leben und an ihre Menschlichkeit mit sich tragen und sich nicht abfinden mit ihrem gewaltsamen Tod. Gedenken ist so gesehen also viel mehr als eine jährlich wiederkehrende Pflichtübung. Gedenken in diesem Sinn heißt, erfüllt zu werden mit kostbarem und lebendigem Wissen, was Menschsein bedeutet, und gleichzeitig heißt es auch: weiter Widerstand zu leisten gegen die Entmenschlichung der Opfer.

Darum finde ich sehr angemessen, daß an mehr und mehr Orten ausdrücklich der Namen der ermordeten jüdischen EinwohnerInnen gedacht wird und einzelne Lebensgeschichten von ihnen erzählt werden. Denn so bekommt die nicht vorstellbare Zahl von sechs Millionen immer mehr konkrete Gesichter, und man kann anfangen zu begreifen, was die jüdische Tradition lehrt: Auch nur einen einzigen Menschen zu zerstören bedeutet soviel, wie eine ganze Welt zu zerstören.

Lassen Sie mich noch etwas anderes sagen zum Umgang mit den Opfern des Holocaust. Gerade wenn man viele Berichte von Auschwitz gelesen hat und sich von dem Kampf der Opfer um ihre Menschlichkeit hat anrühren lassen, wird man wahrscheinlich bei einer Begegnung mit Überlebenden immer sehr beeindruckt, aber auch tief verunsichert sein und sich fragen: Wie verhalte ich mich richtig? Und es ist ganz bestimmt nur angebracht, nach dem höchsten Maß an Achtsamkeit solchen Menschen gegenüber zu suchen. Aber es gibt auch die Gefahr, im Überschwang der Gefühle die Opfer zu idealisieren und sie per se zu guten Menschen zu erklären. Aber damit wird man ihnen nicht gerecht. Solche Verherrlichung ist sogar gefährlich, weil sie – konfrontiert mit der Realität – leicht umschlagen kann in Enttäuschung und Zynismus. Ich will das an einem Beispiel deutlich machen, das mich besonders ärgert. Wenn es um die Politik Israels den Palästinensern gegenüber geht, hört oder liest man häufig: Wie können die Juden nur so grausam sein? Ausgerechnet die müßten es doch eigentlich besser wissen nach dem, was sie durchgemacht haben.

Abgesehen von der politischen Kurzschlüssigkeit geht dieser Vorwurf davon aus, daß die Konzentrationslager so etwas wie Besserungsanstalten waren. Aber das ist doch der blanke Hohn! Und wenn Überlebende dort etwas gelernt haben, wer sind ausgerechnet wir, es nach unserem Gutdünken einzuklagen! Und schließlich: Warum soll Israel nach der Katastrophe der europäischen Juden nicht zustehen, was alle anderen Völker selbstverständlich für sich in Anspruch nehmen: das Recht auf Selbstverteidigung, das bei allen Völkern im Konfliktfall zu zwiespältigen Konsequenzen führt. Warum wird Israel sooft an einem viel strengeren Maßstab gemessen und mit triumphierender Häme beschuldigt, inzwischen selbst Nazipolitik zu betreiben?

Ich will hier nicht weiter in eine Debatte über israelische Politik eintreten, sondern lediglich auf die Problematik einer Argumentationsweise aufmerksam machen, die auf der Annahme beruht, die Opfer müßten bessere Menschen sein. Wann endlich ist klar, daß Juden sich ihre Existenzberechtigung nicht erst verdienen müssen?

Ich möchte mich nun abschließend noch der Frage zuwenden: Kann man angesichts von Auschwitz überhaupt noch wie die Bibel behaupten, daß Gott der Menschen gedenke?

Es gibt viele, die das bestreiten, die ihren Glauben an Gott und das Vertrauen auf seine Güte angesichts dessen, was sie in Auschwitz erlebt oder darüber erfahren haben, verloren haben. So schreibt Elie Wiesel in seinen ersten Erinnerungen an Auschwitz:

Niemals werde ich die kleinen Gesichter vergessen, deren Leiber ich verwandelt sah in dem ringelnden Rauch unter einem stummen blauen Himmel. Niemals werde ich diese Flammen vergessen, die meinen

Glauben für immer verzehrten. Niemals werde ich jene nächtliche Stille vergessen, die mich in alle Ewigkeit des Wunsches beraubte zu leben. Niemals werde ich jene Momente vergessen, die meinen Gott und meine Seele mordeten und meine Träume in Staub verwandelten. Niemals werde ich dies alles vergessen, selbst wenn ich verdammt bin, solange zu leben wie Gott selbst! Niemals!

Und Ruth Klüger, eine andere Überlebende kann noch prosaischer sagen, daß sie nicht mehr an Gott, sondern nur noch an Gespenster glaube, denn die Geister der Toten seien ihr immer noch näher, als es Gott je war.

Aber es gibt auch die anderen, die, die hoffend daran festgehalten haben oder immer noch festhalten, trotz seiner Verborgenheit, trotz seines Schweigens übersehe Gott niemals, was irgendeinem Menschen auf seiner Welt angetan wird, und vergesse niemals auch nur eine der geweinten und ungeweinten Tränen derer, deren Leben von anderen Menschen zerstört worden ist. Und wer weiß, ob nicht für manchen ein Unterpfand dieser Hoffnung auch in Psalm 8 liegt, wo es heißt: *»Aus dem Munde der jungen Kinder und Säuglinge hast du eine Macht zugerichtet um deiner Feinde willen«*. Denn wenn das stimmt, wie sollte dann die Klage der Kinder, die in Auschwitz ermordet wurden, Gott jemals vergessen lassen, was seine Feinde dort angerichtet haben!

An Gott festhalten, Auschwitz zum Trotz, Gottes Namen ehren selbst angesichts dessen, was dort und anderswo Menschen angetan worden ist – das ist für manche Juden eine letzte Form des Widerstands: Hitler soll es nicht doch noch gelingen, die Stimme des Volkes Gottes zum Schweigen zu bringen und Israels Zeugnis für seinen Gott auszulöschen für immer. Weiterhin als Juden zu leben heißt für sie, den Gott Israels weiterhin als Herrn der Welt zu proklamieren und ihm das letzte Wort zu lassen auch über eine so aus den Fugen geratenen Welt, wie sie in Auschwitz sichtbar wird.

Und wenn auch wir als Christen weiterhin von Gott reden und zum Vertrauen auf ihn aufrufen wollen, dann müssen wir ernsthaft prüfen, ob wir den Fragen von Auschwitz mit unserer Verkündigung und unserem Glauben wirklich standhalten oder ob wir Gott nicht längst zu unserem belanglosen Privatgott oder, wie ein Kollege neulich einmal gesagt hat, zum Kuschelgott verharmlost haben, der über alles unterschiedslos immer nur das Mäntelchen der Liebe deckt. So ein harmloser Gott kann nicht tragen über den Abgrund, den Auschwitz aufgerissen hat.

Tragen kann in unserer christlichen Verkündigung nur der Gott, der sich selbst auf Golgatha der Hölle ausgesetzt hat, die Menschen ihren Opfern bereiten, und der hinabgestiegen ist in das Reich des Todes, um auch dort seine lebenserneuernde Gegenwart durchzusetzen. Angesichts von Auschwitz tragen kann nur der Gott, der in seiner Barmherzigkeit gleichzeitig auch der Richter der Welt ist, der die Täter zur Rechenschaft zieht und den Opfern Recht verschafft, weil er das Schreien ihres Blutes immer noch hört und das Unrecht, das ihnen getan worden ist, nicht vergißt. Gottes Gedenken bewirkt Gerechtigkeit, und erst Gerechtigkeit läßt die ruhelosen Geister der Toten endlich Ruhe finden. »Ruhe« heißt auf hebräisch מְנוּחָה (*menuchah*). Und das bedeutet auch »Heimat«. Amen.

Warum stehst du so ferne?

Klagegottesdienst anläßlich der Vergewaltigung bosnischer Frauen;
Predigttext: Psalm 10
(Sylvia Bukowski)

Sprecherin:

Mit Schrecken und Entsetzen hören wir Frauen meiner Generation –
und die noch älteren – die schlimmen Nachrichten aus dem Kriegs-
gebiet im früheren Jugoslawien/Bosnien.
In dem großen Leid, des ein Krieg immer für alle Betroffenen mit
sich bringt, hört man immer wieder von der großen Zahl vergewal-
tigter moslemischer Frauen. In uns werden Bilder und Erinnerungen
wach. Erlebnisse aus dem letzten Kriegsjahr 1944/45 und die ersten Jahre danach: Menschen auf der Flucht und während der Besatzungszeit.
Viele Frauen und Mädchen erlebten und durchlebten grausame Vergewaltigungen, Angst und Not durch gewalttätige Soldaten, die nicht
danach fragten, ob es noch Kinder oder schon alte Frauen waren. Menschen, denen es gleichgültig war, welch ein Elend sie hinterließen.
Wir fühlen uns mit allen Frauen verbunden, die durch männliche
Gewalt verletzt und gedemütigt werden, seien es Muslimas, Serbierin-
nen oder Kroatinnen. Und ungeachtet der Nationalitätenzugehörig-
keit klagen wir alle Vergewaltiger an!

Pastorin:

HERR, warum stehst du so ferne, verbirgst dich zur Zeit der Not? Weil der
Vergewaltiger Übermut treibt, müssen die Elenden leiden; sie werden gefan-
gen in den Ränken, die er ersann. Denn der Vergewaltiger rühmt sich seines
Mutwillens, und der Habgierige sagt dem HERRN ab und lästert ihn. Der
Vergewaltiger sagt in seinem Stolz, Gott frage nicht danach. »Es ist kein
Gott« sind alle seine Gedanken. Er fährt fort in seinem Tun immerdar.
Deine Gerichte sind ferne von ihm, er handelt gewaltsam an allen seinen
Feinden. Er spricht in seinem Herzen: »Ich werde nimmermehr wanken, es
wird für und für keine Not haben.« Sein Mund ist voll Fluchens, voll Lug
und Trug; seine Zunge richtet Mühsal und Unheil an. Er sitzt und lauert
in den Höfen, ermordet die Unschuldigen heimlich, seine Augen spähen
nach den Armen. Er lauert im Verborgenen wie ein Löwe im Dickicht, er
lauert, daß er den Elenden fange; er fängt ihn und zieht ihn in sein Netz.

Er duckt sich, kauert nieder, und durch seine Gewalt fallen die Unglückli-
chen. Er spricht in seinem Herzen: »Gott hat's vergessen, er hat sein Antlitz
verborgen, er wird's nimmermehr sehen.«
Steh auf, HERR! Gott, erhebe deine Hand! Vergiß die Elenden nicht! War-
um soll der Vergewaltiger Gott lästern und in seinem Herzen sprechen: »Du
fragst doch nicht danach?« Du siehst es doch, denn du schaust das Elend
und den Jammer; es steht in deinen Händen. Die Armen befehlen es dir; du
bist der Waisen Helfer. Zerbrich den Arm des Vergewaltigers und Bösen
und suche seine Bosheit heim, daß man nichts mehr davon finde.
Der HERR ist König immer und ewig; die Heiden sollen aus seinem Lande
verschwinden. Das Verlangen der Elenden hörst du, HERR; du machst ihr
Herz gewiß, dein Ohr merkt darauf, daß du Recht schaffest den Waisen
und Armen, daß der Mensch nicht mehr trotze auf Erden. (Psalm 10; statt
»Gottlose« im Original wurde »Vergewaltiger« gelesen.)

Pastorin:
Um mich her sammeln sich Verbrecher. Sie lähmen mir Hände und Füße.
Ich kann alle meine Knochen zählen, sie aber schauen zu und sehen auf
mich herab. Sie teilen meine Kleider untersich und werfen das Los um mein
Gewand. (Psalm 22,17–19 [Gute Nachricht])

Sprecherin:
Sie trieben uns in die Richtung des Lagers Kalinovka. Die Nächte waren am schlimmsten. Da haben sich die Cetnici mit Schnaps angesoffen
und verlangten von uns Unterhaltung. Begonnen hat es mit einer Ge-
wehrsalve. Dann verlangten sie von den Frauen, sich nackt auszuzie-
hen und zu tanzen. Als sie genug getanzt hatten, fingen sie irgendeinen Mann und schlugen ihn bewußtlos. Dann kamen die Mädchen an
die Reihe. Sie haben auch meine zwei mir weggenommen. Sie sind noch
Kinder. Ich weinte. Ich hörte das Schreien meiner Kinder und konnte
nichts dagegen tun. Als meine Jüngste, Jasmina, zurückkam nach ihrer
ersten nächtlichen Erfahrung, sprach sie kein einziges Wort. Sie drück-
te nur ihren Bären (Spielzeug) an ihre Brust. (Bericht aus Gacke)

Pastorin:
Vor all meinen Bedrängern bin ich ein Spott geworden, eine Last meinen
Nachbarn und ein Schrecken meinen Bekannten. Die mich sehen auf der
Gasse, fliehen vor mir. Ich bin vergessen in ihrem Herzen wie ein Toter; ich
bin geworden wie ein zerbrochenes Gefäß. (Psalm 31,12f)

Sprecherin:
Den dicken Bauch unter einem großen bunten Bademantel versteckt,
stampft die 17jährige Marijna durch den Gang der Petrova-Frauenkli-

nik in Zagreb. In 1–2 Wochen wird Marijna ihr erstes Kind bekommen. Kein gewolltes Kind: Marijna will es nicht einmal sehen. Denn Marijnas Kind ist das Produkt von ungefähr 1350 Vergewaltigungen. viereinhalb Monate war Marijna in einem serbischen Frauenlager in der Nähe der nordbosnischen Stadt Tesany festgehalten worden. Der einzige Zweck dieses Lagers war Vergewaltigung, und nach eigener Aussage wurde sie mindestens zehnmal täglich von verschiedenen Männern vergewaltigt.

Pastorin:
HERR, sie schlagen dein Volk und plagen dein Erbe. Witwen und Fremdlinge bringen sie um und töten die Waisen und sagen: Der HERR sieht's nicht, und der Gott Jakobs beachtet's nicht. (Psalm 94,5–7)

Sprecherin:
Die Vergewaltigungen lassen sich in drei »Arten« einteilen:
Wenn Soldaten in die bosnischen Ortschaften einfielen, wurde wahllos gemordet, geplündert, getrunken und vergewaltigt. Alle wichtigen und gebildeten Persönlichkeiten wurden laut Berichten von Überlebenden auf der Stelle umgebracht, die anderen Männer von ihren Frauen und Kindern getrennt, die dann in Internierungslager abtransportiert.
In diesen Lagern, von denen es nach Angaben der bosnischen Regierung 120 in Bosnien-Herzegowina gibt, gehen die Vergewaltigungen weiter. Die 42jährige Enisa Vehabovic aus Prijdor berichtet über das Lager Trnopolie: »Nachts kamen die Vergewaltiger mit ihren Taschenlampen und suchten sich ein paar Frauen und Mädchen aus.« In den fünf Tagen, die Enisa Vehabovic in Trnopolie verbringen mußte, wurden aus ihrem Raum 15 Frauen weggeführt. Nur zwei von ihnen kamen zurück. Eine 30jährige Frau, die im 4. Monat schwanger war und nach der Vergewaltigung eine Fehlgeburt hatte, sowie ein 14jähriges Mädchen. Es blutete fürchterlich und schrie ständig: »Mama, bring mich zu einem Arzt!«
Die dritte Form der sexuellen Gewalt gegen Frauen wurden in speziellen Vergewaltigungslagern ausgeführt. Dem Büro der bosnischen Regierung sind 17 solcher Lager bekannt, und man schätzt, daß 20.000–30.000 Frauen betroffen sind.
Die Frauen wurden dort meist öffentlich und auf besonders demütigende Weise vergewaltigt. Ziel war nicht nur, sie körperlich und seelisch zu zerstören, sondern durch ihre Schwängerung auch den gegnerischen Mann total zu erniedrigen. Diese Massenvergewaltigungen wurden offensichtlich gezielt als Kriegswaffe eingesetzt. Sie waren Teil der »ethnischen Säuberungsaktion«, die auf hinterhältige Weise ver-

nichtete, ohne in jedem Einzelfall zu töten. Eine ganze Generation von Frauen wurde so um ihr Leben gebracht.

Predigt

Liebe Gemeinde,

eine gewisse Zeitlang haben die Berichte über Massenvergewaltigungen in Bosnien die Schlagzeilen in den Medien beherrscht. Eine gewisse Zeitlang standen die Frauen, die aus der Hölle speziell eingerichteter Vergewaltigungslager entkommen konnten, im Licht der internationalen Aufmerksamkeit. Eine gewisse Zeitlang war dieses spezielle Verbrechen, mit dem Frauen um ihr Leben gebracht werden, auch wenn es sie nicht tötet, Inhalt kirchlicher und politischer Proteste. Inzwischen bestimmen schon wieder ganz andere Themen die täglichen Nachrichten: die Umweltkatastrophe vor den Shetlands, die neue Kriegsgefahr am Golf und immer wieder auch: die endlosen Friedensverhandlungen, während derer der Krieg in Bosnien mit »unverminderter Härte« fortgesetzt wird.
Täglich überrollen uns neue Schreckensmeldungen, erregen uns, vermitteln uns aber auch immer wieder das Gefühl von Ohnmacht und Hilflosigkeit. Wir können kaum noch über alles nachdenken, geschweige denn auch nur annähernd verarbeiten. Und es ist ein natürlicher und verständlicher Selbstschutz, daß wir nicht alles behalten, daß wir vieles bald wieder vergessen.
In diesem Fall soll das aber einmal nicht einfach so gehen. Zu grauenhaft ist das Verbrechen an Tausenden bosnischer Mädchen und Frauen, zu viel wird dadurch auch bei vielen von uns an Angst oder auch konkreter eigener Erinnerung aufgewühlt.
Wir können den betroffenen Frauen zwar auch mit diesem Gottesdienst nichts wiedergutmachen, aber die Verbrechen, die an ihnen verübt werden, doch auch in der Kirche als solches geißeln und vor Gottes Richtstuhl bringen. Das finde ich einen ersten wichtigen Schritt, nicht nur um ihretwillen, sondern auch um unserer selbst willen. Denn während Mahnmale allerorten an die gefallenen Soldaten erinnern und ihr Schicksal betrauern, fehlt etwas Vergleichbares für die vielen geschändeten und auf diese Weise um ihr Leben gebrachten Frauen, die es in jedem Krieg gegeben hat und gibt. Und während andere körperliche Verletzungen anklagend oder vielleicht sogar mit einem gewissen Stolz gezeigt werden können und ein Leben lang Stoff zum Erzählen bieten, fällt es vergewaltigten Frauen meistens sehr schwer, sich überhaupt jemandem mitzuteilen, überhaupt Worte zu finden für den

unsagbaren Schrecken und die Demütigung, die sie erlitten haben. Ihre Scham verschließt ihnen oft den Mund, und ihr Schmerz und ihre Empörung bleiben oft lebenslang eine verschwiegene Qual. So war das hier in Deutschland, und so wird es ganz bestimmt auch bei den bosnischen Frauen sein. Gegen alle bessere verstandesmäßige Einsicht sitzt eben doch immer noch das alte zynische Klischee viel zu tief: Vergewaltigung ist eine Schande, und zwar weniger für die Täter als für die betroffenen Frauen! Denn wer weiß, irgendwie haben die das doch wahrscheinlich selbst herausgefordert!

In dieses verdrehte, frauenverachtende Denkmuster paßt die Aussage eines bosnischen Moslemführers der Presse gegenüber: »Vielleicht«, sagt er, »werden wir einen Weg finden, unseren Frauen zu vergeben.« Sie hören richtig: »unseren *Frauen* zu vergeben«!

Gerade, weil also das Verbrechen der Vergewaltigung Frauen nicht nur seelisch und körperlich zutiefst beschämt und verletzt, sondern sie oft auch sprachlos und einsam macht, gerade deswegen soll dieser Gottesdienst die Erinnerung an die Opfer von Vergewaltigungen wachhalten, nach Worten der Klage suchen und dieses besondere Leiden von Frauen vor Gott ausbreiten.

Ich wiederhole zu diesem Zweck noch einmal einige Verse aus dem anfangs schon gelesenen Psalm 10:

HERR, warum stehst du so ferne, verbirgst dich zur Zeit der Not? Weil der Vergewaltiger Übermut treibt, müssen die Elenden leiden; sie werden gefangen in den Ränken, die er ersann ... Denn der Vergewaltiger sagt in seinem Stolz, Gott frage nicht danach. »Es ist kein Gott« sind alle seine Gedanken. Er fährt fort in seinem Tun immerdar. Deine Gerichte sind ferne von ihm, er handelt gewaltsam an allen seinen Feinden ... Er lauert im Verborgenen wie ein Löwe im Dickicht, er lauert, daß er den Elenden fange; er fängt ihn und zieht ihn in sein Netz. Er duckt sich, kauert nieder, und durch seine Gewalt fallen die Unglücklichen. Er spricht in seinem Herzen: »Gott hat's vergessen, er hat sein Antlitz verborgen, er wird's nimmermehr sehen.« ... Steh auf, HERR! Gott, erhebe deine Hand! Vergiß die Elenden nicht!

Dieser Psalm, der sonst wohl kaum in einem Gottesdienst vorkommt, bringt vieles, was uns im Blick auf die Frauen in Bosnien bewegt, sprechend zum Ausdruck, zumal, wenn die mißverständliche und falsche Rede von den »Gottlosen« einmal konkretisiert wird durch die Bezeichnung »Vergewaltiger«. Und der Austausch dieser beiden Worte ist wirklich legitim, weil das hebräische Wort *reschajim*, das Luther mit »Gottlose« übersetzt, ursprünglich gar nicht Leute mit einer irrigen Überzeugung meint oder irgendwelche Atheisten, sondern Menschen, die gewalttätig und zerstörerisch handeln, als gäbe es keinen gerechten und keinen richtenden Gott, oder nach der im Psalm genannten Devise: Gott vergißt ja doch alles, *»er hat sein Antlitz verborgen, er wird's nimmermehr sehen.«*

Die »Gottlosen«, so verstanden, spielen sich also selbst zu Herrgöttern auf, zu gnadenlosen Herren über Leben und Tod. Sie maßen sich an, über Glück und Zerstörung, über Gegenwart und Zukunft anderer Menschen zu entscheiden. In der unmenschlichen Logik ihrer jeweiligen Ideologien morden und vergewaltigen sie willkürlich, rauben Menschen die Würde und den Sinn ihres Lebens und fühlen sich dabei auch noch im Recht, weil sie nur ihr eigenes Gesetz anerkennen, das Gesetz der Gewalt. Durch die Jahrhunderte hindurch werden uns immer wieder neue Beispiele der Greuel, die solche Menschen anrichten, vor Augen gehalten. Und auch unsere Zeit ist voll davon. Einige von Ihnen werden das am eigenen Leib erlebt haben. Trotzdem fällt es uns als Christinnen und Christen in der Regel schwer, unsere Wut und unseren Abscheu auch im Gebet auszudrücken. Wir halten Fürbitte für die Opfer und klammern die Täter dabei meistens aus! Aber wo sollen wir denn hin mit unserer Wut, die sooft die Kehrseite unserer Hilflosigkeit ist, wo sollen wir hin mit unserer Empörung, die Recht und Gerechtigkeit einklagt, wenn nicht zu Gott?

Das finde ich so hilfreich an den Psalmen, daß sie uns daran erinnern, daß wir auch mit diesen Gefühlen vor Gott treten können und sie nicht vorschnell herunterschlucken oder unter einer frommen Decke verbergen müssen. Wie sollte man denn auch angesichts solcher Verbrechen wie der Vergewaltigung von Kindern und Frauen noch von Liebe und Vergebung reden können! Diese Worte bleiben einem doch im Hals stecken, wenn man hört und sieht, wie unsagbar grausam wehrlose Menschen gequält und gebrochen werden! Da kann man doch viel eher den Wunsch nach Rache verstehen, den die Psalmen oft äußern, zumal, wenn man weiß, daß im Hebräischen bei diesem Wort etwas ganz anderes mitschwingt als im Deutschen, nämlich nicht willkürliche und maßlose Gegengewalt, sondern Recht schaffen und die Gedemütigten trösten. Rache, Recht und Trost – zwischen diesen Worten besteht im Hebräischen eine tief verwurzelte Verwandtschaft. Und das drückt, glaube ich, auch genau aus, was uns am Herzen liegt im Blick auf die bosnischen Frauen: daß Vergewaltigungen endlich nicht mehr als allgemein verbreitetes Kavaliersdelikt verharmlost werden, sondern gebrandmarkt werden als schwerste Verwundung des Körpers und als Mord an der Seele der Opfer, sprich: als schwerwiegendes Kriegsverbrechen, das entsprechend geahndet werden muß.

Erst, wenn das geschieht, erst, wenn öffentlich klar ist, daß die Schande einer Vergewaltigung ohne Wenn und Aber auf den Männern liegt, erst dann können die betroffenen Frauen anfangen, zur Ruhe zu kommen, erst dann ist Trost überhaupt denkbar und möglich.

So wird also an dem Schicksal der vergewaltigten Frauen auch deutlich, was wir in unserer christlichen Tradition lange vergessen haben: wie eng Gottes Liebe mit seiner Gerechtigkeit zusammenhängt, wie viel Vergebung mit Sühne zu tun hat. Sonst werden diese schönen Worte nämlich billig und nichtssagend, heilen keinen Schmerz und gehen an der Tiefe vieler menschlicher Verletzungen vorbei. Auch der liebende Gott, zu dem wir beten und der sich uns in Jesus Christus verkörpert, ist immer ein gerechter, ein zur Rechenschaft ziehender Gott geblieben. Deshalb gilt immer noch die Aufforderung an ihn: »*Steh auf, HERR! Gott, erhebe deine Hand! ... Zerbrich den Arm des Vergewaltigers und Bösen und suche seine Bosheit heim, daß man nichts mehr davon finde.*«

Konkret übersetzt müßte der letzte Satz in unserem Zusammenhang meines Erachtens heißen: Mach die Vergewaltiger impotent, verhindere, daß ihre Männlichkeit zu einer Waffe wird, die Frauen schändet und für ihr ganzes Leben zerstört. Beschäme diese gemeinen Verbrecher in ihrem männlichen Stolz und zieh sie zur Rechenschaft!

Ich weiß, das klingt ungewohnt und vielleicht auch anstößig in Ihren Ohren. Es ist in der Kirche grundsätzlich nicht üblich, Sexualität in irgendeiner Weise anzusprechen, obwohl sie doch die Befindlichkeit eines jeden Menschen sehr stark beeinflußt. Dieser Lebensbereich bleibt im Gottesdienst weitgehend tabuisiert; und so hat weder die Freude über das Glück gelungener sexueller Beziehungen einen Platz in unseren Gebeten, noch die Klage über die das ganze Leben überschattende sexuelle Gewalt, die ja keineswegs selten ist. Ich finde, das müßte anders werden, damit das, womit wir alle in irgendeiner Weise beschäftigt sind, auch hier zum Ausdruck kommen kann und damit es Menschen, die in dieser Hinsicht Schlimmes mitmachen, leichter wird, davon zu reden.

Unser Gott ist doch ein Gott, der das Verlangen aller Elenden hört: »*... du machst ihr Herz gewiß, dein Ohr merkt darauf, daß du Recht schaffest den Waisen und Armen, daß der Mensch nicht mehr trotze auf Erden*« heißt es am Schluß von Psalm 10, und das ist die Hoffnung, die auch über dem Schicksal der bosnischen Frauen steht.

Ich weiß, diese Worte genügen vielen nicht mehr, keine Worte genügen, es braucht endlich Taten. Aber Taten, die auf Hoffnung, nicht auf Verzweiflung gründen. Ich will am Schluß deshalb wenigstens noch auf eine mögliche Aktion neben Spenden und Protestbriefen hinweisen; und ich möchte sie nach dem Gottesdienst noch mit interessierten Frauen und Männern diskutieren: Vielleicht könnten wir KünstlerInnen unserer Stadt bitten, ein Plakat zur Mahnung an das

Schicksal der bosnischen Frauen zu entwerfen. Dieses Plakat könnte in Schulen, Kirchen und anderen öffentlichen Einrichtungen aufgehängt werden, um ein zu schnelles Vergessen dieses Frauenleids zu verhindern und um zu einer langfristigen Unterstützung von Hilfsprojekten aufzufordern. Vielleicht könnte das einen Anstoß geben, überhaupt für vergewaltigte Frauen die Mahnmale zu schaffen, die längst überfällig sind. Für mich wäre das ein dringend nötiger zeichenhafter Hinweis auf den Trost, daß Gott auch dieses Unrecht nicht vergißt, bis er sein Versprechen einlöst daß Frieden und Gerechtigkeit sich küssen werden. Amen.

Fürbitte

Gerechter Gott, du bist ein Gott, der das Elend der Menschen sieht,
der alle Tränen sammelt und das Unrecht nicht vergißt.
Wir bitten dich für die Frauen und kleinen Mädchen in Bosnien Herzegowina,
die gedemütigt, verletzt und vergewaltigt werden, und deren Leben
für immer die Spuren der zerstörerischen Männergewalt an sich tragen wird:
Birg sie im Mantel deines Trostes und in der Wärme deiner Anteilnahme
und laß sie Menschen finden, die ihnen Zuflucht und Hilfe bieten.
Kyrie eleison.

Wir bitten dich für die ungewollten, ungeliebten Kinder,
die durch Gewalt gezeugt und mit Abscheu ausgetragen werden:
Laß ihr Leben nicht ständig von ihrem Ursprung überschattet bleiben,
sondern verhilf ihnen zu Menschen, die sie mit Liebe großziehen
und sie Gewaltlosigkeit und Achtung vor der Würde anderer lehren.
Kyrie eleison.

Gott, wir bitten dich auch für die entmenschlichten Täter,
denen nichts heilig ist und die vor keinem Greuel zurückschrecken.
Fall ihnen in den Arm, mach sie impotent.
Laß sie erkennen, was sie anrichten und endlich aufhören mit ihren Verbrechen!
Kyrie eleison.

Und schließlich bitten wir dich für uns:
Uns machen die vielen schrecklichen Nachrichten oft so hilflos,
und wir fühlen uns angesichts so vielerlei Katastrophen oft so ohnmächtig,
daß wir gar nicht mehr sehen, was wir sinnvoll dagegen tun können.
Gott, bewahre uns vor Resignation,
mach uns kraftvoll im Protest
gegen Gleichgültigkeit, Haß und Gewalt,
erfinderisch im Helfen und ausdauernd
im Mittragen von fremdem Leid,
und schenke uns einen Gemeinschaftsgeist,
der uns und andere ermutigt. Amen.

P.S.: In der Folge dieses Gottesdienstes wurde auf der Glocke der Thomaskirche, die bisher »zum Gedächtnis der gefallenen Söhne der Gemeinde« geläutet hat, die Inschrift ergänzt: »und für die vergewaltigten Frauen aller Kriege«.

Von Zeit und Ewigkeit

Predigt über Psalm 90
(Sylvia Bukowski)

Liebe Gemeinde,

manche von Ihnen sind heute wahrscheinlich mit einem schweren Herzen hierhergekommen. Denn dieser letzte Sonntag im Kirchenjahr konfrontiert uns mit Gedanken an die Vergänglichkeit des Lebens, er konfrontiert uns mit Gedanken an den Tod. Und bei jedem, bei jeder von Ihnen steigen bei diesen Gedanken eigene Bilder auf: Erinnerungsbilder vielleicht aus der Zeit mit einem Menschen, der Ihnen viel bedeutet hat, aus den glücklichen Stunden oder aus der Zeit des Abschiednehmens. Schmerz wird wieder wach mit diesen Erinnerungen, manchmal auch eine unbestimmte Wut, oder vielleicht spüren Sie auch nur so etwas wie eine Taubheit, eine Wand, die Sie trennt von jedem Gefühl.

Für andere ist der Tod noch keine eigene Erfahrung, aber verbunden mit der Angst, das Liebste im Leben zu verlieren und nichts machen zu können, ohnmächtig dabeistehen zu müssen, nicht mehr weiterzuwissen. Und denken Sie nicht, für die, die noch jung sind, sei der Tod kein Thema. Sie haben einiges gehört von dem, was auf unserem Konfirmandenwochenende zur Sprache gekommen ist.

Ich finde, es ist gut, daß der letzte Sonntag im Kirchenjahr uns mit Gedanken an das Ende konfrontiert, und es hat mir viel bedeutet, im Rahmen unseres Gemeindeseminars und des Konfirmandenwochenendes mit anderen ins Gespräch zu kommen und miteinander wenigstens im Ansatz teilen zu können, was der Tod für uns bedeutet, welche Spuren er in unserem Leben hinterlassen hat und wie wir unserem eigenen Ende entgegensehen. Solche Offenheit ist selten. Aber sie ist notwendig. Und sie tut gut. Denn oft bleibt man, wenn es um Tod und Sterben geht, sehr allein mit seinen Gedanken und Gefühlen und droht an der eigenen Sprachlosigkeit zu ersticken. Ich wünsche mir daher, daß unsere Gemeinde nicht nur heute und nicht nur in speziellen Seminaren Raum gibt, Erfahrungen und Gedanken, die mit Tod und Sterben zusammenhängen, miteinander zu teilen. Ich wünsche mir, daß wir noch mehr lernen, die Traurigkeit, die Angst, aber auch die Empörung auszuhalten, die der Tod hervorruft, und daß wir die vielen damit verbundenen Fragen an uns herankommen lassen. Denn wenn nicht hier, in der Gegenwart des Gekreuzigten, wo dann? Und wenn nicht wir, die Gemeinde des Auferstandenen, wer dann soll die gesellschaftliche Mauer des Schweigens und Verdrängens um den Tod herum aufbrechen?

Um es noch einmal zu sagen: Wir müssen nicht auf alle Fragen immer schon Antworten bereit haben. Es geht nicht um fertige Rezepte, sondern eher um ein sich Stellen, ein miteinander Suchen und Teilen. Damit stehen wir nicht allein und am Anfang, sondern werden Teil der Kette von Generationen, die das vor uns getan haben: in Israel und in der Kirche. Und wir können uns hier und da von den Vorigen Sprache leihen für das, was wir vielleicht selbst noch nicht in Worte fassen können. Als eine solche Sprachhilfe, aber auch als gedankliche Wegbegleitung verstehe ich den 90. Psalm:

Ein Gebet des Mose, des Mannes Gottes.
HERR, du bist unsre Zuflucht für und für. Ehe denn die Berge wurden und die Erde und die Welt geschaffen wurden, bist du, Gott, von Ewigkeit zu Ewigkeit.
Der du die Menschen lässest sterben und sprichst: Kommt wieder, Menschenkinder! Denn tausend Jahre sind vor dir wie der Tag, der gestern vergangen ist, und wie eine Nachtwache. Du lässest sie dahinfahren wie einen Strom, sie sind wie ein Schlaf, wie ein Gras, das am Morgen noch sproßt, das am Morgen blüht und sproßt und des Abends welkt und verdorrt.
Das macht dein Zorn, daß wir so vergehen, und dein Grimm, daß wir so plötzlich dahin müssen. Denn unsre Missetaten stellst du vor dich, unsre unerkannte Sünde ins Licht vor deinem Angesicht. Darum fahren alle unsre Tage dahin durch deinen Zorn, wir bringen unsre Jahre zu wie ein Geschwätz. Unser Leben währet siebzig Jahre, und wenn's hoch kommt, so sind's achtzig Jahre, und was daran köstlich scheint, ist doch nur vergebliche Mühe; denn es fähret schnell dahin, als flögen wir davon.
Wer glaubt's aber, daß du so sehr zürnest, und wer fürchtet sich vor dir in deinem Grimm? Lehre uns bedenken, daß wir sterben müssen, auf daß wir klug werden.
HERR, kehre dich doch endlich wieder zu uns und sei deinen Knechten gnädig! Fülle uns frühe mit deiner Gnade, so wollen wir rühmen und fröhlich sein unser Leben lang. Erfreue uns nun wieder, nachdem du uns so lange plagest, nachdem wir so lange Unglück leiden. Zeige deinen Knechten deine Werke und deine Herrlichkeit ihren Kindern. Und der Herr, unser Gott, sei uns freundlich und fördere das Werk unsrer Hände bei uns. Ja, das Werk unsrer Hände wollest du fördern!

Vier Sätze aus diesem Psalm möchte ich noch einmal unterstreichen. Zuerst die Botschaft: Wir haben eine Zuflucht! Wir sind nicht schutzlos ausgeliefert, wenn uns die Trauer heimsucht, wenn Fragen aufbrechen, wenn Wut und Entsetzen uns die Ruhe rauben oder wenn wir erstarren und nicht mehr weiterwissen. Wir haben einen, zu dem wir fliehen können, der uns bei sich birgt, so abgerissen und kaputt wir auch sein mögen, der uns Unterschlupf gewährt bei sich. *»HERR, du bist unsere Zuflucht für und für. Ehe denn die Berge wurden und die Erde und die Welt geschaffen wurden, bist du, Gott, von Ewigkeit zu Ewigkeit.«* Ja, Gottes Ewigkeit bietet uns eine Zuflucht, die der Strom der Vergänglichkeit uns nicht wegreißen kann, die festbleibt über alle Wechsel der Zeiten hinweg, die auch der Tod nicht zerstören kann. Diese Zuflucht steht jedem Menschen offen. Bedingungslos. Nichts und niemand kann sie uns nehmen. Denn der Herr der Welt hält sie für uns bereit.

Unter dieser Überschrift lese ich alles, was in dem Psalm folgt: die Klagen und Bitten, die Töne der Verzweiflung, der Einsicht und des Annehmens: *»Herr du bist unsere Zuflucht für und für.«* Nur weil Gott uns aus seiner Ewigkeit heraus Halt bietet, kann ich dann auch nachsprechen: *»Lehre uns bedenken, daß wir sterben müssen, auf daß wir klug werden«* oder, wie es ursprünglich heißt: *»Unsere Tage zählen, das lehre uns, damit wir einbringen ein weises Herz!«*

Rainer Maria Rilke beschreibt in einem Roman einmal einen Mann, der daran zerbricht, daß er anfängt, seine Tage zu zählen. Nikolaj Kusmitsch kommt eines Sonntags auf die Idee, die Jahre seiner noch möglichen Lebenszeit zu überschlagen und sie in Monate, Tage und Stunden umzurechnen, bis die Zahl der errechneten Sekunden ihm das Gefühl gibt, unendlich reich zu sein an Zeit. Jeden Sonntag zieht er nun Bilanz, und er merkt immer deutlicher, wie schnell sich sein Vorrat verbraucht, fängt an zu spüren, wie die Erde sich dreht und wie die Sekunden in breitem Strom unaufhaltsam über ihn hinwegrauschen. Und am Ende kann er nur noch gebannt vor Entsetzen dem Vergehen seiner Zeit vom Bett aus zu sehen.

Ich glaube, es ist tatsächlich nicht ungefährlich, sich dem Strom der eigenen vergehenden Lebenszeit auszusetzen, wenn man nicht festgemacht ist an dem, der aller Zeit gebietet. Der Gedanke an die eigene kurze Lebensspanne kann tatsächlich unfähig machen, die verbleibende Zeit überhaupt noch sinnvoll zu füllen. Aber es gibt noch andere Formen des Wahnsinns als die, die Rilke beschreibt: Ich denke an die, die jeden Gedanken an die Begrenztheit ihrer Zeit einfach verdrängen, die sich mit Gewalt darüber hinwegzusetzen versuchen und sich um jeden Preis verewigen wollen, auch wenn sie dabei nicht nur ihr eigenes Leben, sondern oft auch das anderer zerstören. Und man muß dabei nicht nur an irgendwelche größenwahnsinnigen Politiker denken. Es gibt auch einen alltäglichen Größenwahnsinn, ein unheilvolles Mißachten menschlicher Grenzen, z.B. bei denen, die ständig helfen wollen, die immer über ihre Kräfte arbeiten, die sich für jedes Problem zuständig fühlen. Im Klartext: Es gibt diesen Größenwahnsinn auch unter uns.

Die biblische Bitte: *»Unsere Tage zählen, das lehre uns«* oder, wie Luther in seiner Übersetzung interpretiert: *»Lehre uns bedenken, daß wir sterben müssen«* meint dagegen vor allem: Lehre uns, fähig zu werden, die eigene Begrenztheit zu akzeptieren, sie als etwas zum Menschsein Dazugehöriges annehmen zu können, *»damit wir einbringen ein weises Herz«* oder: *»auf daß wir klug werden«*, klug werden zum Leben. Solche Lebensklugheit oder Weisheit des Herzens läßt sich nicht einfach programmatisch lernen. Sie erwächst vor allem aus dem Zuspruch Gottes: Du bist mit dem Maß deiner Möglichkeiten, deiner Kraft und deiner Zeit so gewollt. Du brauchst dich nicht immer mit anderen zu vergleichen, die etwas besser können als du. Du übersiehst dabei viel zu oft, was du kannst. Freu dich lieber an dem, was dir gelingt. Und auch, was nicht an die Öffentlichkeit kommt, hat seinen Wert: ein Kind zum Lachen zu bringen, einem Sterbenden den Schweiß abzuwischen oder für einen Menschen zu beten. Das alles ist unendlich wichtig. Aber du mußt nicht alles können, mußt auch nicht jederzeit im Einsatz sein. Es gibt andere Menschen, die dich ergänzen. Du brauchst nicht mehr von dir zu verlangen, als du schaffen kannst. Du wirst nicht an dem gemessen, was alles noch zu tun wäre, sondern an deiner Kraft, an deinen Möglichkeiten, an deiner Zeit. Und es gibt für jeden Menschen ein Genug, ein Genug im guten Sinn.

Liebe Gemeinde, unter diesem Zuspruch zu lernen, die eigenen Grenzen zu respektieren, ist etwas sehr Befreiendes, Wohltuendes! Das läßt einen zur Ruhe kommen, läßt einen leben lernen! Und aus dem Geschenk solcher Lebensweisheit wächst dann auch ein neuer Umgang mit der Zeit: *»Fülle uns frühe mit deiner Gnade, so wollen wir rühmen und fröhlich sein unser Leben lang ... Zeige deinen Knechten deine Werke und deine Herlichkeit ihren Kindern. Und der HERR, unser Gott, sei uns freundlich und fördere das Werk unserer Hände bei uns. Ja, das Werk unserer Hände wollest du fördern!«*

Der Klage über die Flüchtigkeit des Lebens, dessen Jahre davonfliegen und das dem Gras vergleichbar ist, das am Morgen blüht und sproßt und am Abend welkt und verdorrt, dieser Klage wird hier am Ende also nicht etwa die Bitte um Unsterblichkeit entgegengesetzt. Genausowenig wird angesichts der Erfahrung von der Vergeblichkeit vieler Mühe und Arbeit ein Schlaraffenland erhofft, in dem alle Arbeit ein Ende hat.

Wer durch Gottes Zuspruch ja zu sagen gelernt hat zu seiner Begrenztheit, der muß Vergänglichkeit nicht mehr mit Vergeblichkeit gleichsetzen. Der kann darum bitten, daß Gott die Tage des Lebens mit Freude füllt und die Arbeit gelingen läßt, sprich, daß er ihn oder sie zufrieden macht innerhalb der gesetzten Grenzen.

Es scheint, als läge ein weiter Weg zwischen dem Anfang des Psalms, der bei der Ewigkeit Gottes einsetzt, und diesen bescheidenen Bitten am Schluß. Aber was auf den ersten Blick unendlich weit auseinanderzuliegen scheint, das gehört in Wahrheit ganz eng zusammen: Gottes Ewigkeit und unsere in Tagen und Jahren bemessene Zeit. Denn in Gottes Ewigkeit ist unsere begrenzte Zeit aufgehoben; von dort erhält sie ihre Bedeutung und ihren Sinn: Begrenztes Leben ist nicht vergebliches Leben!

Mit diesem Zuspruch würde ich gern aufhören, aber ich möchte mich nicht einfach stillschweigend an den schwierigen Sätzen dieses Psalms vorbeidrücken. Denn immerhin ist da auch gewichtig von Gottes Zorn die Rede: »*Das macht dein Zorn, daß wir so vergehen, und dein Grimm, daß wir so plötzlich dahin müssen. Denn unsere Missetaten stellst du vor dich und unsere unerkannte Sünde ins Licht vor deinem Angesicht.*«

Das sind Sätze, die Ihnen wahrscheinlich wie mir zu schaffen machen, und ich kann sie nicht ohne weiteres nachsprechen. Ich denke an unsere Fahrt nach Auschwitz und Birkenau, und jedes Wort über den Zusammenhang von Gottes Zorn und Tod bleibt mir im Hals stecken. Aber ich denke auch an die Tode, die ich als Pfarrerin miterlebt habe, an Unfälle, die Menschen mitten aus dem Leben gerissen haben, an Krankheiten, die manchmal auch junges Leben brutal zerstört haben. Manchmal haben mich Angehörige oder auch Sterbende gefragt, ob ihr Schicksal wohl eine Strafe Gottes sei, Zeichen seines Zorns über ihre Sünden, von denen sie vielleicht gar nichts wüßten. Ich tue mich schwer, Krankheit und Tod einzelner Menschen so zu interpretieren. Eher spüre ich deutlich Gottes Verborgenheit angesichts von soviel sinnlosem Sterben, sein unbegreifliches Schweigen, seine Ferne, seine Abgewandtheit. Aber vielleicht sind das ja nur andere Worte für das, was der Psalm Zorn Gottes nennt. Um so sprechender wird für mich dann die Bitte: »*HERR, kehre dich doch endlich wieder zu uns und sei deinen Knechten gnädig!*« Gottes Abgewandtheit, seine Ferne, sein Schweigen – das alles ist, Gott sei Dank, nicht unabänderlich. Gott läßt sich ansprechen, läßt sich bewegen, er kehrt um! Und unter seiner Zugewandtheit kann sich dann auch bei uns manches ändern, auch wenn noch nicht alles beantwortet ist oder uns der eine oder der andere Stachel des Zweifels noch zu schaffen macht. Aus Verzweiflung kann dann aber wieder neue Hoffnung wachsen, aus lähmender Resignation tätiger Aufbruch.

»*Ich habe mein Angesicht im Augenblick des Zorns ein wenig vor dir ver-borgen, aber mit ewiger Gnade will ich mich deiner erbarmen*« (Jesaja 54,8). An dieser Zusage Gottes will ich mich festhalten mit meinen ungelö-sten Fragen und Gott darauf behaften: »*HERR, du bist unsere Zuflucht für und für!*« Amen.

Neue-Welt-Musik

Predigt über Psalm 98
(Sylvia Bukowski)

Singet dem HERRN ein neues Lied, denn er tut Wunder. Er schafft Heil mit seiner Rechten und mit seinem heiligen Arm. Der HERR läßt sein Heil kundwerden; vor den Völkern macht er seine Gerechtigkeit offenbar. Er gedenkt an seine Gnade und Treue für das Haus Israel, aller Welt Enden sehen das Heil unsres Gottes.
Jauchzet dem HERRN, alle Welt, singet, rühmet und lobet! Lobet den HERRN mit Harfen, mit Harfen und mit Saitenspiel! Mit Trompeten und Posaunen jauchzet vor dem HERRN, dem König! Das Meer brause und was darinnen ist, der Erdkreis und die darauf wohnen. Die Ströme sollen frohlocken, und alle Berge seien fröhlich vor dem HERRN; denn er kommt, das Erdreich zu richten. Er wird den Erdkreis richten mit Gerechtigkeit und die Völker, wie es recht ist.

Liebe Gemeinde,

schon im Lesen dieser Psalmworte steckt Musik. Stellen Sie sich einmal vor, wie es klingen könnte, wenn aus all den verschiedenen Stimmen, die hier genannt werden, wirklich ein Lied entsteht, ein Lied, in dem die zarten Töne der Harfe und der anderen Saiteninstrumente genauso ihren Platz haben wie die Fanfaren der Blechbläser; ein Lied, in dem die gewaltige Brandung des Meeres nicht mehr den Gesang der Fische übertönt, den wir noch nie vernommen haben. Was für Melodien werden da entstehen. Was für Zusamenklänge, wenn auch die Meeresungeheuer, die es nach biblischer Auffassung gibt, in das Loblied miteinstimmen: der Leviathan, dieser gefürchtete Seedrache, und der Behemoth, die Urweltschlange. Beide gelten in der Bibel als die Feinde Gottes schlechthin; gleichzeitig stehen sie auch für alles Unheimliche, das das menschliche Leben in Abgründe zu reißen droht.
Aber auch sie werden ihren Part in dieser Neuen-Welt-Musik haben. Die ganze Schöpfung wird zum Chor und Orchester ohne Mißstimmung und ohne Mißklang zur Ehre dessen, der kommt, den Erdkreis zu richten mit seiner Gerechtigkeit und die Völker, wie es recht ist.

Manchmal, wenigstens für einige Augenblicke, kann man schon etwas von dieser Zukunftsmusik hören: an einem frühen Morgen vielleicht, wenn die Vögel, diese frommen Tiere, singend aufwachen und die Sonne mit den Tautropfen spielt und ein leichter Wind geht und alles bewegt. Oder wenn man verliebt ist und die ganze Welt umarmen könnte und singend durch die Straßen läuft und auf die mürrischsten Gesichter ein Lächeln zaubert und sich mit allem plötzlich in Einklang weiß.

»Ich singe mit, wenn alles singt«. Auch Paul Gerhard weiß etwas von solchen Erfahrungen, und Josef von Eichendorff hat sie festgehalten in einem Gedicht, wenn er schreibt: »Schläft ein Lied in allen Dingen, die da träumen fort und fort, und die Welt hebt an zu singen, triffst du nur das Zauberwort ...«

Es gibt Gottesdienste, die dieses Zauberwort treffen, die von und mit Gott so reden, daß man ganz tief angerührt wird und das Herz sich öffnet für dieses kosmische Lied und man dann glücklich und singend nach Hause geht.

Aber – und ich weiß, daß manche von Ihnen schon längst auf dieses Aber warten: Dieser ganzen soeben beschworenen Musik stehen doch ganz andere Klänge entgegen und übertönen sie meistens, wenn man die Wirklichkeit nicht völlig ausblendet. Da ist die Monotonie des Alltags, dem viele schon mit Beklemmungen entgegensehen: die einen, weil sie sich den Anforderungen, vor denen sie stehen, überhaupt nicht gewachsen fühlen und Angst haben, die viele Arbeit nicht zu schaffen; die anderen, weil ihre Tage so leer sind und sie das Gefühl haben, von keinem mehr wirklich gebraucht zu werden geschweige denn selbst noch etwas Sinnvolles tun zu können.

Und da ist die alte Leier, die einem von überallher entgegentönt, das Jammern und Nörgeln und Lamentieren über alles und jedes, angefangen vom Wetter, das bis jetzt natürlich viel zu kalt ist, aber dann auch schnell gleich wieder viel zu heiß, über die Zipperlein, die einen ständig plagen, oder die unverschämten Nachbarn bis hin zur großen Politik, wo man natürlich immer viel besser weiß, was richtig wäre.

In einigen Nachbarländern sagt man uns Deutschen nach, diese Leier besonders gut drauf zu haben und zumindest darin unangefochten die Größten zu sein. Und manchmal, so scheint mir, trifft das auch auf unsere Kirche in Deutschland zu. Auch da wird meistens viel mehr und vielleicht auch viel lieber alles Negative beschworen und beklagt, als daß Gründe zur Freude bewußtgemacht werden und auch menschlichen Glückserfahrungen Platz eingeräumt wird. Aber vielleicht sehe ich das alles ja viel zu einseitig und karikiere zu stark.

Denn natürlich will ich nicht kleinreden, wie schwer es viele Mensche haben, natürlich lassen mich die Nachrichten nicht kalt, die täglich von neuem Unglück berichten und die manchmal etwas von dem Schreien und dem Weinen zu Gehör bringen, das einem jeden Lobgesang im Hals steckenlassen könnte.

Und ich habe sehr gut das Gespräch mit einer Frau aus unserer Gemeinde in Erinerung, die das Tierelend so umtreibt, daß sie nicht mehr in Urlaub fahren kann, weil sie es auch dort immer nur noch sieht, die sich an keiner Fete mehr freuen kann, weil sie nur daran denkt, wie gedankenlos mit dem Fleisch, sprich mit dem Leben von Tieren umgegangen wird, und die ständig unter dem Druck steht, eigentlich noch viel mehr tun zu müssen.

Wäre sie heute hier, hätte sie wahrscheinlich den ersten Teil meiner Predigt kaum ertragen und vielleicht sogar mit einem Zwischenruf darauf hingewiesen, daß es wichtiger wäre, das *Seufzen* der geschundenen Kreatur zu hören, das Stöhnen der mißhandelten Erde und den Todeskampf der Meere, als von ihrem verborgenen oder zukünftigen Lobgesang zu schwärmen.

Wie gesagt: Ich will diese Einwände nicht einfach zur Seite drängen, bloß weil mir heute der Auftrag des Sonntags Kantate (»Singt«) sosehr in das eigene Lebensgefühl paßt. Und ich will auch nicht nur dagegenhalten, daß man ja auch und gerade bei einem so starken Engagement gegen das Leiden der Kreatur selbst Pausen braucht, Zeiten, in denen man abschaltet und nicht immer daran denkt, sondern sich alles Schöne vor Augen hält, sozusagen als Gegengewicht, damit man Kraft schöpfen kann fürs Weiterkämpfen und man nicht so bitter und verbissen wird, daß man gleich alle anderen abschreckt.

So kann man zwar auch argumentieren. Aber wichtiger ist mir, darauf aufmerksam zu machen, daß der Lobgesang, zu dem wir heute und eigentlich in jedem Gottesdienst aufgerufen werden, nicht nur etwas ist für glückliche Momente oder für Naivlinge. Es ist ein Lobgesang, der nicht nur in »Frühlingsstimmungen« jeder Art paßt, sondern der noch eine ganz andere Seite hat.

Das Lob des Gottes, der kommt, den Erdkreis zu richten mit Gerechtigkeit und die Völker, wie es recht ist – dieses Lob ist gleichzeitig der stärkste Protest gegen alles, was Menschen kaputtmacht. Mir ist das zum ersten Mal aufgegangen, als ich über die Geschichte der drei Männer im Feuerofen gepredigt habe. Im Buch Daniel wird berichtet, daß der König Nebukadnezar nicht hinnehmen will, daß drei junge Juden sich nicht wie alle anderen Untertanen seinem Bild beugen, sprich: seine Macht nicht als höchste Instanz für ihr Leben respektieren. Um ihren Widerstand zu brechen, droht er ihnen den Tod in einem glühenden Ofen an. Aber sie antworten: »*Wenn unser Gott, den wir verehren, will, so kann er uns erretten; aus dem glühenden Ofen und aus deiner Hand, o König, kann er erretten.*« Das provoziert den König ungeheuer. Wutentbrannt läßt er seine Drohung vollstrecken und die drei Männer in einen siebenfach überhitzen Ofen werfen. Er selbst bleibt dabei, um sich an ihrer Vernichtung zu weiden. Aber, so berichtet eine apokryphe Tradition, die drei Männer im Feuerofen fangen an zu singen. Und was singen sie? Nicht etwa eine herzzerreißende Klage, auch kein schmerzvolles Abschiedslied oder eine Bitte um Errettung. Sie singen ein Lied, das fast so klingt wie unser Psalm: »*Gelobt seist du, Herr, du Gott unsrer Väter, und sollst gepriesen und hoch gerühmt werden ewiglich! Lobt den Herrn, alle seine Werke, und preist und rühmt ihn ewiglich! Ihr Himmel, lobt den Herrn ... Licht und Finsternis, lobt den Herrn ... Die Erde lobe den Herrn ... Alles, was auf der Erde wächst ... Meer und Wasserströme ... Walfische und alles, was sich im Wasser regt ... Alle Vögel unter dem Himmel ... Alle zahmen und wilden Tiere ... Ihr Menschenkinder, lobt den Herrn, preist und rühmt ihn ewiglich! ... Ihr Heiligen, lobt den Herrn, preist und rühmt ihn ewiglich! ...*« (Der Gesang der drei Männer im Feuerofen)

Die drei Männer, von denen die biblische Tradition berichtet, sind schließlich doch auf wunderbare Weise gerettet worden. Aber auch ohne irgendeine Aussicht auf Rettung haben jüdische Menschen durch die vielen Jahrhunderte der Verfolgung hindurch ihren Peinigern immer wieder mit dem Lob ihres Gottes, der die Welt richten wird, getrotzt. Und wir kennen die Berichte, die bezeugen, daß manche auch angesichts der glühenden Öfen von Auschwitz nicht aufgehört haben, das Sch^ema^c Jisrael zu singen und im Angesicht ihrer Schergen immer noch Gott allein die Ehre zu geben. Selbst das Kaddisch, das jüdische Totengebet, ist ein einziger Lobgesang auf den lebendigen Gott: »Erhoben und geheiligt werde sein heiliger Name in der Welt, die er nach seinem Willen geschaffen und sein Reich entstehe in eurem Leben und in euren Tagen und dem Leben des ganzen Hauses Israel ...«

Das Lob dessen singen, der da kommt, den Erdkreis zu richten mit Gerechtigkeit und die Völker mit seiner Wahrheit, das ist in diesem Sinn tatsächlich ein Akt des Widerstands gegen alles Unrecht und alle Lüge, das ist die Weigerung, sich zu beugen oder zu unterwerfen vor Herrschern, die in ihrer Selbstherrlichkeit den Geschöpfen soviel Gewalt antun, das ist ein Spott gegen den Tod und alle, die mit ihm drohen und einschüchtern und ihre Macht sichern wollen.

In den Lobgesang Gottes einstimmen kann man also wirklich nicht nur, wenn man glücklich ist oder bisher selbst ungeschoren geblieben ist. In ihn kann auch und gerade jeder miteinstimmen, der leidet und den die Schreie und das Weinen in der Welt nicht gleichgültig lassen.

Einstimmen können auch wir, die wir erkennen, wie sehr wir – oft gegen unseren erklärten Willen – selbst verstrickt sind in das System von Gewalt und Ausbeutung, einfach schon durch unseren Lebensstil.

Denn das Lob Gottes singen heißt, die Hoffnung hochzuhalten, daß das letzte Wort noch nicht gefallen ist über unsere Welt, heißt, sich gegen den Sog aller Teufelskreise an die Gewißheit zu klammern, daß sie uns nicht verschlingen werden auf ewig, weil Gott aus ihnen erlösen wird.

Und das ist nicht nur ein sich Mut ansingen im Dunkeln, wo man nicht weiß, was auf einen zukommt. Gott wird die, die sein Lob singen, nicht enttäuschen oder sie letztlich doch blamieren. Das kann ich so sagen, weil er das an Jesus ganz deutlich gezeigt hat. Jesus gehört nämlich auch in die Tradition jüdischer Märtyrer, die mit dem Lob Gottes in den Tod gegangen sind. Nach dem Abendmahl, so heißt es in den Evangelien, sang Jesus mit seinen Jüngern den Lobgesang, jenen Lobgesang, den die jüdischen Gemeinden in aller Welt bis heute noch immer am Schluß des Sederabends singen und gestern auch in Wuppertal gesungen haben. Dieser Lobgesang besteht aus den Psalmen, die in den Satz münden: »Danket dem HERRN; denn er ist freundlich, und seine Güte währet ewiglich.«

Mit dem Nachklang dieser Worte geht Jesus in die Nacht und in den Tod. Er trägt also die trotzige Gewißheit weiter: Ganz gleich, was Menschen ihm antun, Gott wird das letzte Wort haben, und während die Zeit der Mörder begrenzt ist, wird Gottes Güte ewig währen.

Am Kreuz ist Jesus dann wie unzählig viele andere ein Opfer von Haß und Gewalt geworden. Aber Gott hat ihn auferweckt von den Toten. Er hat damit bestätigt, daß menschliche Richter tatsächlich nicht das letzte Wort haben, sondern er, der den Erdkreis richtet mit Gerechtigkeit und die Völker, wie es recht ist. Wie Gottes Gerechtigkeit aussieht, leuchtet in der Auferstehung Jesu auch auf. Denn mit ihr setzt Gott die Gerechtigkeit, die sein Sohn aufgerichtet hat, endgültig in Kraft, eine Gerechtigkeit, die nicht zugrunde richtet, sondern zurechtbringt, die die Wunden von Gewalt und Unterdrückung heilt und Frieden schafft unter den Völkern.

Also nicht Abrechnung, wie wir sie gewohnt sind, wird Gott mit sich bringen, wenn er kommt, den Erdkreis zu richten. Auch ist sein Ziel nicht die Vernichtung seiner Feinde; selbst sie will er nicht endgültig zum Schweigen bringen. Sondern alle, und eben auch sie, sollen in sein Lob einstimmen, sollen in Einklang kommen mit Himmel und Erde und mit ihm, der alles gemacht hat. Wie am Kreuz Jesu wird Gottes Gericht das Böse mit Liebe überwinden. Und dann wird keiner mehr das Lied vom Tod spielen, sondern alle Stimmen der Schöpfung, auch die des »alten Drachens«, werden sich mischen und verbinden zu dem unangefochtenen und unwiderstehlichen Gesang, der das Leben feiert. Amen.

Auf dem Weg der Gerechtigkeit ist Leben

Predigt über Sprüche 12,28a, gehalten im Eröffnungsgottesdienst der
Hauptversammlung des Reformierten Bundes 1996
(Peter Bukowski)

»Auf dem Weg der Gerechtigkeit ist Leben«.

Liebe Schwestern und Brüder,

dieses Wort enthält im Kern das ganze Evangelium. Es reicht, wenn
wir aus diesem Gottesdienst und von der Hauptversammlung des Reformierten Bundes dies eine Wort mitnehmen. Denn es sagt uns zu,
daß für unser Leben gesorgt ist. Und nicht nur für unser Leben, sondern für das Leben aller Menschen, für das Leben der ganzen Schöpfung. Leben ist da, und fürs Leben ist gesorgt, weil nach biblischem
Verständnis der Weg der Gerechtigkeit *Gottes eigener Weg* ist.
Gerechtigkeit, das ist in der Bibel zuerst und vor allem eine zusam-
menfassende Umschreibung der guten Taten Gottes. In den Psalmen
heißt es: »*Was er (Gott) tut, das ist herrlich und prächtig, und seine Gerechtigkeit bleibt ewiglich*« (Psalm 111,2f). »*Die Himmel verkündigen seine
Gerechtigkeit*« (Psalm 97,6). Kinder und Kindeskinder sollen »*seine Gerechtigkeit rühmen*« (Psalm 145,7). Gottes Gerechtigkeit – das ist seine
tätige Sorge für seine Schöpfung, das ist die achtsame Begleitung seines Volkes, das sind seine rettenden Taten und seine guten Weisungen.
Gerechtigkeit – das ist sein offenes Ohr für die Schreie der Notleidenden, sein starker Arm, der die Gefangenen freimacht, und in all dem
ist es Gottes leidenschaftliche Liebe zu den Seinen, die schrecklich zür-
nen kann über ihre Bosheit und Torheit und die doch nicht anders
kann, als »*barmherzig und gnädig*« zu sein, »*geduldig und von großer Güte*« (Psalm 103,8). Wo die überparteiliche, ein Rechtsprinzip verwalten-
de Justitia blind ist, ja geradezu blind sein muß, um sich vom Einzelfall nicht blenden zu lassen, da heißt es vom Gott Israels: Er sieht hin,
er hört zu, und er *er*hört. Er betätigt die Freiheit seiner Liebe darin, jedem seiner Geschöpfe in seiner je besonderen Lage auf lebensförderliche Weise gerecht zu werden. Gerechtigkeit – das ist der Weg unseres
Gottes durch die Zeit und den Raum seiner Schöpfung, auf dem er Israel und durch Israel der ganzen Welt Bund und Treue hält ewiglich

und niemals losläßt das Werk seiner Hände. Und darum: »*Auf dem Weg der Gerechtigkeit ist Leben*«.

I

Ich weiß, ich habe jetzt mit großen Worten geredet – aber wie soll man es denn anders machen? Wenn die Botschaft der Bibel in einem die Erinnerung weckt, daß alles Leben ein Geschenk Gottes ist und daß ER, der das weite All geschaffen hat, an jedes seiner Menschenkinder denkt – wie's im Lied heißt: »kennt auch Dich und hat Dich lieb ...« –, dann kann man nicht anders, als ins Staunen zu geraten und dankbar zu werden für die Wege und Werke Gottes. Und so erklingt das Lob der Gerechtigkeit Gottes wie eine immer neu variierte Melodie durch die ganze Bibel. In der Frühzeit Israels wird es kraftvoll gesungen von der Richterin Deborah, und am Ende der Bibel, in der Offenbarung, tönt es vom gläsernen Meer, angestimmt von den Märtyrern, die allen Todesmächten zum Trotz zu den Füßen Gottes sein Lob verkünden (15, 1–4); und dazwischen der nicht enden wollende Reigen von Psalmen und Liedern, gesungen von einzelnen und von der versammelten Gemeinde, von armen Schluckern und von Königen. Und wenn wir der Melodie einen Namen geben wollten, diesen Schatz gesungener Glaubenserfahrung in einem Satz zusammenfassen wollten, dann müßte er lauten: »*Auf dem Weg der Gerechtigkeit ist Leben*«.

II

Ich sagte: Wenn man anfängt, sich Gottes zu erinnern, dann kann man nicht anders ... Was man aber, Gott sei's geklagt, kann, ist: *vergessen,* sich zu erinnern. Es ist traurig, aber wahr: Wir Menschen können Gott und die Güte seiner Gerechtigkeit vergessen. Den Psalmbetern steht diese Gefahr deutlich vor Augen, deshalb warnen sie: »*... vergiß nicht, was er dir Gutes getan hat*« (Psalm 103,1). Immer neu ermahnen sie und fordern auf: »*Danket dem Herrn, lobsinget seinem Namen*«.
Liebe Schwestern und Brüder, laßt uns diese Mahnung ganz ernst nehmen, im Blick auf uns selbst, aber ebenso für unseren Dienst in den Gemeinden: Laßt uns Gott nicht vergessen! Und laßt uns von seinen Taten reden, um bei den Menschen die Erinnerung wachzuhalten oder anzustoßen, daß ihr Leben gehalten ist von Gott. Das ist unser Auftrag, und damit steht und fällt unsere Existenzberechtigung als christliche Gemeinde.
Vielleicht wird mancher langsam ungeduldig und fragt sich, wann es denn endlich mal konkret wird. Ich bin mir dessen bewußt, daß unsere Hauptversammlung zu einer Zeit stattfindet, in der Unrechtstaten

und ungerechte Strukturen einen schier verzweifeln lassen, wo nicht nur die direkt Betroffenen, sondern jeder anständige Mensch einfach wütend und empört ist und sich fragt, was getan werden muß. Aber das *ist* meine erste Konkretion: Gerade im Kampf gegen menschliche Ungerechtigkeit ist die Erinnerung an Gott und seine Gerechtigkeit der entscheidende Beitrag, den wir als Kirche zu leisten haben! Und das nicht im Sinne einiger flott gesagter theologischer Obersätze, um dann möglichst rasch zu den politischen Konsequenzen zu kommen. Wenn theologische – und seien es auch biblische – Sätze lediglich Inventar eines politischen Argumentationsarsenals sind, dann werden sie als theologische Aussagen verkommen, und als rhetorische Figuren sind sie unpraktisch, weil nur noch wenige etwas damit anfangen können. Nein, als Kirche müssen wir uns für die Erinnerung an die Gerechtigkeit *Gottes* viel Zeit und viel Raum geben. Und wer etwa denkt, ich sagte das aus Gründen theologischer ›correctness‹ – nach dem Motto: Der Indikativ gehört nun mal vor den Imperativ, und von der Mitte zu reden ist immer wichtig –, der ist entweder böswillig oder hat etwas ganz Entscheidendes noch nicht begriffen. Ich versuche zu erklären: Warum eigentlich ist die Erinnerung an die Gerechtigkeit Gottes gerade im Kampf für menschliche Gerechtigkeit so unerläßlich?
Die Antwort gibt Jesus in der Bergpredigt. Und zwar an der Stelle, wo er der menschlichen Ungerechtigkeit, also dem, worunter wir alle leiden, einen Namen gibt (vgl. Matthäus 6). Dieser Name lautet: Mammon. Der Mammon, das ist die personifizierte Gier, jenes unselige, unerbittlich Schaden anrichtende Haben-Wollen, jenes Grapschen und Geizen und am Ende jenes förmlich Besessen-Sein vom Besitz: die Vergottung der Habe. Jesus sagt: »*Ihr könnt Gott nicht dienen und dem Mammon.*« Aber zugleich weiß er, daß Mahnungen und Appelle allein nichts nutzen, weil nämlich die Gier einer tiefen Verunsicherung entspringt. »*Was werden wir essen? Was werden wir trinken?*« Jesus versteht diese Fragen als Symptome der viel grundsätzlicheren Angst, ob denn für unser Leben gesorgt sei. Und dieser Angst begegnet er mit der tröstlichen Zusage: »*... euer himmlischer Vater weiß, daß all dessen bedürft*«, er schenkt euch noch und noch Leben. Und weil nur diese Zusage Befreiung wirken kann, malt Jesus sie uns in immer neuen Bildern vor Augen: Seht die Vögel, schaut auf die Blumen und Felder, habt acht auf die Wunder der Schöpfung und seht sie an als Bilderbuch Gottes, das euch auf jeder Seite mitteilt: Gott tut seine milde Hand auf und sättigt alles, was lebt, nach seinem Wohlgefallen (vgl. Psalm 145,16).
»*Trachtet zuerst nach dem Reich Gottes und nach seiner Gerechtigkeit*« – da geht es doch nicht um theologische Richtigkeit sondern – ich erinnere an die zweite Hälfte von Sprüche 12,28 – um Leben und Tod;

darum, was uns rettet aus den Fängen des alles zugrunde richtenden Mammon. Rettung erwächst uns aus dem Zuspruch der lebenspendenden Gerechtigkeit Gottes. Gottvertrauen heilt von der Gier. Dankbarkeit für geschenktes Leben befreit vom lebensbedrohlichen Raffen und Horten, weitet unser Herz und öffnet unsere Hände. Darum geht es bei dem, was man im dürren Theologenjargon den Indikativ nennt. Um die lebenswichtige Befreiung zum Gottvertrauen. Und deshalb noch einmal: Zum Gottvertrauen zu ermutigen, indem wir an die Gerechtigkeit Gottes erinnern, das ist unser entscheidender und unverwechselbarer, weil keinem anderen zu überlassender Beitrag im Kampf um menschliche Gerechtigkeit. Darum laßt uns nach innen und außen kenntlich machen, daß hier die Mitte und der Sinn und Zweck unserer Berufung liegt – wenn man so will: unsere Firmenphilosophie. Und, liebe Schwestern und Brüder, wenn es etwas gibt, auf das wir stolz sein können, dann ist es dies, daß wir den Gott kennen, der sich uns als der Gerechte offenbart hat, und daß wir für uns und stellvertretend für andere auf ihn hören, zu ihm beten und ihn der Welt in Erinnerung bringen. Mit Barmen VI geredet: daß wir Gottes freie Gnade ausrichten an alles Volk.

III

»Auf dem Weg der Gerechtigkeit ist Leben« – ich habe zu Beginn den vielstimmigen biblischen Chor anklingen lassen, der die Gerechtigkeit Gottes preist. Mit diesem Anfang immer neu anzufangen bleibt auch wichtig, wenn wir nach den *Konturen menschlicher Gerechtigkeit* fragen. Denn in der Bibel hängt beides unlösbar zusammen. Mehr noch: Das eine erklärt und ordnet das andere. Wir hörten: Gottes Gerechtigkeit, das ist seine Bundestreue, und ihr Ziel ist das Leben der Seinen. Entsprechend geht es auf dem Weg unserer menschlichen Gerechtigkeit um das Ergreifen lebensfördernder, gemeinschaftsstiftender Maßnahmen. Wann sie angesagt sind und welchen Richtungssinn sie haben müssen, wird in der Bibel in immer neuen Anläufen eingeprägt: Maßstab für das Wohlergehen einer Gemeinschaft sind die Schwachen. Die Zusammenfassung der gesamten Gerechtigkeitslehre der Sprüche Salomos lautet dementsprechend: *»Tu deinen Mund auf für die Stummen und für die Sache aller, die verlassen sind. Tu deinen Mund auf und richte in Gerechtigkeit und schaffe Recht dem Elenden und Armen.«* (Sprüche 31,8f) Noch einmal: Die Armen und Elenden sind so etwas wie der Seismograph für das Ganze. Wenn die Verhältnisse hier nicht stimmen, stimmt überhaupt nichts.
Ich erinnere an die Propheten Israels: Da mochte die Konjunktur einen Aufschwung nehmen, der Außenhandel blühen, der Kulturbe-

trieb vielfältig und der Religionsbetrieb tiefgründig und erhebend zugleich sein – aber sie melden sich zu Wort und geben denen Stimme, die zu den Verlierern des Aufschwungs gehören und die selbst keine Chance haben, gehört zu werden. Stellvertretend decken sie auf, wo die Begüterten die Witwen und Waisen abzocken. Und wenn notorische Schieflagen zuungunsten der Schwachen entstanden sind, wenn mit zweierlei Maß gemessen wird, wenn man die Kleinen bestraft und die Großen laufen läßt, wenn die Reichen reicher und die Armen ärmer werden, dann sind sie nicht bereit, sich damit abzufinden. Sie lassen sich nicht einreden, dies sei normal und unabänderlich. Sie lassen sich nicht beruhigen mit dem Hinweis, daß doch der Staats- und Gesellschaftsbetrieb im großen und ganzen gut funktioniere, und sie sind auch nicht käuflich, lassen sich also nicht von der Gewinnerseite vereinnahmen, bis sie am Ende deren Perspektive verinnerlicht haben. Sie haben sich ihre Empfindsamkeit bewahrt für die, die am unteren Ende der Gesellschaft stehen. Und so sind die Propheten Sand im Getriebe eines lediglich am Profit der Profiteure ausgerichteten Wirtschaftsmechanismus.

Liebe Schwestern und Brüder, eine Predigt bietet nicht den Raum für eine Analyse der gegenwärtigen Gesellschaft, noch können hier Einzelfragen gerechten bzw. ungerechten Wirtschaftens behandelt werden. Wohl aber möchte ich betonen, daß wir, die wir aus der Gerechtigkeit Gottes leben, diesen biblischen Maßstab für menschliche Gerechtigkeit uns zu eigen machen und als Wahrnehmungshilfe und als Orientierung für unser Handeln nutzen müssen. Denn selbstverständlich ist er nicht. Im Gegenteil, es ist ein unheilvoller Gewöhnungsprozeß in die umgekehrte Richtung zu beobachten: Viele scheinen sich mit der Drittelung der Gesellschaft schon abgefunden zu haben – oder steuern wir im Zuge der Globalisierung der Wirtschaft eine konstante 80%-›Looser‹-Rate an? Unter denen, die diese Entwicklung nicht richtig finden – gerade unter der jüngeren Generation –, verbreitet sich mehr und mehr ein Ohnmachtsgefühl: Man kann eh nichts machen. Der Gewöhnungsprozeß wird dadurch stabilisiert, daß faktische Entwicklungen als unhinterfragbare Natur-, um nicht zu sagen: Seinsordnungen ausgegeben werden. Wettbewerbsfähigkeit – dies Wort kommt mit der unhinterfragbaren Autorität eines physikalischen Hauptsatzes daher. Ist der augenblickliche Umbau des Sozialstaates, der aller rhetorischen Fingerfertigkeit zum Trotz für die Betroffenen ein Abbau ist, bei beibehaltener Immunität der Reichen – ich frage: Ist dieser sogenannte Umbau wirklich die einzig mögliche, sich in physikalischer Zwangsläufigkeit aus jenem Hauptsatz ergebende notwendige Konsequenz? Viele behaupten das. Machen die sich eigentlich klar, was sie da sagen? Wer die Angleichung nach unten und also die Verbreiterung der Schere zwischen Arm und Reich als zwangsläufigen und einzigen Weg zur Erhaltung unserer Wirtschaft bezeichnet, der reitet, ohne es zu merken, eine Attacke gegen die Marktwirtschaft, die der von Karl Marx in nichts nachsteht.

Wo behauptet wird: »Es geht nicht anders«, da ist Ideologiekritik angesagt! Sollen die Verantwortlichen doch wenigstens dazu stehen, daß sie das, was sie entscheiden, auch wollen, weil es ihren Prioritäten und ihren Werten und ihren Interessen entspricht, anstatt sich hinter vermeintlich unhinterfragbaren Notwendigkeiten zu verstecken! Wir dürfen jedenfalls nicht zulassen, daß unsere Gemeinden hinsichtlich ihrer Maßstäbe ver-rückt gemacht werden. Und deshalb laßt uns neu von der Bibel lernen, wohin unser Blick und unsere Energie gerichtet sein sollen. Der Weg der Gerechtigkeit führt uns an die Seite derer, die elend sind und arm, zu denen, die darauf warten, daß wir ihnen zum Nächsten werden und ihnen zum Recht verhelfen.

IV

Ja, liebe Schwestern und Brüder, jetzt würde ich am liebsten innehalten und eine gemeinsame Lesephase einlegen. Wir müßten das Buch der Sprüche ganz einfach durchlesen, und wir würden staunen, was wir auf dem Weg der Gerechtigkeit alles tun können. Gestatten Sie mir nur wenige Hinweise. Ob es um den aufrichtigen Umgang mit Sprache geht (13,5), oder um tätige Fürsorge (29,7), um spontane Großzügigkeit (21,26) oder um Rechtsbeistand (18,5) – es gibt viele Weisen lebensfördernder Maßnahmen. Und übrigens auch viele Adressaten! Sprüche 12,10 lautet: »*Der Gerechte erbarmt sich seines Viehs*«.

Es ist sicherlich nicht verfehlt, hier die paulinische Charismenlehre mitzuhören, um sich gegenseitig zu ermutigen, das zu tun, was nach Maßgabe der je eigenen Gaben getan werden kann. Wir sollen uns deshalb nicht verzetteln im blöden Gerangel um falsche Alternativen: ob programmatisch geredet oder praktisch zugepackt werden muß, ob die Strukturen oder der Einzelfall den Vorrang haben, ob die ökonomische oder die ökologische Perspektive. Alles zu seiner Zeit, jeder an seinem Ort und: jeder gemäß der Gabe, die er empfangen hat. Wenn es nur dem Leben dient, gibt es kein Entweder-Oder, sondern wechselseitige Ergänzung und gegenseitige Entlastung.

Allerdings, was immer der eine oder die andere tut: Der Gerechtigkeit dienen bedeutet: *einen Weg gehen*, also als ganzer Mensch in Be*weg*ung sein, selbst gefordert und bisweilen auch angestrengt sein. Wir sahen: Das ist auf vielfache Weise möglich, auch im Modus des Denkens und des Redens – nicht umsonst habe ich auf die Propheten verwiesen. Erlaubt mir aber in diesem Zusammenhang eine Warnung: Mir scheint, wir haben in der Vergangenheit – gerade im Protestantismus – das Medium prophetischer *Worte* überstrapaziert. Was wurde und wird nicht alles an Worten, Resolutionen und Stellungnahmen verabschiedet. Jede einzelne mag berechtigt sein, aber die Fülle sollte uns doch zu denken geben – es scheint ja geradezu ein Maßstab für das Gelingen einer Veranstaltung geworden zu sein, daß sie am Ende eine ›Erklärung‹ zustande bringt. Und oft waren und sind das Worte, die diejenigen, die sie sagen, nichts kosten, außer vielleicht Formulierungsmühe und die Power, sich mit seinen Vorschlägen durchzusetzen – aber die macht auch schon wieder Spaß. Bisweilen erwecken wir den Eindruck, als versuchten wir die Gerechtigkeit herbeizureden – auf steuerlich absetzbaren Tagungen. Ich glaube, uns tut an dieser Stelle eine Portion Strenge und Askese gut. Vor allem um unserer selbst willen, denn das Schlimmste, was uns passieren könnte, wäre, wenn unsere gerechten Worte uns den Blick verstellten für die eigenen Gefährdungen und Verstrickungen. Das Prophetische darf nicht zur Attitüde werden. Sonst gerinnt am Ende die »Vorrangige Option für die Armen« zur rhetorischen Figur, und das wäre so falsch wie ein ungedeckter Scheck. Deshalb müssen wir unsere Worte daran messen, ob sie auch uns selbst auf den Weg bringen, ob ihre Befolgung uns selbst etwas kostet.

Eine andere Gefahr der allzuschnellen und allzugroßen Wortproduktion liegt darin, daß man damit die eigene Ratlosigkeit zureden kann. Laßt uns dem inneren und äußeren Druck, für alle großen Problemlagen möglichst schnell bündige Antworten parat zu haben, nicht nachgeben. In den Sprüchen Salomos ist die Gerechtigkeit = Weisheit und Weisheit muß man lernen, immer neu lernen (vgl. die Kapitel 2, 3 und 4). Auch daran erinnert die Weg-Metapher. In Kapitel 9 wird das in einem etwas anrüchigen, dafür aber einprägsamen Bild verdeutlicht: Frau Torheit steht am Wegesrand und verlockt verführerisch zu einer flotten Nummer. Aber Frau Weisheit lädt ein innezuhalten, bei ihr Rast zu machen, um sich mit viel Zeit bei ihr zu laben und Kraft und Orientierung zu schöpfen für den weiteren Weg.

Schließlich bewahrt uns das Bild vom Weg vor Überschwang und dessen Umschlag in die Resignation. Schon Gottes eigene Gerechtigkeit wird in der Bibel entfaltet als Weg durch die Zeit und durch den Raum, mit datierbaren und auf der Landkarte nachvollziehbaren Stationen und in einzelnen Episoden. Die vielen Zeiten und Ortsangaben, die sich in beiden Testamenten finden, sind von höchstem theologischen Belang, weil sie davon zeugen, daß der unendliche, der ewigreiche Gott seine Gerechtigkeit der endlichen Schöpfung in der ihr gemäßen Weise zugewandt hat, in vorsichtiger Fürsorge. Um wieviel mehr wird unser menschlicher Kampf für Gerechtigkeit nichts anderes sein können als ein Weg bzw. – hier paßt die andere Bezeichnung im Deutschen tatsächlich besser – ein Pfad. Einen Pfad geht man Schritt für Schritt, Station für Station. Also laßt uns nicht in die Alles-oder-nichts-Falle tappen. Zwischen dem Alles und dem Nichts liegt das Etwas, das uns heute zu tun möglich und geboten ist. Wer versucht, das ganze ungerechte Wesen aus der Welt zu schaffen, der kann nur scheitern, und je schneller er scheitert, desto besser, weil er sonst gefährlich wird. Aber wer einen Menschen errettet, dem wird dies angerechnet, als hätte er die ganze Welt errettet.

Deshalb laßt uns geduldig unterwegs bleiben. Aber ohne falsche Bescheidenheit. Denn unserem Weg, wenn es denn der Pfad der Gerechtigkeit ist, ist Leben verheißen. Vor uns liegt das große Ziel eines neuen Himmels und einer neuen Erde, wo Gerechtigkeit wohnt. Und wir lassen uns nicht einreden, die Zeit der Visionen und der Utopien sei vorbei. Im Gegenteil. So wie wir von der erinnerten Gerechtigkeit Gottes herkommen, so lassen wir uns von seinen Verheißungen den Weg weisen. Sie gehen vor uns her wie die Wolkensäule am Tag und die Feuersäule in der Nacht. Und alle Morgen neu nehmen wir vom Manna seines Segens.

Laßt uns den Weg der Gerechtigkeit gehen. Schritt für Schritt. In Geduld. Aber laßt uns gehen. Kein Schritt ist umsonst, und jede Tat wird Frucht bringen. Denn »*Auf dem Weg der Gerechtigkeit ist Leben*«. Amen.

Auf dem Weg der Gerechtigkeit ist Leben

Predigt über Sprüche 12,28a, gehalten in einem Gottesdienst zur
Eröffnung des 27. Deutschen Evangelischen Kirchentages in
Leipzig 1997
(Peter Bukowski)

Liebe Schwestern und Brüder,

»Auf dem Weg der Gerechtigkeit ist Leben« (Sprüche 12,28a) – ein gutes
Wort. Die Frage ist nur, ob's auch wahr ist. Jedenfalls melden sich Stimmen, die es in Zweifel ziehen, wenn nicht gar für falsch erklären. »Ohren zu und durch« hilft da wenig, denn wir tragen die Fragen auch in
uns. Und es gibt viele, deren Interesse es ist, die Fragen am Kochen zu
halten, weil sie davon profitieren, wenn sich der Weg der Gerechtigkeit entvölkert.
Das darf aber nicht geschehen. Um Gottes und um der Menschen willen nicht. Darum möchte ich mit meiner Predigt nur eins: Ich möchte
zeigen, was die Kirchentagslosung den kritischen Einwänden entgegenzusetzen hat.

I

Drei Einwände seien genannt. Ich versuche sie möglichst im O-Ton
wiederzugeben.
Der erste lautet: Auf dem Weg der Gerechtigkeit ist Leben – schön
wär's. Wenn es so wäre, würde ich auch mitgehen, aber es ist nicht so.
Wenn Gerechtigkeit etwas damit zu tun hat, sich für andere einzusetzen, an die zu denken, denen es schlecht geht, womöglich, wie es in jedem kirchlichen Spendenaufruf heißt, abzugeben und zu teilen, dann
muß man doch ehrlicherweise zugeben, daß dieser Weg einem etwas
ganz anderes bringt, nämlich Einschränkung und Verlust. Und da ist
mir nun mal das Hemd näher als der Rock. Geht doch jedem so. Gerade jetzt, wo die Zeiten alles andere als rosig sind, kann ich es mir einfach nicht leisten, mir auch noch einen Kopf um andere zu machen.
Wer fragt denn nach mir? Und versucht nicht, mir ein schlechtes Gewissen einzureden. Ich nehme keinem was weg, aber ich bin auch keinem was schuldig. Wenn es euch Spaß macht: bitte. Für mich spielt
sich Leben woanders ab.«

Der zweite Einwand, man könnte ihn den welterfahrenen und abgeklärten nennen, lautet ungefähr so: Auf dem Weg der Gerechtigkeit ist Leben – rührend. So richtig ein Wort für die Jugend, die hat noch Träume. Aber das echte Leben spielt leider anders. Ich wär ja dabei. Ich bin kein Egoist, nur: Aufs Ganze betrachtet bringt es nichts. Oder jedenfalls so wenig, daß man sich als Erwachsener hüten sollte, so vollmundig zu reden wie die Kirchentagsparole. Die Sache ist doch die: Spenden, sei es privat, sei es im größeren Maßstab, sind bestenfalls ein Pflästerchen-Kleben. Mit Spenden ändert man nichts an den Verhältnissen, das ist ein Faß ohne Boden! Immer vorausgesetzt, daß das Geld an die richtige Adresse kommt, und selbst da hört man ja schlimme Sachen. Und was die Verhältnisse selbst betrifft, da haben wir doch sowieso keinen Einfluß drauf. Die Politik machen ganz andere. Und auch die sind ja nicht frei. Das spielt sich heutzutage in globalen Zusammenhängen ab; da greift eins ins andere. Selbst wenn es ginge, womöglich wäre es gefährlich, das System an einer Stelle zu verändern. Also: Eure Träume in Ehren. Aber verschweigt bitte nicht, daß es Träume sind. Verkennt nicht die Macht der Sachzwänge, sonst endet euer Weg – ich sehe es sowieso schon kommen – am Ende im Frust.

Schließlich kann man drittens auch theologische Zweifel anmelden und sagen: Auf dem Weg der Gerechtigkeit ist Leben – das ist zu einfach, zu glatt. Das muß man zumindest einschränken. Erinnert euch bitte an Menschen wie Martin Luther King oder Bischof Romero; und an die vielen unbekannten Gerechten, deren Weg nicht vom Leben, sondern vom Tod gezeichnet war und ist. Die Bibel selbst weiß an vielen Stellen vom Leiden des Gerechten zu reden, man denke nur an Hiob. Bitte, das spricht nicht gegen den Einsatz für Gerechtigkeit, aber es spricht gegen den vollmundigen Optimismus der Kirchentagslosung. Sie ist trügerisch, denn sie unterschlägt die Gefahren. Sie müßte vorsichtiger, differenzierter sein, um wahr zu sein.

Ich habe die Einwände einzeln aufgeführt. In der Praxis vermischen sie sich und verstärken sich gegenseitig. Bei manchen melden sich die Stimmen des Zweifels zum ersten Mal im Zusammenhang mit einem konkreten Ereignis: Man hat sich eingesetzt, und dann lief alles anders als erhofft, und man war tatsächlich enttäuscht und gefrustet. Oder: Man ist mit viel Elan zusammen mit anderen aufgebrochen, und dann bröckelte es je länger je mehr, und am Ende fragt man sich: Bin ich hier eigentlich der Doofe oder was? Und dann fangen die Fragen und Einwände, die man bisher nur draußen bei den anderen wahrgenommen hatte, in einem selbst zu rumoren an. Ich beobachte bei mir, daß sich nicht unbedingt das Denken und das Reden ändern, aber mein Handeln und Verhalten schwenken ein auf die Linie jener Einwände. Und dann wird es besonders gefährlich.

Bevor ich frage, was Sprüche 12,28 den Einwänden entgegenzusetzen hat, möchte ich zunächst noch eine ganz andere Stimme zu Gehör bringen. Es gibt nämlich Menschen, für die sich das alles völlig anders darstellt. Für die ist unser Wort eine wunderbare und klare Botschaft, und sie sagen: Genau! Stimmt! Das sind die, die es von der anderen Seite her erleben. Nehmt nur den Mann, von dem Jesus erzählt, wie er irgendwo zwischen Jerusalem und Jericho am Straßenrand liegt: überfallen, zusammengeschlagen und ausgeraubt. Erst kommen welche, die vorübergehen. Vielleicht waren sie gerade mit einer von jenen Fragen beschäftigt. Für den aber, der da liegt, hängt jetzt alles davon ab, daß da bitte einer kommt, der die Kirchentagslosung glaubt. Wie groß wird seine Erleichterung gewesen sein, als der Samariter stehenbleibt, sich von der Not des am Boden Liegenden anrühren läßt und ihm hilft. Wo sich der Weg der Gewalt in einen Weg der Gerechtigkeit wandelt, da kehrt das Leben zurück. Gerettete wissen ein Lied davon zu singen.

Gerechtigkeit – damit meint die Bibel all die Maßnahmen und Verhaltensweisen, die lebensfördernd und gemeinschaftstiftend sind. Maßstab sind die Schwachen, die Armen, Bedürftigen und Notleidenden. Wenn die Verhältnisse hier, am unteren Ende der gesellschaftlichen Pyramide, nicht stimmen, dann stimmt das Ganze nicht. Darum lautet die Summe der gesamten Gerechtigkeitslehre der Sprüche Salomos: »*Tu deinen Mund auf und richte in Gerechtigkeit und schaffe Recht dem Elenden und Armen.*« (Sprüche 31,9)

Wenn Du also nach der Wahrheit der Kirchentagslosung fragst, dann frag nicht nur Dich, sondern frag die, die sich nach Gerechtigkeit sehnen, die Hungernden, die ›looser‹, die Übersehenen und Abgeschobenen. Und alle werden sie dir antworten: Auf dem Weg der Gerechtigkeit ist Leben – wo denn sonst?

Wir sollten in diesen Tagen nie vergessen, daß die, die Mangel leiden an Gerechtigkeit, mitten unter uns sind. Sollten sie den Weg in diese Kirche gefunden haben, möchte ich sie an dieser Stelle direkt ansprechen:

Danke, daß Sie und Ihr gekommen seid. Danke, wenn Ihr die unter uns, denen es im Augenblick besser geht (die sich also Fragen wie die eingangs genannten überhaupt leisten können), noch nicht aufgegeben habt. Wenn Ihr Achtsamkeit und Hilfe erfahren habt, erzählt davon, was es Euch bedeutet. Und wenn Ihr von der Kirche oder von Christen enttäuscht wurdet, gebt uns nicht auf. Laßt bitte nicht davon ab, in diesen Tagen Eure Perspektive einzubringen, laßt uns daran teilhaben.

III

Mir ist bewußt, daß mit dem angedeuteten Perspektivwechsel nicht alle Einwände erledigt sind. Mancher könnte ihn geradezu für einen Trick halten, um von den eingangs gestellten Fragen abzulenken. Deshalb will ich jetzt noch einmal auf sie zurückkommen.

Der erste Einwand lautete: Der Weg der Gerechtigkeit bringt mir, so fern ich mich für andere einsetze, Verlust. Antwort: Das mag sein. Verheißen wird aber auch nicht Gewinn, sondern Leben. Und Leben besteht nun einmal aus mehr als dem, was man hat. Ich werde dich vielleicht nicht theoretisch überzeugen können, aber wenn du dich auf den Weg der Gerechtigkeit einläßt, wirst du erfahren, daß du an Lebensqualität gewinnst. Wenn du einem Notleidenden von deiner Habe gibst oder dich beteiligst an der Arbeit für gerechtere Strukturen, es macht dich lebendig. Weil du lernst, dich zu öffnen statt zu klammern. Weil du neue und tiefere Gemeinschaft findest. Weil das, was Zarah Leander einmal gesungen hat, auch für die Nächstenliebe gilt – und zwar für Männer und Frauen: Erst die Liebe macht schön. Jesus hat dies einmal so auf den Punkt gebracht: »*... welchen Nutzen hätte der Mensch, wenn er die ganze Welt gewönne und nähme doch Schaden an sich selbst?*« (Lukas 9,25). Im 25. Kapitel des Matthäusevangeliums fügt er noch einen Hinweis von letztem Ernst hinzu: An deiner Haltung gegenüber den Notleidenden entscheidet sich nicht nur, ob du gut leben kannst, sondern auch, ob du einmal getrost sterben kannst. Auf dem Weg der Gerechtigkeit ist Leben, weil uns die Hinwendung zum Mitmenschen auch uns selbst näherbringt und vor Gott Bestand hat.

Der zweite Einwand lautete: Der Weg der Gerechtigkeit bringt nichts, weil man letztlich sowieso nichts machen kann. In diesem Einwand drückt sich eine weitverbreitete Stimmung aus, von der wir uns nicht anstecken lassen dürfen. Deshalb lautet meine Antwort: Nicht mit mir. Ich weigere mich, dem zuzustimmen, denn das, was so rational und aufgeklärt daherkommt, ist blanke Ideologie. Was von Menschen gemacht ist, kann auch von Menschen verändert werden. Dafür steht das Leipzig der Montagsdemonstrationen, denen auch diese Kirche ihre Türen öffnete. Ungerechtigkeit ist bekämpfbar! Hört also auf damit, Argumente wie »Wettbewerbsfähigkeit« oder »Globalisierung« in den Rang eherner physikalischer Naturgesetze zu heben und die realexistierende Ungerechtigkeit, etwa die zunehmende Kluft zwischen Arm und Reich, für zwangsläufig zu erklären. Das ist sie nicht, sondern sie ist von denen erzwungen, die davon profitieren! Meine positive Antwort knüpft an eine biblische Beobachtung an: Mit »Gerechtigkeit« bezeichnet die Bibel auch das Handeln, mit dem Gott selbst seinen Geschöpfen auf lebensförderliche Weise zugewandt ist. Der Weg der Gerechtigkeit, das ist Gottes Fürsorge für seine Menschenkinder. Und wenn wir ihn – wie es in der letzten Kirchentagslosung (Micha 6,8) hieß – »aufmerksam mitgehen«, dann werden wir seinen Segen erfahren. Dann werden wir erfahren, daß unser Tun Frucht bringt, daß die Welt veränderbar ist. Allerdings sollten wir im Auge behalten, daß hier vom *Weg* die Rede ist bzw. vom *Pfad*. Einen Pfad geht man Schritt für Schritt, Station für Station. Da müssen wir auch auf Durststrecken und Umwege gefaßt sein. Also laßt uns nicht in die Alles-oder-nichts-Falle tappen. Wer davon träumt, das ganze ungerechte Wesen aus der Welt zu schaffen, der kann nur scheitern und wird dann resigniert sagen: Es bringt alles nichts. Aber zwischen dem Alles und dem Nichts liegt das Etwas, das uns heute zu tun möglich ist und auf dem Verheißung ruht.

Der letzte Einwand erinnerte an das unschuldige Leiden vieler Gerechter. Als Warnung vor falschem Optimismus ist er sehr ernst zu nehmen: Der Weg der Gerechtigkeit ist keine leidensfreie Zone – aber wo gibt es Leben je ohne Leiden?! Richtig auch der Hinweis, daß sich die Verheißungen Gottes nicht ausrechnen lassen wie eine Versicherungspolice: Die Bibel weiß von Abgründen, deren Sinn wir nicht verstehen und vor denen auch die, die Gottes Gebot folgen, nicht bewahrt bleiben. In der Tat: Manche werden »*um der Gerechtigkeit willen verfolgt*« (Matthäus 5,10). Bemerkenswert ist aber nun folgendes: Obwohl die Bibel Leid und Tod nicht verschweigt, sondern ungeschönt und nüchtern davon redet, wurde ein Wort wie Sprüche 12,28 nicht ›nachgebessert‹. Die Verheißung des Lebens bleibt stehen.

Für ihre Wahrheit hat Gott in der Auferweckung des gekreuzigten Jesus aller Ungerechtigkeit zum Trotz ein Zeichen aufgerichtet. Da ist mitten in der Welt des Todes das Licht des unvergänglichen Lebens aufgeleuchtet. Als Hoffnungszeichen und Vorschein auf die Zeit, da einmal alle Ungerechtigkeit und Leid und Geschrei und Schmerz verbannt sein werden. Noch zweifeln wir. Noch rätseln wir, wenn der Weg der Gerechtigkeit uns durch Dunkelheiten führt. Aber das Licht des Ostermorgens wird uns den Weg weisen. Darum laßt uns gehen. Denn auf dem Weg der Gerechtigkeit ist Leben. Amen.

Eine starke Frau

Predigt über Sprüche 31,10–31
(Sylvia Bukowski)

Im Mittelpunkt meiner Predigt soll heute die Hausfrau stehen. Das hat Gründe: Erstens sind im allgemeinen die meisten, die hier im Gottesdienst sind, Frauen, und davon wiederum sehr viele Hausfrauen; zweitens finde ich unmöglich, daß die Tätigkeit der Hausfrauen so wenig anerkannt wird. Und das geschieht nicht nur von den Männern, die zu einem großen Teil immer noch ganz selbstverständlich voraussetzen, daß zu Hause alles gut läuft, ohne daß sie sich groß darum kümmern müssen. Ich denke auch an die Politiker, die nach wie vor Rentenansprüche für Hausfrauenarbeit ablehnen und damit dieser gesellschaftlich so wichtigen Arbeit in keiner Weise den ihr angemessenen Wert zuerkennen. Ich denke aber auch an die Hausfrauen selbst, die oft auf die Frage nach ihrem Beruf in Verlegenheit kommen und sagen: Hm ja, nichts, »nur Hausfrau« oder »Hausfrau und Mutter«, so als ob sie sich dafür entschuldigen müßten.
Dabei kann eigentlich jeder mitkriegen, daß Hausfrauen- und Familienarbeit anstrengende Arbeit ohne Ende ist. Denn da kann frau nicht nach acht Stunden sagen: So, Feierabend, jetzt tue ich nichts mehr! Je nachdem, was anfällt, vor allem, wenn Kinder krank sind, geht es oft die ganze Nacht durch weiter.
Trotzdem tut man immer noch vielfach so, als wäre das alles nichts, nach dem Motto: Was stellst du dich so an, wovon bist du denn müde?, oder: So gut wie du möchte ich es auch einmal haben, immer so schön zu Hause!
Weil das so ist, weil immer noch sooft abwertend geredet wird über die Nur-Hausfrau, manchmal auch von Frauen, die selbst einen anderen Weg gewählt oder erkämpft haben, ist es kein Wunder, wenn Hausfrauen nicht nur anderen sagen, sondern auch von sich denken: »Eigentlich bin ich nichts«, wenn sie selbst also auch nicht sehen, was sie alles schaffen oder, wie man heute sagt, wieviel Leistung sie erbringen.
Ich habe das in meiner eigenen Familie erlebt und kenne es auch aus anderen Kreisen. Und jedesmal macht mich so eine Fehleinschätzung traurig und wütend, und ich finde, das darf nicht so weitergehen. Haus-

frauen sollen wissen, was sie wert sind, und die Leute um sie herum auch.

Dazu kann auch die Bibel etwas beitragen. Denn in ihr werden Hausfrauen und ihre Arbeit keineswegs ausgeblendet. Jesus erzählt z.B. Gleichnisse aus dem Erfahrungsbereich der Hausfrau (etwa das vom verlorenen Groschen). Hausfrauen werden in den Psalmen und an anderen Stellen ausdrücklich genannt. Und schließlich stellt sich Gott selbst manchmal als Hausfrau und Mutter vor: Er kleidet die Menschen im Paradies, er sieht zu, daß sein Volk in der Wüste satt wird, er stillt Israel wie ein Kind, das er selbst geboren hat, er tröstet wie eine Mutter; und das Wort für Gottes »Erbarmen« spielt im Hebräischen nicht von ungefähr unmittelbar an auf das Wort »Mutterschoß«.

Wenn Sie das alles noch nicht gewußt oder sich jedenfalls noch nie so richtig klargemacht haben, dann spricht das dafür, daß es sinnvoll ist, einmal über einen Hausfrauentext der Bibel zu predigen. Dadurch lernt man nicht nur eine neue Seite der Bibel kennen, sondern bekommt hoffentlich auch die Hausfrauen und ihre Arbeit neu in den Blick.

Ich lese jetzt einen Abschnitt aus dem 31. Kapitel der Sprüche Salomos. Das Ganze ist übrigens im Hebräischen so abgefaßt, daß jeder Satz mit einem Buchstaben in der Reihenfolge des hebräischen Alphabets beginnt. Es ist also sozusagen ein Hausfrauen-ABC:

Ah, wer findet eine starke Frau?
Weit mehr hat er als Perlenschätze!
Beschützt ist bei ihr das Herz ihres Mannes,
es mangelt ihm nicht an Gütern.
Gutes erweist sie ihm, niemals Böses,
alle Tage ihres Lebens.
Die beschafft Wolle und Flachs
und arbeitet mit munterer Hand.
Handelsschiffen ist sie gleich,
bringt von weit her die Nahrung.
Wenn es noch dunkelt, steht sie auf,
gibt Speise ihrem Hause, Tagewerk ihren Mägden.
Sie plant ein Feld und erwirbt es,
vom Ertrag ihrer Ernte plant sie einen Weinberg.
Hoheitlich gürtet sie ihre Lenden,
kraftvoll sind ihre Arme.
Tauglich ist ihrem Geschmack ihr Handel,
nachts verlischt nicht ihr Licht.
Ja, sie greift nach dem Rocken,
ihre Hände halten die Spindel.

Komm, winkt sie dem Armen,
öffnet die Hände dem Darbenden.
Lässig erwartet sie Tage des Schnees,
denn die Ihren haben Kleidung aus Purpurwolle.
Machte auch Teppiche für sich,
Byssusleinen und Karmesin ist ihr Gewand.
Nahet ihr Mann dem Ratssitz, ist er bekannt,
er ist bei den Ältesten im Lande.
Sie macht Tücher und verkauft sie,
Gürtel gibt sie dem Handelsmann.
Oh, ihr Kleid ist Stärke und Pracht,
lächelnd vertraut sie der Zukunft.
Führung in Weisheit kündet ihr Mund,
liebende Weisung ist auf ihrer Zunge.
Ziemend wacht sie über den Weg ihres Hauses,
ißt nicht das Brot der Faulheit.
Knaben erheben sich, preisen ihre Mutter,
ihr Mann singt ihren Ruhm:
»Reichlich gibt es starke Frauen,
aber du übertriffst sie mitsammen!
Schönheit ist Trug, ein Hauch ist die Anmut,
gerühmt wird die Frau, die Gott ehrfürchtet!
Teilt ihr aus, die Frucht ihrer Hände,
in den Stadttoren rühmet ihr Wirken!«

Ich habe den Text in der Übersetzung von Pnina Navé Levinson, einer jüdischen Professorin, gelesen, die den kunstvollen Aufbau des hebräischen Textes nachvollzieht. In unserer Lutherbibel klingt es etwas anders, aber die Unterschiede tun nichts zur Sache. Nur die Überschrift ist in unserer Bibel äußerst irreführend. Dort steht nämlich: »Lob der tüchtigen Hausfrau«. Oder in der Zürcher Übersetzung: »Lob der wackeren Hausfrau«. Das klingt ziemlich bieder und hausbacken und wird dem, worum es in dem ganzen Text geht, sowenig gerecht wie der hebräischen Bezeichnung der »Hausfrau«. Die wird nämlich אֵשֶׁת חַיִל (*eschet chajil*) genannt, und das bedeutet: »Frau von Stärke«. Manche hören aus dem Wort חַיִל (*chajil*) auch den Anklang an חֵיל (*chel*), d.h. »Mauer« heraus und übersetzen den Begriff frei mit »Stützmauer«, »Festungsmauer«. Wie auch immer, jedenfalls drückt sich in der hebräischen Bezeichnung der Haus- und Familienfrau ein großer Respekt vor der Kraft und den Leistungen solch einer Frau aus.
Aber offenbar gab es schon immer Männer, die nicht gut ertragen konnten, daß auch Frauen ausdrücklich Stärke zuerkannt wird, noch dazu, daß sie für ihre Stärke und Eigenständigkeit gerühmt werden

statt getadelt oder mit Häme bedacht. Jedenfalls ist im Lauf der Zeit für das Wort חַיִל (*chajil*) eine Sonderbedeutung für Frauen unters Volk gebracht worden. Während es bei den Männern nach we vor »Kraft«, »Stärke« und »Tapferkeit« bedeutet, wird es bei Frauen jetzt plötzlich sinngleich mit »Tugend«, »Bravheit« und »Tüchtigkeit«, also eher zahmen Eigenschaften, vor denen sich kein Mann fürchten muß, weil damit seine Vorrangstellung nicht in Frage gestellt wird.

Ich finde es sehr aufschlußreich, daß unsere Übersetzungen nur diese spätere Bedeutung aufgegriffen haben. So wird dem Text zumindest nach außen hin seine Sprengkraft genommen und der Anschein erweckt, er passe gut in das kleinbürgerliche Klischee vom braven Heimchen am Herd, das für Küche, Kinder und bestenfalls Kirche zuständig ist, aber für nichts sonst. Wer sich dadurch aber nicht abhalten läßt, den Text genau zu lesen, der findet dort immer noch starke Sätze über starke Frauen.

Allein die Fülle der Aufgaben, die eine Frau von A bis Z zu bewältigen hat, macht schon gehörigen Eindruck. Und hier wird eben auch angemessen dargestellt, auf wieviel verschiedenen Gebieten eine Haus- und Familienfrau gefordert ist. Sie muß organisieren und rechnen können, sie braucht psychologische und pädagogische Fähigkeiten, Herz und Verstand, und sie muß genauso gut sein, wenn es darum geht, fest zuzupacken, wie dann, wenn etwas im voraus zu planen ist. Also von wegen: Das ist doch alles nichts, das kann doch jeder! Mit dieser Geringschätzung von Haus- und Familienarbeit wird hier gründlich aufgeräumt!

Besonders bemerkenswert finde ich in diesem Zusammenhang auch, daß schon hier in der Bibel am Schluß zwei bis heute aktuell gebliebene Forderungen gestellt werden: »*Teilt ihr aus die Frucht ihrer Hände*«, das heißt: Gesteht Hausfrauen ihre eigene wirtschaftliche Unabhängigkeit zu. Und »*in den Stadttoren rühmet ihr Wirken*«, sprich: Erkennt ihre Arbeit auch öffentlich an. Wenn es doch endlich einmal soweit wäre!

Ich will nun noch schildern, wie dieses starke Lob der Haus- und Familienfrau in der jüdischen Tradition nachgewirkt hat, jedenfalls soweit ich darüber weiß. Das erste ist: Bis heute steht dieser Abschnitt in jedem Sidur, also in jedem jüdischen Gebetbuch, und das Lob der starken Frau wird in frommen Familien an jedem Schabbat neu gesungen. Ich behaupte nicht, daß jüdische Frauen es dadurch grundsätzlich besser haben als ihre Geschlechtsgenossinnen in anderen Religionen, aber selbst im schlimmsten Fall, wenn dieses wöchentliche Loblied nur noch ein reines Lippenbekenntnis ist, ist so eine ritualisierte Anerkennung in meinen Augen immer noch besser als das gewohnheitsmäßige Darüber-Hinweggehen über das, was Frauen leisten, wie es bei uns die Regel ist. Und im besten Fall geschieht im Zusammenhang mit diesem Lied für die Hausfrau etwas, was Feministinnen sich bei uns nur wünschen können: Dann wird nämlich jeder Vers mit einer biblischen Frauengestalt verbunden und auf diese Weise die Erinnerung an die vielen tatkräftigen und mutigen Frauen der Bibel wachgehalten. In mystisch geprägten Kreisen wird das beschriebene Wirken der Hausfrau sogar mit dem Wirken der Schechina, der den Menschen zugewandten weiblichen Gegenwart Gottes, parallelisiert und so enorm aufgewertet.

Schließlich läßt sich vor allem für das osteuropäische Judentum noch eine soziologische Besonderheit aufzeigen, die die Wirkung dieses Textes noch verstärkt hat. Sie hat etwas mit der jahrhundertelangen Minderheits- und Verfolgungssituation der Juden in der Diaspora zu tun. Dort konnte sich nämlich keine Machokultur entwickeln, wie wir sie aus dem christlichen Kontext kennen. Jüdische Männer waren ausgeschlossen von dem Recht, Waffen zu tragen. Sie hatten weder Zugang zur politischen noch zur militärischen Gewalt. Deshalb mußten sie ihre männliche Stärke und Überlegenheit auf anderen Gebieten ausdrücken und taten das vorwiegend im intellektuellen und spirituellen Bereich. Als Folge davon, daß also Studieren und Diskutieren für jüdische Männer das Höchste war, ist den jüdischen Frauen schon früh viel Verantwortung für den Erwerb des Lebensunterhalts zugekommen. Und demzufolge sind auch die religionsgesetzlichen Regelungen aufgehoben worden, die einer jüdischen Frau verboten haben, mit anderen Männern als dem eigenen allein in einem Raum zu sein. Jüdische Frauen konnten also ganz offiziell als Hausiererinnen, Pendlerinnen oder Ladenbesitzerinnen arbeiten. Das hat übrigens auch die Mutter des berühmten Malers Chagall getan, die ihrem Sohn auf diese Weise sein Kunststudium ermöglichte. Aus Dankbarkeit dafür taucht der mütterliche Laden auf Chagalls Bildern immer wieder auf. Das alles weist darauf hin, daß die »jiddische Mamme«, deren Mütterlichkeit als sprichwörtlich gilt, meistens eine *berufstätige* Frau war und dem biblischen Hausfrauenbild viel mehr entsprochen hat als unserem kleinbürgerlichen Hausfrauenideal, das die Frau an den Herd bindet.

Ich möchte zum Schluß noch etwas zu dem Vers sagen, der bei uns in der neuen Lutherübersetzung dick gedruckt ist. Da heißt es: »*Lieblich und schön sein ist nichts, ein Weib, das den HERRN fürchtet, soll man loben.*« Ich nehme an, diese Stelle ist vor allem deswegen dick gedruckt, weil sie so gut in das Konzept christlicher Leibfeindlichkeit paßt, das immer die »inneren Werte« gegen die äußeren ausspielt und jede körperliche Attraktivität abwertet. Außerdem ist hier das einzige Mal in diesem ganzen Abschnitt von Gott die Rede: »*... ein Weib, das den HERRN fürchtet, soll man loben.*« Aber trotz aller kritischen Einwände, die man gegen die Hervorhebung gerade dieses Satzes machen kann, möchte ich unterstreichen: Ja, es ist gut für uns Frauen, uns an Gott festzumachen. Es wird von ihm zwar oft in der männlichen Form gesprochen, aber er teilt – Gott sei Dank – nicht die männliche Arroganz, die alles, was Frauen leisten, herunterspielt. Im Gegenteil: Er richtet die Untergebutterten und Geduckten auf und läßt jede Frau erhobenen Hauptes und mit aufrechtem Gang ihren Lebensweg gehen. Er macht uns stark, er ermutigt uns, unsere Fähigkeiten zu entdecken und zu entfalten. Er ist auch für uns Frauen ein befreiender Gott.

Zum Schluß noch ein Wort an die Männer. Ich habe am Anfang gesagt, daß ich mit dieser Predigt den Hausfrauen den Rücken stärken will und denen, die als Hausfrau, Mutter und Berufstätige manchmal so über ihre Kräfte arbeiten, daß sie nur noch sehen, was sie nicht schaffen, statt all das wahrzunehmen, was ihnen gelingt. Und natürlich kann »man« fragen, ob die Männer heute eigentlich hätten wegbleiben können, weil das ja alles nur für Frauen war. Aber ich hoffe, so haben Sie die Predigt nicht verstanden. Viele von Ihnen wissen ja aus eigener Erfahrung, wie gut es tatsächlich ist, wenn es eine Frau gibt, bei der Ihr Herz wirklich beschützt ist, wie es in dem Text heißt, eine, die Ihnen auf vielerlei Weise Gutes erweist. Und vielleicht regt Sie diese Predigt an, darüber nachzudenken oder auch miteinander zu sprechen, ob Sie das Ihrer Frau, Mutter oder Freundin auch genügend signalisieren und sagen.

Nicht gegen Sie, sondern mit Ihnen soll der Umgang von Männern und Frauen verändert werden, und beide Seiten, Frauen und Männer, brauchen dabei immer wieder auch die Ermahnung und Ermutigung aus der Bibel. Amen.

Brich dem Hungrigen dein Brot
Wegweisung für Nach-Wende-Zeiten

Bibelarbeit über Jesaja 58, gehalten auf dem Forum Christen und
Nichtchristen im Dialog beim 27. Deutschen Evangelischen
Kirchentag in Leipzig 1997
(Peter Bukowski)

I

»Auf dem Weg der Gerechtigkeit ist Leben«. Wem die Losung des Leipzi-
ger Kirchentages zu abstrakt oder zu plakativ ist, der oder die ist bei der
Bibelarbeit heute morgen genau richtig. Denn im 58. Kapitel des Jesajabuches wird dieses Wort gleichsam durchdekliniert. Hier erfahren
wir beispielhaft und konkret, was die Bibel unter Gerechtigkeit versteht. Spätestens hier wird es sich zeigen, daß die biblische Rede von der
Gerechtigkeit mehr ist als ein Spiel mit großen Worten, unter denen
man irgendwie alles verstehen kann, die viel hermachen, aber nichts
besagen. Unserem christlichen Reden wird dieser Vorwurf gemacht:
manchmal zu Unrecht, manchmal auch zu Recht. Aber die Bibel trifft
er nicht: Hier wird genau und mutig zur Sache geredet. Zudem mit einer Konkretheit, die vielleicht zum Widerspruch herausfordern mag,
aber dann ist wenigstens klar, worum der Streit geht; und das ist besser,
als im trüber Gewässer christlicher oder auch nichtchristlicher Allge-
meinplätze zu fischen.
Ihre besondere Konkretheit erhält die prophetische Predigt in Jesaja
58 dadurch, daß die Situation, in die hinein sie gesprochen ist, uns
heute nicht fremd ist. Sie richtet sich nämlich an ein Volk, das eine
gewaltige, von vielen ersehnte, von manchen kaum noch erhoffte politische Wende hinter sich hat. Jetzt ist Nach-Wende-Zeit. Und die
Leute reiben sich die Augen und fragen – teils erstaunt, teils enttäuscht und gefrustet: Und das soll's gewesen sein?!
Vor der Wende: Jahrzehnte der babylonischen Gewaltherrschaft. Die
meisten waren ins Exil verschleppt worden. Wie groß war da die Trauer um das Verlorene gewesen: *»An den Wassern von Babylon saßen wir
und weinten, wenn wir an Zion gedachten.«* (Ps 137,1) Jahr um Jahr,
Jahrzehnt um Jahrzehnt hatten sie versucht, sich irgendwie damit abzufinden, aber wirklich heimisch geworden waren sie nie. Und als sich
dann am Horizont die Wende anzukündigen begann, da wähnte man
sich an der Schwelle einer großen neuen Zeit. Entsprechend hochge-

schraubt waren die Erwartungen. Sicher, von außen betrachtet handelte es sich um nichts anderes als um eine Veränderung der politischen Großwetterlage: Die Zeit babylonischer Weltherrschaft neigte sich dem Ende zu, die Perser kamen. Dennoch glaubte man in Israel, in diesem politischen Wechsel Gott selbst am Werk zu sehen, und so erwartete man von der neuen politischen Ordnung eine umfassende Wende zum Guten: nicht nur die Rückkehr aus dem Exil, sondern die nur denkbare Verbesserung aller Verhältnisse. Die Predigten der Vor-Wende-Zeit, wir können sie in den Kapiteln 40–55 des Jesajabuches nachlesen, hatten diese angespannte Erwartungshaltung kräftig genährt – oder hatte man die Botschaft mißverstanden? Wie dem auch sei, man war auf phantastische Perspektiven eingestellt. Hier ein Beispiel:

»Gedenkt nicht an das Frühere und achtet nicht auf das Vorige! Denn siehe, ich will ein Neues schaffen, jetzt wächst es auf, erkennt ihr's denn nicht? Ich mache einen Weg in der Wüste und Wasserströme in der Einöde ... zu tränken mein Volk, meine Auserwählten.« (43,18–20).
Ich will in der Wüste wachsen lassen Zedern, Akazien, Myrten und Ölbäume; ich will in der Steppe pflanzen miteinander Zypressen, Buchsbaum und Kiefern ...« (41,19)

Mit einem Wort: Auf blühende Landschaften war man eingestellt. Aber was dann kam, war alles andere als das. Der Systemwechsel war zwar vollzogen – Babylon war am Ende. Jetzt herrschte die persische Weltordnung, der eine gewisse, wenn auch durchaus kalkulierte Liberalität nicht abzusprechen war. Man hatte zurückkehren dürfen, auch der Wiederaufbau des Tempels wurde gestattet – das war aber auch schon so ziemlich alles, was sich positiv vermerken ließ. Denn ansonsten gestaltete sich die Nach-Wende-Zeit denkbar bescheiden, unsicher und schwierig. Beim Propheten Haggai wird die realexistierende neue Ordnung so beschrieben:

»Ihr säet viel und bringt wenig ein; ihr eßt und werdet doch nicht satt; ihr trinkt und bleibt doch durstig; ihr kleidet euch und könnt euch doch nicht erwärmen; und wer Geld verdient, der legt's in einen löchrigen Beutel.« (1,6).

Kein Wunder, daß manche der Exilierten es vorzogen, gar nicht erst zurückzukehren. Für die anderen verband sich der alltägliche Frust mit einer tiefen religiösen Enttäuschung: Sie hatten Gottes Verheißungen so verstanden, als verbürge er selbst sich für eine schnelle Wende zum Guten, mehr noch, als sei die heraufziehende Zeit seine Zeit, in der seine Herrlichkeit vor allen Völkern offenbar würde und Jerusalem aufstiege zum gefeierten Zentrum der Welt.

Die religiöse Enttäuschung klingt in unserem Text an, wenn es in V. 3 heißt: *»Warum halten wir Fastenklage, und du siehst es nicht? Lassen un-*

sere Kehle darben, und du willst es nicht erkennen?« (Kirchentagsübersetzung) Man versuchte, Gott in immer wieder einberufenen öffentlichen Fastenfeiern zur Hilfe zu bewegen und so den Eintritt der ersehnten Heilszeit zu beschleunigen. Aber ohne Erfolg. Gott schien weiterhin fern und unerreichbar zu sein.

Dies also die Situation, in die hinein der Verfasser unseres Bibelabschnittes das Wort nimmt. Und es ist durchaus denkbar, daß er seine Mahnungen an eine Gemeinde richtet, die sich an einem jener Fastentage zum Gottesdienst versammelt hat. Was wird er ihnen sagen? Was sagt man einer von den Mühen der Nach-Wende-Zeit äußerlich und innerlich erschöpften und vielfach verdrossenen Gemeinde?

II

Ich lese die Verse 1–4 in der Kirchentagsübersetzung:

Ruf lauthals, halt nicht zurück!
Wie das Schofarhorn erheb deine Stimme!
Und halte meinem Volk ihre Vergehen entgegen,
und dem Haus Jakob ihre Verfehlungen.
Mich zwar befragen sie Tag um Tag,
Kenntnis meiner Wege wünschen sie.
Wie ein Volk, das Gerechtigkeit tut
und das Recht seines Gottes nicht verläßt,
bitten sie mich um gerechte Rechtssprüche,
Gottes Nähe wünschen sie.
»Warum halten wir Fastenklage, und du siehst es nicht?
Lassen unsere Kehle darben, und du willst es nicht erkennen?«
Sieh, am Tag eurer Fastenklage erfüllt ihr den eigenen Wunsch,
und alle, die ihr unterdrückt, bedrängt ihr.
Sieh, für Streit und Auspressung haltet ihr Fastenklage,
und um mit gewalttätiger Faust zuzuschlagen.
Nicht so haltet ihr heute Fastenklage, —
daß hörbar wird in der Höhe eure Stimme.

Was sagt man einer von den Mühen der Nach-Wende-Zeit erschöpften und verdrossenen Gemeinde? – hatte ich vorhin gefragt. Die steile Antwort unseres Textes lautet: Die Gemeinde muß mit ihren Vergehen und Verfehlungen konfrontiert werden. Das, was in ihrer Mitte falsch läuft, muß aufgedeckt und ihr entgegengehalten werden. Was not tut, ist eine Predigt, die die Sünde aufdeckt, und zwar so klar und deutlich, daß man das, was hier zu sagen ist, nicht überhören kann. So wie man den Ton des Schofarhorns nicht überhören kann, der durch

Mark und Bein dringt und einst die Mauern von Jericho zum Einsturz brachte.

Dies geschieht hier nicht aus Spaß an der Freude oder gar aus einer geheimen sadistischen Lust heraus, die Leute kleinzuhalten. Ich betone das, weil so mancher in der Kirche von einer vermeintlich christlichen Erziehung traumatisiert ist, wo das Wort Sünde mißbraucht wurde, um Heranwachsenden die jeweils herrschende Erwachsenenmoral einzuimpfen, sie unter ein schlechtes Gewissen zu knechten und so ihre Vitalität zu untergraben und zu blockieren. Was ich hier nur eben andeuten kann, gehört auf die Schattenseite, gehört zur Schuldgeschichte christlicher Verkündigung, wo wir Predigerinnen und Prediger allen Grund haben, in uns zu gehen und umzukehren. Aber es wäre niemandem gedient, wenn wir nun im Gegenzug die Rede von Sünde, Vergehen und Schuld schlichtweg meiden oder gar aufgeben wollten (es gibt im Raum der Kirche solche Vorschläge!). Statt kirchlichen Mißbrauch in die Bibel zurückzuprojizieren, sollten wir unseren Gebrauch dieser Worte neu an der Bibel orientieren. Der Prediger unseres Textes läßt jedenfalls keinen Zweifel daran: Seine Mahnungen wollen nicht schwächen, sondern stärken, nicht kleinmachen, sondern aufrichten. Darum wird er es im weiteren Verlauf der Rede auch nicht an Ermutigung und Zuspruch fehlen lassen. Aber Ermutigung ist nicht zu haben ohne Klarheit, die es wagt, das, was dem Leben mit Gott und dem Zusammenleben untereinander abträglich ist, aufzudecken und beim Namen zu nennen. Verschleierung von Übeln führt nicht zur Besserung und erst recht nicht zur Heilung, sondern zu deren Stabilisierung. Und eine Religion, die das Übel stabilisierte, würde zu Recht »Opium für's Volk« genannt.

Damit sind wir im Grunde schon genau bei dem, was der prophetische Mahner seinen Leuten im Namen und im Auftrag Gottes vorhält. Allerdings gilt es jetzt, genau hinzuhören. Der Vorwurf trifft *nicht* das religiöse Bemühen des Volkes als solches. Im Gegenteil: Daß sie in einem offensichtlich regen gottesdienstlichen Leben nach Gott fragen, daß sie bei ihm Weisung und Orientierung suchen, nach seiner Nähe sich sehnen – all das wird nicht kritisiert, sondern durchaus positiv gewürdigt. Der Text sagt also etwas anderes als die Kritik derer, die uns vorwerfen: Ihr Christen solltet lieber Gutes tun als in die Kirche zu rennen. Von diesem blöden, weil mit falschen Gegensätzen operierenden Vorwurf brauchen wir uns wirklich nicht beeindrucken zu lassen. Und erst recht sollten wir uns davor hüten, unsererseits spirituelles und soziales Engagement gegeneinander auszuspielen. Oft machen wir im Hören auf die prophetische Kritik der Hebräischen Bibel denselben Fehler wie bei Jesu Worten gegen die Pharisäer. Wir freuen uns zu früh, d.h. fühlen uns bestätigt und verkennen dabei die Unterschiede im Niveau: Hier werden religiöse Ernsthaftigkeit und ein reiches religiöses Leben in eine spezifische Richtung kritisch hinterfragt. Wir können diese Kritik nicht vereinnahmen und mißbrauchen zur Legitimation unserer defizitären religiösen Praxis. Beispiel: die hier erwähnten Fastentage. Es sind Volksklagefeiern, die nach der Katastrophe von 587 aufgekommen waren und dazu dienten, die Erinnerung an die eigene Schuld festzuhalten. In Israel wußte man, daß solche »Erinnerungsarbeit Generationen überdauern mußte« (Ebach), weshalb diese Tage auch nach der Wende nicht abgeschafft wurden. Frage: Wie hielten wir es in Deutschland nach 1945 mit der Erinnerungsarbeit, wie seit der Wende 1989? Jedenfalls war die rasche Abschaffung unseres kirchlichen Buß- und Bettages kein Schritt in die vom Propheten gewiesene Richtung. Wie wohltuend hätte es hingegen sein können, wir hätten uns nach der Wende von der Bußpraxis des Volkes Israel inspirieren lassen?! In einem Bußgebet in den Klageliedern steht der bemerkenswerte Satz: »*Was murren denn die Leute im Leben? Ein jeder murre wider seine Sünde!* (3,39) Man stelle sich vor, wir hätten unsere Vergangenheiten in diesem Sinne aufgearbeitet: »*Ein jeder murre wider seine Sünde.*« Statt, wie geschehen, mit Wonne die Sünde der jeweils anderen bloßzulegen.

Was der Prophet anprangert, ist nicht der Reichtum des religiösen Lebens, sondern das Auseinanderklaffen von geistlicher Praxis und praktischem Leben. Zusammengefaßt lautet der Vorwurf: Leute, ihr naht euch Gott, aber ihr entzieht euch dem Mitmenschen. Um sein Erbarmen ringt ihr, und laßt selbst Erbarmen vermissen. Und – im Hebräischen besonders auffällig, weil jeweils der gleiche Wortstamm vorliegt: Im Fastenritus erniedrigt (ענה [*ana*] pi. [V. 3]) ihr euch, doch welche Chance laßt ihr den Niedrigen, den Armen (עֲנִיִּים [*anajjim*] [V. 7])?

Um diese Vorwürfe in ihrer ganzen Schärfe nachvollziehen zu können, müssen wir uns vor Augen halten, daß der Prophet eine konkrete Unrechtspraxis vor Augen hat. Was ich zu Beginn als Nach-Wende-Frust umschrieben habe, entpuppt sich bei näherem Hinsehen nämlich als schwerster gesellschaftlicher Konflikt: Es sind soziale Schieflagen entstanden, die die Unrechtsverhältnisse, gegen die ein Amos, Hosea oder Micha ins Feld gezogen sind, noch überbieten. Was liegt vor? Seit der Wende steht Israel als Teil des Persischen Reiches unter persischer Steuerhoheit. Deshalb ist es auch von der Steuerreform betroffen, die Darius I. (nach 521) durchführt, derzufolge alle Abgaben in Münzform (vornehmlich Silber) zu erfolgen haben. Das bedeutet für Israel, das über keine eigenen Erzvorkommen verfügt: Tribute können nur durch den Verkauf landwirtschaftlicher Erzeugnisse erwirtschaftet werden. Dazu ist aber eine Überschußproduktion notwendig, auf die der kleinbäuerliche Landbesitz, der traditionell der Selbstversorgung

gedient hatte, nicht zugeschnitten ist (so Rainer Albertz). Viele Klein-
betriebe sind dem Umstellungsprozeß nicht gewachsen. Sie sind gezwungen, Schulden zu machen, und geraten unversehens in die erbar-
mungslosen Mühlen des antiken Kreditrechts, das dem Kreditgeber
im Falle der Zahlungsunfähigkeit Zugriff auf Besitz und Familie des
Schuldners gewährt. Daß die Großen, also die, die in der Lage sind,
Kredite zu vergeben, in dieser Situation immer größer werden, versteht sich von selbst. Ihnen kommt das neue System gerade recht.

Das also ist die Lage: Einer kleinen Gruppe von Wende-Gewinnlern
steht ein wachsendes Heer von Wende-Verlierern gegenüber. In Nehe-
mia 5,2–5 kommen Betroffene zu Wort. Sie beklagen die Gemeinheit,
ja die Obszönität ihres Armutsschicksals. Ihre Berichte, die ganz wörtlich zu nehmen sind, müssen als typische Beispiele gelten:

Einige erzählen: *»Unsere Söhne und Töchter müssen wir verpfänden, um
Getreide zu kaufen, damit wir essen und leben können.«*

Andere: *»Unsere Äcker, Weinberge und Häuser müssen wir versetzen, damit wir Getreide kaufen können in dieser Hungerszeit.«* (Die Steuerhöhe
war nämlich festgelegt unabhängig vom tatsächlichen Ertrag!)

Schließlich: *»Wir haben auf unsere Äcker und Weinberge Geld aufneh-
men müssen, um dem König Steuern zahlen zu können ...; und siehe, wir
müssen unsere Söhne und Töchter als Sklaven dienen lassen, und schon
sind einige unserer Töchter erniedrigt worden, und wir können nichts dagegen tun ...«*

Das Schicksal dieser Geschundenen hat der Prophet vor Augen, wenn
er im Gottesdienst öffentlich aufdeckt und ausspricht, woran das Ge-
meinwesen krankt: Frommes, sich selbst bescheidendes religiöses Geba-
ren *gepaart* mit ausbeuterischem, die Eigeninteressen knallhart gegen
andere durchsetzendem Wirtschaften – das ist himmelschreiend!

Der prophetische Einspruch reicht bis hinein in unsere Nach-Wende-
Zeit. Wir können lernen, wie der Weg der Gerechtigkeit seinen Anfang nimmt. Er beginnt damit, Gesellschaft, Politik und Religion aus
der Perspektive der Verlierer und Opfer in den Blick zu nehmen und
die Augen vor dem Unrecht nicht zu verschließen. Das Heer der Wen-
de-Verlierer ist kein unabänderliches Naturereignis, damals nicht und
heute auch nicht. Solange deren Lebensverhältnisse nicht stimmen, ist
im ganzen etwas faul. Dabei sensibilisiert uns unser Prophet hier insbe-
sondere für die spezifische Gefahr der frommen Sünde, besser: für die
Gefahr des sündigen Umgangs mit Religion: Seid wachsam, wenn Religion dafür herhalten muß, Unrechtszustände zu verschleiern, wenn
man in religiösen Ritualen zeichenhaft Demut und Verzicht übt, um
im sonstigen Leben desto ungeschorener sich behaupten und zulangen
zu können. Und übrigens: Auch vor der Tür emanzipatorischer Religiosität lauert diese Sünde. Das Reden über, das sich Bekennen zu und

die vorrangige Option für die Armen (so richtig sie ist, aber das Fasten damals war ja auch richtig!) sind nicht davor gefeit, zum wohlfeilen Feigenblatt zu verkommen, zu einem ausgegrenzten Ritual, das mein übriges Leben nicht tangiert, das womöglich von meiner eigenen Gier und Hartherzigkeit ablenkt. Wir sollen es deshalb nicht lassen. Aber wir sollen uns die Rückfrage gefallen lassen: Entspricht euren solidarischen Gesten auch eine solidarische Lebenspraxis?

Soviel bleibt mit Jesaja 58,4 festzuhalten: Mögen die Menschen immer wieder in Gefahr stehen, Religion als Opium zu mißbrauchen, der lebendige Gott selbst widersteht diesem Mißbrauch. Er verweigert solchem Tun seine bestätigende Nähe. Er läßt die Seinen nicht fallen, aber ihr falsches Tun segnet er auch nicht ab, sondern er spricht sie an, mahnt sie zur Einsicht, ruft sie zur Umkehr und wirbt um ihr Mitgehen auf dem Weg der Gerechtigkeit.

III

Der konkreten Orientierung auf diesem Weg dienen die nächsten Teile des Kapitels. Und so, wie der Prophet zunächst die soziale Ungerechtigkeit im Lichte der Fastenpraxis entlarvt hat (»im Tempel darbt ihr und draußen laßt ihr darben«), so benutzt er das Feiertagsfasten jetzt als Negativfolie, gegen die er den Weg der Gerechtigkeit positiv abhebt. Ich lese V. 5:

Soll etwa das die Fastenklage sein, die ich erwähle:
ein Tag, an dem Menschen ihre Kehle darben lassen?
Sollen sie wie Binsen den Kopf hängen lassen,
sich in Sack und Asche betten?
Solltest du das als Fastenklage ausrufen,
als Tag des Wohlgefallens für Adonaj?
Ist nicht das die Fastenklage, die ich erwähle ... (es folgt die Position)

Bevor wir uns der Position zuwenden, will ich nur noch einmal unterstreichen, daß wir die, wenn ich so sagen darf, rhetorische Idee, in dieser Fastenpredigt nun auch alles am Stichwort »fasten« festzumachen, nicht ins Prinzipielle wenden dürfen. Wenn der Prediger hier die Stirn hat, seiner versammelten Gemeinde ins Gesicht zu sagen: »Was ihr jetzt gerade tut, macht Gott keine Freude, es nervt ihn; vielmehr solltet ihr ...« – so ist das ein Stück gewagter, ganz auf die Situation bezogener prophetischer Publikumsbeschimpfung. Also auch diese Stelle intendiert, obwohl sie isoliert betrachtet so klingen könnte, keine grundsätzliche Abwehr einer religiösen Praxis und kann deshalb ebenfalls nicht als Bestätigung für unsere gottesdienstliche Nachlässigkeit herhalten. Die letzten beiden Verse des Kapitels werden diese Auslegung bestätigen.

Apropos Publikumsbeschimpfung: Jüdische Ausleger haben darauf hingewiesen, daß der Prophet in V. 5 mit dem Mittel der Ironie arbeitet. Wenn Elemente des Fastenrituals aufgezählt werden, wird die körperliche Demutshaltung mit »*wie Binsen den Kopf hängen lassen*« umschrieben. Wie Binsen? Dazu ein Ausleger: »Die Pflanze ist biegsam, bei starkem Wind beugt sie sich, um nicht zu zerbrechen. Läßt der Wind nach, so richtet sie sich wieder auf. Gleiches geschieht mit dem Volk: In der Zeit der Bedrängnis ... beugt es sich und demütigt sich vor Gott, indem es Worte der Reue spricht ... Kaum ist die Demütigung vorbei, kehrt es zu seinem schlechten Benehmen zurück« (zitiert nach Roland Gradwohl).

Diese Tendenz, sich in Nach-Wende-Zeiten gerade im Körperbereich zwischen Kopf und Rumpf eine besondere Flexibilität zuzulegen, hat sich durchgehalten. »*wie Binsen*« – überträgt man die hier beobachtete Beweglichkeit von der vertikalen auf die horizontale Achse, müßte man wohl vom »Wendehals« sprechen.

Die positive Füllung des gerechten Tuns wird in zwei parallelen Abschnitten – V. 7–9a und V. 9b–12 – entfaltet. Unter der Überschrift »*Auf dem Weg der Gerechtigkeit ...*« hören wir nun zunächst auf die Weisungen beider Abschnitte (IV), sodann unter der Überschrift »*... ist Leben*« auf die Worte der Verheißung, die jeweils folgen (V).

IV »*Auf dem Weg der Gerechtigkeit ...*«

Als Begriff ist Gerechtigkeit wie alle Großbegriffe denkbar weit, deshalb aber auch denkbar vieldeutig, um nicht zu sagen: schwammig (weshalb jeder auf seine Weise »dafür« ist). Und auch Näherbestimmungen wie »Gemeinschaftstreue« oder »Solidarität« helfen zwar, wichtige Aspekte von Gerechtigkeit in den Vordergrund zu rücken, dennoch verbleiben sie im Bereich des allzu Unbestimmten. Jürgen Ebach hat in diesem Zusammenhang an die Geschichte jenes Biologiestudenten erinnert, der in der Prüfung definieren soll, was ein Elefant ist. Er sagt: Das kann ich nicht. Aber wenn jetzt einer durch die Tür käme – ich würde ihn erkennen.

Die Hebräische Bibel entwickelt ihr Verständnis von Gerechtigkeit nicht über Definitionsversuche, sondern anhand von Geschichten, in denen Gerechtigkeit erkennbar wird, oder, wie in unserem Text, im Aufzählen von Tätigkeitsmerkmalen. Wir hören:

Ist nicht das die Fastenklage, die ich erwähle:
Unrechtsfesseln öffnen, Jochstricke zerreißen

und Mißhandelte so als Freie entlassen; und jedes Joch zerbrecht ihr?
Geht es nicht darum: für Hungrige dein Brot zu brechen,
umherziehende Arme führst du ins Haus,
wenn du Nackte siehst, bekleidest du sie,
und vor deinem Mitmenschen verschließt du dich nicht? (V. 6f)

Wenn du aus deiner Mitte Unterjochung entfernst,
Fingerzeigen und üble Nachrede,
den Hungrigen den Bedarf deiner Kehle zubilligst,
die darbende Kehle sättigst,
dann wird aufstrahlen in der Dunkelheit dein Licht ... (V. 9b–10a)

Ich entnehme diesen Versen fünf Orientierungen für den Weg der Gerechtigkeit. Ich werde sie jeweils als Parolen formulieren, die ich kurz erläutere.

1 Laßt euch nichts vormachen!
Die Weisungen machen einmal mehr deutlich, daß der Prophet die Gesellschaft aus dem Blickwinkel der Verlierer und Opfer betrachtet. Aus ihrer Perspektive erscheint die soziale Schieflage als Folge ungerechten Wirtschaftens, das Kreditrecht als Joch, das gesprengt gehört, die Pfändungspraxis als Mißhandlung. Machen wir uns klar: Man kann das alles auch ganz anders sehen. Etwa so: Was wollt ihr eigentlich? Sie ist doch legal, diese Kredit- und Pfändungspraxis. Und wenn man sie im Rahmen der globalen politischen und wirtschaftlichen Bedingungen sieht, so muß man feststellen: Sie ist – bei aller zuzugebenden Härte – ein notwendiges Übel. Die Weltlage – wir können sie uns schließlich nicht aussuchen! – ist nun mal, wie sie ist. Die Sachzwänge erfordern auch Opfer.
So kann man auch reden. Jedenfalls werden die, die unter der neuen Ordnung nicht zu leiden hatten, so oder so ähnlich argumentiert haben. Man möchte in Abwandlung eines Wortes von Bert Brecht klagen: Es gibt so viele Weisen, Menschen Unrecht zuzufügen – leider sind die wenigsten verboten.
Aus diesem Grund weist uns die Hebräische Bibel ein in eine Kultur des Erbarmens. Erbarmen ist der Maßstab sowohl für das jeweils geltende Recht als auch für die jeweils praktizierte Religion. Das heißt: Mit beiden ist so lange etwas nicht in Ordnung, wie welche durch den Rost fallen – in biblischer Terminologie: die Witwen und Waisen, die Fremdlinge und Armen.
Laßt euch nichts vormachen! Das heißt also: Entwickelt Achtsamkeit für die, die, die am unteren Ende der gesellschaftlichen Pyramide stehen, bleibt für deren Schicksal sensibel. Und nennt auch die erlaubte

Ungerechtigkeit beim Namen. Denn das Schlimmste, was einer Gesellschaft passieren kann, ist, wenn sie sich an Unfreiheit und Benachteiligung, an Mangel und Armut gewöhnt und am Ende das Widersinnige zur Normalität erklärt.

2 Gerechtigkeit ist Befreiungspraxis
Gerechtigkeit bleibt beim Erkennen und Benennen, so wichtig beides auch ist, nicht stehen. Ebensowenig bei einer veränderten Gesinnung, so wünschenswert sie ist. Gerechtigkeit ist eine Praxis: »*Unrechtsfesseln öffnen, Jochstricke zerreißen und Mißhandelte als Freie entlassen*« – in unserem Text werden noch zehn weitere mehr oder weniger komplexe Handlungen genannt, und alle zielen sie in eine Richtung: Befreiung. Konkret ist Befreiung etwas anderes: Wer wie ein Sklave lebt, braucht Rechte und Rechtssicherheit, der Verschuldete Entschuldung, und wieder andere müssen überhaupt erst einmal ihre Grundbedürfnisse gestillt bekommen. Allemal geht es um die Verbesserung oder Behebung von Notlagen. Allemal kann und soll dafür etwas *getan* werden. Denn Ungerechtigkeit ist kein Naturgesetz. Sie ist von Menschen verschuldet und kann deshalb von Menschen bekämpft werden.
Indem ich das so sage, will ich nicht leugnen, daß sich die Situation seit damals verkompliziert hat. Als der Prophet seine Predigt hielt, waren die Verantwortlichkeiten klar zugeteilt. Man kannte die Kredithaie und wußte, wer zu ihren Opfern zählte. Heute erscheint die Ungerechtigkeit oftmals anonym, als ein kaum zu durchschauendes Netzwerk. Die meisten unter uns erleben sich irgendwie dazwischen, als Teilnehmer und Teilhaber unterdrückerischer Strukturen und dann auch wieder als deren Opfer. Kein Wunder, wenn sich immer mehr die Stimmung verbreitet: Es läuft zwar vieles falsch, aber man kann eh nichts machen.
Wenn das stimmen würde, hätten wir die Ungerechtigkeit zum unangreifbaren Gott erklärt. Das hätte sie zwar gerne, aber diesen Sieg darf sie nicht erringen. Jesaja 58 ruft zur Befreiungspraxis auf. Jede und jeder führe sich die Liste der Tätigkeiten in den V. 6–10 noch einmal zu Gemüte und frage sich, ob unter all dem Genannten nicht zumindest ein Auftrag ist, den er oder sie übernehmen kann. Auf dem Weg der Gerechtigkeit soll jede/r die ihm/ihr gemäße Spur finden. Und um es schon einmal vorwegzunehmen: Dieser Weg ist trotz aller Mühen verheißungsvoll, denn auf dem Weg der Gerechtigkeit ist Leben.

3 Für eine integrative Befreiungspraxis! Zu deutsch: Vergeßt den Oswald nicht!
Die deutsche Fassung muß ich erklären. In unserer Reformierten Kirchenzeitung erschien folgende Karikatur: Auf einer Straße sieht man

einen riesigen Demonstrationszug. Auf den mitgeführten Plakaten lesen wir: »Rettet den Regenwald!« Am Straßenrand sitzt ein Bettler. Er hält ein Schild hoch, auf dem steht: »Rettet den Oswald!«

Beides muß zusammengesehen werden, keins darf gegen das andere ausgespielt werden: die große Perspektive und der konkrete Einzelfall. Strukturelle Veränderungsarbeit und aktuelle Soforthilfe.

Unser Text hält beides zusammen: Unrechtsfesseln öffnen, gar jedes Joch zerbrechen, das zielt auf gerechtere Strukturen. Brot teilen und Nackten Kleidung geben, das sind elementare Hilfeleistungen, die für die Betroffenen lebensentscheidend sein können und die deshalb nicht als bloßes Pflästerchen-Kleben denunziert werden dürfen.

Bezeichnend ist der Moduswechsel von V. 6 zu V. 7. Wo es um die akute Not der Opfer geht, da ist jede und jeder einzelne gefordert. Da kann man und frau sich weder hinter einem Kollektiv verstecken noch sich mit Verweis auf »die anderen« entschuldigen. Darum geht der Prophet hier ins »du« über: Hungrigen mußt du dein Brot brechen, dem notleidenden Mitmenschen mußt du dein Herz öffnen. Liebe Schwestern und Brüder, es spricht ein großer Ernst aus diesen Zeilen.

Brich dem Hungrigen dein Brot.« Später wird Jesus darauf zurückkommen. Im Gleichnis vom Weltgericht in Mt 25 lehrt er uns, daß in den Augen Gottes das Achthaben auf die Bedürftigen und die Bereitschaft zum Teilen das Wichtigste, das alles Entscheidende ist.

Ich sagte eben, daß man die Arbeit an der großen Perspektive und den konkreten Dienst am Bedürftigen nicht gegeneinander ausspielen darf. Aber ich bin der festen Überzeugung, daß das erste ohne das zweite nicht glaubwürdig ist und auch gar nicht funktioniert. Wie soll sich der glaubhaft für eine gerechte Verteilung einsetzen, der selbst nicht teilen kann. Wie soll man Visionen von Freiheit entwickeln können, solange der eigene Habitus aus greifen und halten und klammern besteht?! Nicht von ungefähr hat der Prophet an das Fasten angeknüpft. Fasten ist ein Akt der Selbstminderung. Die Ernsthaftigkeit jeder Befreiungspraxis erkennt man daran, ob sie einen selbst etwas kostet, elementar etwas kostet!

»Was muß ich tun«, fragt einer, und Jesus antwortet: »Gott lieben und deinen Nächsten wie dich selbst.« Rückfrage: »Wo soll ich denn da anfangen?« Darauf Jesus: »Die Antwort liegt auf der Straße.«

Brich für Hungrige dein Brot, und vor deinem Mitmenschen verschließ dich nicht. Das ist die erste Lektion jeder Befreiungsbewegung. Und diese Lektion müssen alle lernen.

4 Vermeidet Aufspaltungen!
»Brich dem Hungrigen dein Brot«. Unser Text vermeidet es, hier Unterscheidungen und Differenzen einzuziehen, die unter uns gang und

gäbe sind. Etwa die Unterscheidung zwischen denen, die unsere Hilfe, wie man so sagt, »wirklich verdient« haben, und den anderen. Und die anderen, das sind dann etwa die, die selbst schuld sind, oder die, denen es vielleicht noch gar nicht so schlecht geht, wie sie tun. Oder womöglich die, die sagen: »Haben sie was zu essen?«, aber in Wirklichkeit nur Geld für Alkohol wollen. Solches Unterscheiden hat schon sehr früh begonnen. Schon im Talmud wird die Problematik, wer es »wirklich verdient« hat, ausführlich diskutiert. Und ebenso, bei wem man Nachforschungen anstellen sollte und bei wem nicht. Raw Huna rät, man solle bei der Nahrung nachforschen, bei der Kleidung jedoch nicht (wegen des Schamgefühls). Umgekehrt entscheidet Raw Jehuda: Man untersucht beim Gewand, nicht jedoch bei der Nahrung (weil es da ums Überleben geht). Die Diskussionslage ist bezeichnend. Zeigt sie doch, wie subjektiv und, vom Betroffenen aus gesehen, wie zufällig hier nur entschieden werden kann. Deshalb sagt eine dritte Meinung, man solle in beiden Fällen nicht untersuchen. So auch unser Text: Es gibt elementare Notlagen, die gehören behoben. Punkt. Da ist alles Stochern, Untersuchen, Unterscheiden und Richten schlechterdings unangebracht, denn letztlich zielt es doch darauf, die auszusondern, denen ich meine Hilfe versagen kann.

Eine andere Aufspaltung wird nicht nur vermieden, sondern geradezu verboten, nämlich die zwischen Volksgenossen und Fremden. Im letzten Versteil von V. 7 wird die erste Reihe der Weisungen in der Aufforderung gebündelt, sich vor dem »*Mitmenschen*« nicht zu verschließen. Wörtlich übersetzt steht da: »vor deinem Fleisch« (vgl. Hiob 31, 15). Weil alle Menschenkinder aus dem gleichen ›Stoff‹ geformt sind, weil alle Gebilde des einen Schöpfers sind, darum geht es nicht an, die Zuwendung entlang nationaler oder ethnischer Grenzen aufzuspalten. Eine Mahnung, die in Zeiten der Krise besonders vonnöten ist.

Es gibt noch eine weitere Aufspaltung, vor der in unserem Abschnitt zumindest indirekt gewarnt wird. Ich meine die zwischen vermeintlich ernsten und weniger ernsten Formen der Beeinträchtigung und Schädigung. Nicht wahr, Unrechtsfesseln, Mißhandlung, Verelendung – da ist der Schaden offensichtlich. Verglichen damit ist man geneigt, anderes als doch nicht so schlimm anzusehen. Klatsch und Tratsch etwa. Vorsicht! Aus der Sicht der Betroffenen ist auch diese Aufspaltung mehr als fragwürdig. Denn böse Worte, zumal wenn sie öffentlich gesagt oder geschrieben werden, können einen Menschen nachhaltig zugrunde richten. Deshalb werden in V. 9 in einer Reihe mit Unterdrückung und Armut »*Fingerzeigen und üble Nachrede*« genannt. Was an privaten und öffentlichen Verstößen gegen das achte Gebot (nach reformierter Zählung das neunte!) geschieht, ist kein Kavaliersdelikt! Das muß damals wie heute gerade in Nach-Wende-Zeiten in Erinnerung gebracht werden. Luthers Erklärung zum achte Gebot oder Frage 112 aus dem Heidelberger Katechismus sollte in jedem Sitzungszimmer, jeder Redaktion, aber auch in jeder Kneipe, neben jedem Katheder und jeder Kanzel hängen. Ich zitiere einige Zeilen aus dem Heidelberger Katechismus, Frage 112: »Ich soll gegen niemanden falsches Zeugnis geben, niemandem seine Worte verdrehen, nicht hinter seinem Rücken reden und ihn nicht verleumden. Ich soll niemanden ungehört und leichtfertig verurteilen helfen ... in all meinem Tun soll ich die Wahrheit lieben ... und auch meines Nächsten Ehre und guten Ruf nach Kräften retten und fördern.«

5 Ihr seid Beschenkte, vergeßt das nicht!

Die Wortwahl, die der Prophet in seinen Weisungen getroffen hat, ist alles andere als zufällig. Fast könnte man sagen, daß hinter dem Text noch ein anderer Text durchschimmert: Hinter der Aufforderung, teilzuhaben an der Praxis der Befreiung, leuchtet die Erinnerung an *Gottes* befreiendes Handeln an seinem Volk auf. In verschiedenen Wendungen wird zum Zerreißen bzw. Zerbrechen oder Entfernen des »*Jochs*« aufgerufen. Mit gleicher Terminologie kann in Lev. 26,13 die Befreiung aus der Sklaverei in Ägypten umschrieben werden:

»*Denn ich bin der HERR, euer Gott, der euch aus Ägyptenland geführt hat, damit ihr nicht Knechte bleibt, und habe euer Joch zerbrochen und habe euch aufrecht einhergehen lassen.*«

Ebenso wird in Texten wie Jes 9,13 und Ez 34,27 das erhoffte Handeln Gottes an seinem Volk umschrieben. Damit erinnert unser Text auf seine Weise an den gesamtbiblischen Tatbestand, daß Gerechtigkeit nicht nur das von uns Menschen geforderte Tun meint, sondern ebenso und zuerst Gottes Handeln an uns. Man lese einmal die sogenannten Zwillingspsalmen 111 und 112, wo in zum Teil identischen Formulierungen Gottes Gerechtigkeit und menschliche Gerechtigkeit gepriesen werden.

Es ist so, als wollte der Prophet sagen: »Gedenkt der großen Taten Gottes. Erinnert euch daran, daß ihr selbst Nutznießer von Gottes befreiendem Handeln seid. Er hat euch aus Ägypten befreit – und da wollt ihr in euren eigenen Reihen ägyptische Verhältnisse einreißen lassen? Jüngst hat er das babylonische Joch von euch genommen – da wollt ihr es einander auflegen?«

Ich glaube, der Rückverweis auf Gottes gütiges Handeln ist weniger moralisch gemeint, also im Sinne von: »Nun sei aber auch gefälligst dankbar und gib das Empfangene weiter«, sondern mehr öffnend, werbend. Also so, wie Jesus in der Bergpredigt für die Abkehr vom Mammon wirbt (vgl. Matthäus 6,24ff). Mammon, das ist die personifizierte Gier, die Vergottung der Habe und deshalb die Unfähigkeit zu teilen.

Jesus weiß, daß der Gier nicht mit moralischen Appellen beizukommen ist, weil sie der abgründigen Sorge entspringt, nicht genug zu kriegen: »*Was werden wir essen? Was werden wir trinken?*« (V. 31). Jesus versteht diese Fragen als Symptome einer Grundangst, ob denn für unser Leben gesorgt sei. Dieser Angst begegnet er mit der tröstlichen Zusage: »*Euer himmlischer Vater weiß, daß ihr all dessen bedürft.*« Er schenkt euch noch und noch Leben. Und deshalb: Nur wenn du wieder in Kontakt kommst mit den dir von Gott geschenkten Gaben, nur wenn du deine reichen Möglichkeiten entdeckst, besteht die Chance, daß du es aufgibst zu klammern, daß du offen wirst fürs Teilen.

Zentraler Ort für dieses In-Kontakt-Kommen mit der empfangenen Güte ist der Gottesdienst. Denn hier geschieht unter anderem die lebendige Erinnerungsarbeit an das, was Gott mir Gutes getan hat – und damit die Wiederentdeckung der mir verliehenen Ressourcen. Deshalb kann es, wie ich anfangs schon betont habe, nie eine Alternative zwischen Gottesdienst und sozialem Engagement geben. Im Gegenteil: Nach biblischem Verständnis ist der Gottesdienst ein unverzichtbarer Bestandteil jeder Befreiungspraxis, notwendige Rast- und Rekreationsstätte auf dem Weg der Gerechtigkeit. Deshalb endet unser Text mit der Mahnung, dem Sabbat »*mehr Gewicht*« zu geben. Ich zitiere Auszüge aus den V. 13 und 14:

... wenn du dann den Sabbat »Freude« rufst ...
und ihm mehr Gewicht gibst,
als deinen Wegen nachzugehen ... und Geschäfte zu bereden,
dann wirst du an Adonaj deine Freude haben ...

Der Sabbat ist die notwendige und heilsame Unterbrechung des gewohnten Treibens. Wer ihn für eigene Wünsche meint nutzen zu sollen, wird in Wahrheit freudlos. Und eine Gesellschaft, die um der Geschäfte willen die Sonntagsruhe aufweicht, treibt in Wahrheit Selbstmißbrauch. Denn sie betrügt sich darum, Geborgenheit zu erfahren und den Vorgeschmack der Freiheit zu kosten.

V »*... ist Leben*«

Liebe Schwestern und Brüder, alles, was uns der Prophet für den Weg der Gerechtigkeit an Orientierung gegeben hat, bliebe unvollständig und hinge letztlich in der Luft, wenn wir nicht noch eine entscheidende Aussage hinzufügten, die für das gesamte biblische Reden von Gerechtigkeit von zentraler Bedeutung ist und die auch in unserem Text eine hervorragende Rolle spielt: Der Weg der Gerechtigkeit ist verheißungsvoll, denn »*Auf dem Weg der Gerechtigkeit ist Leben*«. In immer neuen Bildern will der Prophet dieses Leben sagbar werden lassen. Hören wir die Zusagen aus den V. 8–12:

... Dann bricht wie die Morgenröte dein Licht hervor,
und deine Wunde wächst eilends zu.
Vor dir geht einher deine Gerechtigkeit,
die Majestät Adonajs wird dich aufsammeln.
Dann rufst du, und Adonaj antwortet,
schreist du um Hilfe, sagt Adonaj: »Hier bin ich«.

Und im Anschluß an die Weisungen in V. 9b–10a heißt es ab V. 10b:

... dann wird aufstrahlen in der Dunkelheit dein Licht,
und deine Finsternis wird sein wie der Mittag.
Leiten wird dich Adonaj beständig,
wird satt machen in dürren Zeiten deine Kehle
und deine Knochen stärken.
Und du wirst sein wie ein wasserreicher Garten,
und wie eine Wasserquelle,
deren Wasser nicht trügen.
Deine Leute bauen Ruinen der Vorzeit auf,
Fundamente vieler Generationen richtest du auf.
Man ruft dich Rissevermauerer,
Wiederherstellerin von Wegen zum Ausruhen.

Wie die Weisungen (Stichwort: Joch), so greifen auch die Verheißungen die Exodustradition (die Überlieferungen von der Befreiung aus Ägypten) auf. V. 8b zitiert Jes 52,12ff das seinerseits auf alte Exodusverheißungen zurückgreift. Mit der »Gerechtigkeit«, die vorangeht, ist an dieser Stelle also Gottes eigenes heilvolles Tun gemeint. Mit einem Wort: Wenn die Menschen aus dem Land der Ungerechtigkeit aufbrechen, wenn sie beginnen, das Einengende und Niederdrückende zu lösen, und wenn sie sich üben im solidarischen Teilen, dann werden sie die gleiche Erfahrung machen, wie ihre Väter und Mütter auf ihrem Weg in das von Gott gewiesene Land: Sie sind unter der Obhut Gottes. Er geht ihnen voran und hält ihnen den Rücken frei. Sie werden erfahren, daß ihre Fragen nach Gott Antwort finden und ihre Gebete nicht im Leeren verhallen. Auf dem Weg der Gerechtigkeit werden sie seinen Trost, seine Stärkung und seinen Segen erfahren. Wenn ich das so nachspreche, schäme ich mich als Ausleger fast dafür, daß gerade die Verheißungspassagen unseres Textes bei vielen christlichen Theologen eine schlechte Presse haben. Die Kritik macht sich fest an der Bedingungsstruktur: »*Wenn* du Unterjochung entfernst ..., *dann* wird aufstrahlen ...« Wenn – dann. Die entscheidenden Vorwürfe lauten, hier werde einer unevangelischen Werkgerechtigkeit das Wort geredet (Stichwort: Vergeltung), der Text sei also gesetzlich; außerdem lasse sich die Freiheit des göttlichen Tuns nicht in den starren Automatismus eines Tun-Ergehen-Zusammenhangs pressen.

Dazu ist folgendes zu sagen: Wenn die Erwartung, daß Gott den Menschen ihr Tun vergilt, Werkgerechtigkeit ist, dann propagiert auch das Neue Testament von der Bergpredigt des Matthäus bis zu den Sendschreiben der Offenbarung Werkgerechtigkeit. Denn immer wieder wird bekräftigt, daß Gott auf unser Tun so oder so reagiert. Ich nannte schon das Gleichnis vom großen Weltgericht in Matthäus 25. Ein weiteres Beispiel für viele: *»Die Welt vergeht mit ihrer Gier, wer aber den Willen Gottes tut, der hat Bestand bis in Ewigkeit.«* (1. Johannes 2,17). Und auch bei Paulus, der wie kein anderer die Rechtfertigung des Gottlosen gepredigt hat, steht das Wort: *»Denn was der Mensch sät, das wird er ernten.«* (Galalter 6,7b; vgl. 1. Korinther 3,12–14; 2. Korinther 5,10). Daß solche Aussagen Gottes Handeln *nicht erschöpfend* umschreiben, weiß jedoch nicht erst das Neue Testament, sondern auch das Alte. In unserem Text fanden wir immer wieder Hinweise auf die großen Taten Gottes (Exodus), die allem menschlichen Tun voraus sind (vgl. auch Jesaja 60,1f). Es ist eines, daran festzuhalten, daß Gott, der Schöpfer Himmels und der Erden, in seinem Handeln frei ist, nicht abhängig vom Gehorsam oder der Bockigkeit seiner Menschenkinder – Gott sei dank ist das so. Ein anderes ist es, darauf zu vertrauen, daß Gott, wenn wir seinen Weisungen folgen, unserem Tun seinen Segen verspricht. Gewiß nicht im Sinne eines berechenbaren Automatismus – muß das angesichts der Bildersprache unseres Textes überhaupt noch betont werden? –, wohl aber im Sinne einer vertrauenswürdigen Verläßlichkeit.

Zwar berichtet die Bibel, daß dieses Vertrauen bisweilen auf eine harte Probe gestellt werden kann – gerade im Blick auf einzelne Lebensschicksale. Hiob ist das bekannteste Beispiel eines leidenden Gerechten; von ähnlichen Anfechtungen reden manche Klagepsalmen, auch Stellen wie 2. Korinther 5,21; 1. Petrus 2,21–24; Hebräer 9,14f. Aber bei aller Rätselhaftigkeit im einzelnen – aufgegeben wurde der Gedanke an einen Zusammenhang von Tun und Ergehen nie. Wie sollte er auch?! Das Vertrauen auf das dem Weg der Gerechtigkeit verheißene Leben aufzugeben würde bedeuten, die Gerechtigkeit selbst aufzugeben und damit letztlich die Welt verlorenzugeben. Die Gefahr besteht, damals wie heute. In Nach-Wende-Zeiten macht sich Resignation breit, die uns einflüstert: »Laß es! Es bringt doch nichts!« Aber das ist nicht wahr! Wir dürfen uns das nicht einreden lassen. Auch wenn es uns selbst manchmal so scheinen möchte: Wir sind nicht dazu verdammt, Sisyphusarbeit zu verrichten. Uns für Gerechtigkeit einzusetzen, aufeinander achtzuhaben und miteinander zu teilen, das ist nicht nichts, sondern das ist verheißungsvolles Tun. Denn *»Auf dem Weg der Gerechtigkeit ist Leben«.*

Davon redet der Prophet in immer neuen Wendungen. Und ich finde, es spricht für die Verläßlichkeit seiner Bilder, daß sie nicht grell, reißerisch, lautstark ausfallen. Vielmehr spiegelt sich in ihnen etwas von der Zartheit und Prozeßhaftigkeit des Lebens selbst. Auf dem Weg der Gerechtigkeit gibt es keine schnellen Erfolge, da ist nicht eins, zwei, drei alles paletti. Veränderung bahnt sich an, wie das hervorbrechende Licht der Morgenröte (vgl. V. 8). Langsam, vorsichtig, nur erst zu ahnen. Das Düstere ist nicht weggeblasen – vielleicht nehmen wir es im Kontrast erst richtig wahr –, aber hier und da beginnt es zu weichen.

Ein anderes Bild: Die offene Wunde, der Riß, der durch die Gemeinschaft geht – auf dem Weg der Gerechtigkeit beginnt sie *»eilends«* zu heilen (vgl. V. 8). Aber wie langsam geht »eilends«, wenn es sich darum handelt, daß eine Wunde wirklich ausheilt und am Ende – wie es im Hebräischen wörtlich heißt – mit neuem Fleisch wieder zuwächst. Kindlich rein wird unsere Haut nie mehr sein. Was Menschen einander angetan haben, kann nie »wie weggeblasen« sein. Aber das ist neues Leben, wenn nach all den Verletzungen, die einander zugefügt wurden, am Ende verheilte Narben zurückbleiben.

Ein anderes Bild erinnert an den 23. Psalm. Unter der Begleitung Gottes werden wir nicht wie im Schlaraffenland leben oder auf Wolke Nr. 7 schweben. Der Weg der Gerechtigkeit behält Strecken des Mangels und Phasen der Knochenarbeit. Aber Gott, der auf uns achthat, wird die dürre Kehle sättigen und den Knochen neue Kraft geben (vgl. V. 11).

Und auch das politische Bild vom Wiederaufbau bleibt ein vorsichtiges, ein leises Bild. Statt einem allzu flotten »Wir sind wieder wer!« wird auch hier die Länge und Mühsal des Prozesses nicht unterschlagen: »Rissevermauerer« lautet ein Stichwort (vgl. V. 12). Aber immerhin: Solchem Bauen ist Nachhaltigkeit verheißen. Auf das, was auf dem Weg der Gerechtigkeit entsteht, werden sich auch die nachfolgenden Generationen verlassen können, das geht nicht auf ihre Kosten, sondern wächst zu ihrem Nutzen.

Liebe Schwestern und Brüder, diese Lebensbilder werden uns zur Ermutigung gegeben. Laßt sie uns zu Herzen nehmen und: Laßt sie uns mit hineinnehmen in das Gespräch mit anderen, gerade auch mit Nichtchristen. Ohne Hoffnungsbilder kommt keine Gesellschaft aus. Wie sie aussehen, darüber muß geredet und gestritten werden. Unser biblisch begründeter Glaube birgt an dieser Stelle ein Potential an Religions- und an Ideologiekritik, das wir nicht ungenutzt lassen sollten. Die marktbeherrschenden Hoffnungsbilder tun doch gerade so, als bestehe der anzustrebende Normalzustand darin, immer glücklich zu sein; weshalb Schönheit, Gesundheit, Wohlstand und Status nachgerade vergöttert werden, dagegen alles Beeinträchtigende als Defizit angeprangert wird, das man entweder abschaffen, dem man entfliehen oder vor dem man sich betäuben muß. Hingegen ist die Bibel lebensnah. Sie lehrt uns die Weisheit, wo Geduld und wo Ungeduld am Platze ist. Mit der Ungerechtigkeit dürfen wir nie geduldig sein, uns mit ihr abfinden schon gar nicht. Aber mit dem Leben müssen wir um des Lebens willen geduldig sein, da müssen wir uns üben in der Kunst der Langsamkeit. Dafür stehen die zarten, leisen, in ihrem Realismus verläßlichen und förderlichen Bilder des Lebens.

Ach daß du den Himmel zerrissest
Anleitung zum Warten

Predigt über Jesaja 63,15–64,3
(Peter Bukowski)

So schau nun vom Himmel und sieh herab von deiner heiligen, herrlichen Wohnung! Wo ist nun dein Eifer und deine Macht? Deine große, herzliche Barmherzigkeit hält sich hart gegen mich. Bist du doch unser Vater; denn Abraham weiß von uns nichts, und Israel kennt uns nicht. Du, HERR, bist unser Vater; »Unser Erlöser«, das ist von alters her dein Name. Warum läßt du uns, HERR, abirren von deinen Wegen und unser Herz verstocken, daß wir dich nicht fürchten? Kehr zurück um deiner Knechte willen, um der Stämme willen, die dein Erbe sind! Kurze Zeit haben sie dein heiliges Volk vertrieben, unsre Widersacher haben dein Heiligtum zertreten. Wir sind geworden wie solche, über die du niemals herrschtest, wie Leute, über die dein Name nie genannt wurde.

Ach daß du den Himmel zerrissest und führest herab, daß die Berge vor dir zerflössen, wie Feuer Reisig entzündet und wie Feuer Wasser sieden macht, daß dein Name kundwürde unter deinen Feinden und die Völker vor dir zittern müßten, wenn du Furchtbares tust, das wir nicht erwarten – und führest herab, daß die Berge vor dir zerflössen! – und das man von alters her nicht vernommen hat. Kein Ohr hat gehört, kein Auge hat gesehen einen Gott außer dir, der so wohl tut denen, die auf ihn harren.

Liebe Gemeinde,

diese Worte zeugen vom adventlichen Warten des Volkes Gottes. So wartet das Volk Israel bis auf den heutigen Tag, indem es rufend, klagend, bittend und flehend den lebendigen Gott herbeisehnt: »*Ach daß du den Himmel zerrissest und führest herab*«.

Adventliches Warten. Selbstverständlich ist es nicht. Man kann längst aufgehört haben zu warten. »Es ist, wie es ist«, sagt man dann und arrangiert sich, so gut oder schlecht es geht. Oder man kann warten, ohne zu wissen worauf; dann ist man unzufrieden; es gibt ein diffuses, ein hoffnungsloses Warten, das nur Kraft kostet. Adventliches Warten muß gelernt, muß eingeübt sein. Dafür ist ihm im kirchlichen Kalen-

119

der in jedem Jahr eine Zeit reserviert. Aber zum Lernen und Üben braucht es auch Anleitung. Und eben die finden wir in jenem Gebet, das ich als Predigttext verlesen habe. Darin ist uns das Volk Gottes bis heute älterer Bruder und unverzichtbarer Wegweiser, indem es unsere Sehnsucht wachruft und unserer Hoffnung einen Richtungssinn gibt hin auf den Gott, der, wie wir hörten, »*so wohl tut denen, die auf ihn harren.*«

Das Gebet aus dem Jesajabuch nimmt uns einem geistlichen Exerzitium gleich mit auf einen Weg. Bei drei Stationen möchte ich jetzt verweilen. Sie heißen: Schmerz – Klarsicht – Hoffnung.

I Schmerz

Ich habe soeben noch einmal den Schluß unseres Gebetes zitiert. Es mündet in das Vertrauen auf Gott, der den Seinen wohltut. Aber das darf nun nicht so verstanden werden, als ginge es hier um eine durchweg getroste, geistlich harmonische Angelegenheit. Das Gegenteil ist der Fall. Adventliches Warten beinhaltet das Gewahrwerden eines großen Schmerzes. Eines Schmerzes, von dem die Ungläubigen keine Ahnung haben.

Vielleicht sind Sie bisweilen auch schon von Menschen beneidet worden, die von sich selbst sagen, daß sie es schwer haben, weil sie an nichts glauben, wohingegen wir es ja leichter hätten, weil wir wenigstens einen Trost beim lieben Gott oder im Himmel hätten. Wenn diese Zeitgenossen wüßten! Fast möchte man sie beneiden ob ihrer kindlichen Naivität. Denn sie wissen nichts vom Schmerz der Anfechtung, in die der und nur der gerät, der an Gott glaubt und gerade deshalb unter seiner Abwesenheit leidet. Unser Gebet ist über weite Strecken Klage, ja Anklage und der flehentliche Ruf nach dem Gott, der sich den Seinen entzieht. Es hieß: »*So schau nun vom Himmel*«, »*Wo ist nun dein Eifer und deine Macht?*« Du bist doch unser »*Vater*«, unser »*Erlöser*«. – Aber wo bist du? Warum läßt du zu, daß all das Furchtbare geschieht?

Liebe Gemeinde, auch ohne den Schmerz der Anfechtung wäre die Lage des Beters schlimm genug. Immerhin lebt er in einer Zeit, die seinem Volk katastrophale Verhältnisse beschert hat. Wir wissen nicht genau, ob das Gebet im babylonischen Exil oder kurz nach der Rückkehr in die zerstörte Heimat gesprochen worden ist. Aber die Hinweise in den V. 18 und 19 reichen, um die Ausmaße des Desasters zu erahnen, wo alles aus dem Lot geraten ist: politisch, gesellschaftlich, religiös. Alles ist wüst – und solche Wüstenei verändert auch den einzelnen. In V. 19. heißt es: »*Wir sind geworden ... wie Leute, über die dein Name nie genannt wurde*«. Das ist der besondere Schmerz des Beters: daß ihm im Leid auch Gott fern geworden ist, daß das Dunkel seiner Lebensumstände ihm zur Gottesfinsternis wird. Noch betet er, aber es ist ein schmerzliches Beten. Denn indem er sich an den Erlöser wendet, wird er gewahr, daß dieser die Hilfe zurückhält. Er richtet sein Gebet zum Himmel, aber eben zum verschlossenen Himmel. Ist er darum zu beneiden? Wäre nicht eher der Agnostiker zu beneiden, der jedenfalls von diesem Schmerz verschont bleibt. Und ob nicht manche Menschen deshalb instinktiv dem Glauben entfliehen, weil sie den Schmerz der Anfechtung nicht aushalten wollen? So wie manche – und heute immer mehr – Menschen es vorziehen, keine feste Bindung einzugehen, weil sie so dem Schmerz enttäuschter Liebe entgehen.

Jedenfalls: Adventliches Warten, Hoffen darauf, daß sich über dem Leiden dieser Welt und über der Not meines Lebens der Himmel öffnen möge und Gott sein Erbarmen zeige – zu solchem Warten gehören der Schmerz und die Traurigkeit über den verschlossenen Himmel und über den Gott, der mir in seinem Fernbleiben fraglich wird.

Ich sagte, daß die ›Heiden‹ von diesem Schmerz keine Ahnung haben. Ich muß aber auch noch vor einem spezifisch christlichen Mißverständnis der Adventsbotschaft warnen. Es findet sich in mancher Predigt zu unserem Text und lautet kurz zusammengefaßt so: Das, worum der Beter Gott hier anruft, hat sich an Weihnachten erfüllt. Da ward der Himmel aufgetan, da ist Gott hinabgestiegen auf die Erde. Der Heiland ist geboren – deshalb leben wir Christen in der Zeit der Erfüllung. Diese Lesart kann einhergehen mit einer Abwertung des Alten Testaments als etwas Überholtem und mit einer Abwertung der Juden, die, weil sie eben jene Erfüllung in Christus nicht erkannt hätten, die Verheißung verspielt hätten und letztlich anachronistisch lebten. Aber selbst wenn christliche Erfüllungstheologie nicht mit einer ausdrücklichen Abwertung jüdischen Glaubens einhergeht, so ist sie doch nur halbrichtig und wie alles Halbrichtige ganz gefährlich. Gewiß ist Gottes Kommen in die Welt eine wunderbare Bestätigung seines Erbarmens und eine Einlösung seiner Verheißungen. In der Tat: Er hat sein Volk besucht. Und doch ist sogleich und zugleich Gottes weihnachtliches Kommen der Beginn einer neuen Verheißungsgeschichte. Noch warten wir auf einen neuen Himmel und eine neue Erde. Noch sind wir nicht am Ziel. Der wunderbare Lobgesang der Maria, den wir als Lesung hörten, ist doch keine Lagebeschreibung! Sondern er ist das Zeugnis erfahrener Güte und zugleich ein Ruf der Sehnsucht, Gott möge kommen und sich wieder und wieder als der erweisen, der diese Welt zurechtbringt.

Ich erinnere auch an das Adventslied, das wir vor der Predigt gemeinsam gesungen haben und nachher von der Kantorei hören werden (EG 7). Friedrich Spee, der Dichter des Textes, hat jene Spannung zwischen schon erfüllter Verheißung und noch ausstehender Erfüllung in vorbildlicher Weise zum Ausdruck gebracht. Er redet vom Heiland, nimmt die Weihnachtsbilder auf, und doch ist sein Lied die sehnlich wartende Bitte, der Gekommene möge kommen: »O Heiland, reiß die Himmel auf«. Und am Ende: »Hier leiden wir die größte Not, vor Augen steht der ewig Tod. Ach komm, führ uns mit starker Hand vom Elend zu dem Vaterland.« Hier bleibt adventliches Warten wirkliches Warten und wird nicht verwässert zur vermeintlichen Sicherheit im Stande der Erfüllung.

Liebe Gemeinde, ich sage es noch einmal: Das Zeugnis von Jesus Christus konnte und kann mißbraucht werden als ein Erfüllungssurrogat. Als hätten wir den Schmerz der Gottesferne schlechterdings hinter uns! Das ist wie alle Surrogate gefährlich. Denn spätestens, wenn einen die Not des Alltags einholt (selbst trifft), trägt diese Theologie nicht mehr – es sei denn, man läßt den Alltag und den Glauben zwei getrennte Dinge sein: hier ein bißchen besinnliche Religion, dort die Welt der harten Fakten; aber an solcher Aufspaltung gehen beide zugrunde. Deshalb brauchen wir gerade als Christen das Zeugnis Israels, das Zeugnis der Synagoge, die uns an die bleibenden Wunden dieser Welt erinnert und *in* diesem Erinnern an Gott festhält. Wir brauchen das Zeugnis derer, die ihren Glauben im Schmerz der Gottesferne bewähren. Und es gibt hier in Barmen kein schöneres Symbol für unsere christliche Bedürftigkeit der Synagoge als den geplanten Bau derselben Wand an Wand mit der Gemarker Kirche.

II   Klarsicht

Wir sahen: Auf Gott warten bedeutet, daß die Verborgenheit Gottes bewußt wird. Aber nun müssen wir das Ganze auch andersherum betrachten und sagen: Wer Gott und Welt zusammenbringt, weil er die Welt ins Gebet nimmt, der bekommt einen klaren Blick. Auch hier gibt es ein berühmtes Mißverständnis, als sei alle Religion Opium fürs Volk, die einen benebelten Blick macht. Auf unser Gebet bezogen könnte man etwa so argumentieren: Indem der Beter nach Gott ruft, tut er so, als wäre Gott an allem Schuld. Schließlich fragt er an einer Stelle ausdrücklich »*Warum läßt du uns abirren?*« Auch hier muß man sagen: Der Vorwurf trifft nicht. Die Warum-Fragen zielen darauf, Gott herbeizurufen. Und immerhin: Dieser Ruf nach Gott geht einher mit einer ganz realistischen Beschreibung und Einschätzung der Situation. Hier geschieht das, worunter wir sooft leiden, gerade nicht: Hier wird nichts schöngeredet, sondern hier wird das Schlechte, das Notvolle, das Versagen schonungslos benannt. Da, wo sich Niederlagen ereignet haben, werden entsprechende Worte gebraucht und nicht verbale Mogelpackungen à la »Nullwachstum«. Vor allem aber: Indem die Lage des Volkes ins Gebet genommen wird, kommt die Tiefendimension zum Vorschein, die wir so gerne ausblenden: die Dimension der Schuld. Direkt im Anschluß an das, was ich verlesen habe, ist im Zusammenhang mit dem politischen Desaster von Sünde und Schuld die Rede, davon, daß das Kleid der Gerechtigkeit besudelt sei. Das ist Klarsicht, die aus dem Gebet erwächst.

Ich erlebe unter uns oft das Gegenteil. Da wird das, was uns leiden läßt, oft wie ein Schicksal dargestellt, fast wie eine Naturgesetzlichkeit, der man ausgeliefert sei. Im politischen Bereich etwa lauten die Stichworte: »Globalisierung«, »Standortsicherung«. Gewiß, auch diese Worte treffen etwas, aber mit ihrer Nennung ist doch längst nicht alles gesagt. Als ob es nicht auch Schuld gäbe, ungerechte Verteilung, ungerechtfertigte Privilegien und ungerechte Antworten auf die mit diesen Worten doch nur erst umschriebenen Herausforderungen! Wer in dieser Welt auf Gott wartet, der verstreut keinen Nebel, im Gegenteil, der ist gleichsam gezwungen zur schonungslosen Klarheit, die nicht davor zurückweicht, Schuld Schuld zu nennen.

Nicht umsonst ist die Adventszeit von alters her Bußzeit. Wer fragt: »Wo bist du, Gott?«, der gibt den Selbstschutz preis und wird nun auch umgekehrt die Frage Gottes hören: »Mensch, wo bist du?« und: »Was hast du getan?« Und wer Gott zur Umkehr ruft, müßte ja schamrot werden, wenn er nicht zugleich begönne, von seinem bösen Wege umzukehren.

So ist es sicher nicht von ungefähr, daß Friedrich Spee, gepriesen sei er, der in so herzzerreißender Weise nach dem Heiland im Himmel ruft, der Mann war, der tapfer und keineswegs selbstverständlich den Skandal der Hexenverfolgung gegeißelt hat, jenen Amoklauf einer Männerkirche, dem nahezu 100.000 Frauen zum Opfer fielen. Die ganz wenigen Stimmen vor ihm – Luther und Calvin gehörten nicht dazu! – blieben ungehört; er war der einsame Rufer in der Wüste, dessen Stimme (1631) beachtet und von anderen aufgenommen wurde.

Zur Klarsicht des Beters gehört schließlich, daß er, wenn er denn Schuld benennt, sich selbst nicht ausnimmt. Der Prophet, der hier betet, bezieht sich ausdrücklich in das Schuldbekenntnis mit ein, mehr noch: Er sieht den Zusammenhang zwischen dem politischen Desaster und dem geistlichen Niedergang. Was heißt das? Die erste Frage der adventlichen Gemeinde wird nie lauten: »Wo wird in der Welt überall gesündigt?«, sondern: »Wo sündigen wir, und was bleiben wir der Welt schuldig?« Lassen Sie mich an einem Beispiel unseres Textes zeigen, wie radikal diese Frage gestellt werden kann. An einer Stelle heißt es: »*Abraham weiß von uns nichts, und Israel kennt uns nicht. Du, HERR, bist unser Vater*« (V. 16). Man kann diese Stelle auch so übersetzen: Abraham will nichts mehr von uns wissen, und Israel will uns nicht mehr kennen. Das würde heißen: Im Angesicht Gottes werden wir gewahr, daß wir unsere Tradition verlassen und verraten haben, daß wir ihrer nicht mehr würdig sind. Können wir diese Bewegung mitvollziehen? Gott nimmt uns ins Gericht, und unsere wertvollsten Zeugnisse der Tradition treten wie Ankläger auf den Plan? Da sagt der Heidelberger Katechismus: »Die Reformierten erkenne ich längst nicht mehr wieder«. Die Barmer Theologische Erklärung sagt: »Gemarke – kannst du vergessen«. Und das Apostolische Glaubensbekenntnis würde sich weigern, zu einem Taufgottesdienst zu erscheinen.

Uns bliebe nur noch eins: mit dem Beter aus dem Jesajabuch zu stammeln: »Gott, unser Vater und Erlöser, kehr zurück um deiner Knechte willen!«

III Hoffnung

Liebe Gemeinde, wenn man so will, gibt es also zwei zwar nicht gute, aber menschlich verständliche Gründe, nicht auf Gott zu warten: man vermeidet den Schmerz über seine Abwesenheit und die Klarheit bezüglich der eigenen Schuld. Deshalb lautet die wichtigste Botschaft des Gebetes, in das wir uns hineinzuhören begonnen haben: Gebt dieser Versuchung nicht nach. Hört auf mit eurer Vermeidungsstrategie, denn was man vermeidet, ist ja nicht weg, und früher oder später holt es einen ein. Vor allem aber: Was hülfe es euch, wenn ihr auf dem Weg der Vermeidung die ganze Welt gewönnet und nähmet doch Schaden an eurem Leben. Denn abgeschnitten von eurem Gott verliert ihr Leben, ohne Gott verliert ihr Hoffnung, die allein zu tragen vermag.

Was also sollen wir tun? Wir sollen das tun, was in den Worten, auf die wir heute morgen hören, geschieht: Wir sollen auf Gott warten, und das heißt: Wir sollen nach ihm rufen, wir sollen beten. Das klingt jetzt so schlicht – ist es auch, aber es ist nicht selbstverständlich. Denn oft geschieht doch folgendes: Die Anfechtung, sagen wir einfach: der Unglaube oder die eigene Schuld hindern uns, überhaupt noch den Kontakt zu Gott zu suchen. Man sagt sich dann vielleicht: Ja, wenn ich glauben könnte, dann würde ich auch beten, aber so?

Liebe Schwestern und Brüder, dagegen lautet der entscheidende Hinweis, der von diesem Gebet, der von allen Gebeten in der Bibel ausgeht: Mach's nicht so, mach's genau anders herum. Nimm deinen Unglauben, nimm deine Klage über die Verborgenheit Gottes, nimm deine Schuld *mit ins Gebet*. Der Beter, dem wir heute morgen zugehört haben, ist doch nicht frommer als wir, er hat doch unsere Fragen: Wo bist du Gott? Warum greifst du nicht ein? Warum bist du so fern? Warum gibt es bei uns soviel Not und Niedertracht?

Nur: Er stellt sie. Statt ins Grübeln zu verfallen, richtet er sie an die einzig richtige Adresse. Er bleibt in Kontakt mit Gott, indem er ihn anruft. Jawohl, jetzt erst recht spürt er den Schmerz der Gottesferne. Aber es ist kein dumpfer Schmerz, sondern ein akuter, glühender, einer, der, indem er erfahren wird, auch überwunden wird. Jawohl, jetzt muß er sich seiner Schuld stellen, aber gerade deshalb erstickt er nicht daran, weil Gott mit seiner Vergebung auf ihn wartet. Mit einem Wort: Indem der Beter all das, was ihn von Gott trennt, mit hineinnimmt in seine Anrufung Gottes, wendet sich seine Klage in Hoffnung.

In der Hinwendung zu Gott stellt sich tröstliche Erinnerung ein: Erinnerung an schon geschehene Erweise der Güte Gottes. Und aus solcher Erinnerung wächst die Kraft, in Zeiten der Dürre durchzuhalten. Und indem der Beter seine Hoffnung beim Namen nennt, stellen sich neue Bilder der Hoffnung ein. Der Ruf nach Gott verringert am Ende die Distanz, denn, so heißt es: Gott handelt an dem, der auf ihn harrt.

Liebe Gemeinde, das letzte müssen Sie mir nicht glauben, ich kann es auch nicht beweisen oder gar argumentativ vertreten. Was in einer Begegnung geschehen kann, läßt sich nämlich nicht plausibel machen, wenn man über Begegnung redet statt zu begegnen. Wir können uns nur einstimmen und mitnehmen lassen, nun unsererseits das zu tun, wovon hier die Rede war: auf Gott warten und nach ihm rufen. Dann mag auch in uns die Hoffnung lebendig werden, die da spricht: »*Kein Ohr hat gehört, kein Auge hat gesehen einen Gott außer dir, der so wohl tut denen, die auf ihn harren.*« Amen.

Ein jeder murre wider seine Sünde

Predigt über Klagelieder 3,39[1]
(Peter Bukowski)

Was murren denn die Leute im Leben?
Ein jeder murre wider seine Sünde!

Liebe Gemeinde,

so konnte Israel seinen Volkstrauertag begehen. So hat das Volk Gottes sich in schwerer Zeit mit sich, mit seiner Vergangenheit auseinandergesetzt: im intensiven, bis an die Grenzen des Aushaltbaren gehenden Murren wider die eigene Sünde.
»Was murren denn die Leute im Leben?« – Im Murren, im Meckern, aber auch im tiefen und ernsten Klagen und Trauern über die eigene Vergangenheit und das jetzt Gewordene waren die Leute zu allen Zeiten und an allen Orten groß – wir auch. Im Murren sind wir gut. Der Dienst, den das Volk Gottes uns tut, wenn wir es denn zu uns reden lassen, liegt in der Fortsetzung dieses Sätzchens: *»Ein jeder murre wider seine Sünde!«* Der Psalm 106, den wir in Auszügen gehört haben, ist dafür ein besonders sprechendes Beispiel. Lassen Sie uns jetzt auf seine Botschaft hören. Wenn wir das lernen und uns zu Herzen nehmen: *»Ein jeder murre wider seine Sünde!«*, dann wird unser Volkstrauertag zu einem gesegneten Tag. Denn das Bekenntnis der eigenen Sünde bringt Reinigung und Erneuerung, auf ihm liegt Gottes Verheißung.

I

»Wir haben gesündigt samt unsern Vätern, wir haben unrecht getan und sind gottlos gewesen.« (Psalm 106,6) Mit diesen Worten beginnt nach der Gebetseröffnung das Sündenbekenntnis, das den größten Teil unseres Psalms ausfüllen wird.
Das also heißt, wider seine Sünde murren: daß man mit der eigenen Sünde anfängt und bei ihr *bleibt. Wir* haben gesündigt, *wir* haben un-

---

1 Die Predigt nimmt des öfteren Bezug auf die Schriftlesung: Psalm 106.

recht getan, *wir* sind gottlos gewesen. Punkt. Und nicht, wie es bei uns nur allzuoft geschieht, jetzt ein Komma setzen und mit einem »aber«, oder »allerdings« fortfahren; nach dem Motto: »Wir haben gesündigt, aber doch nicht nur wir, die anderen haben auch Dreck am Stecken« oder: »Wir haben gesündigt, allerdings hatte das ja auch seine Gründe, man denke nur an ...« Alles, was jetzt genannt werden mag – und sei es für sich genommen auch noch so richtig –, kann das Murren wider die eigene Sünde nur stören. Denn am Ende läuft es dann doch darauf hinaus, das eigene böse Tun auf die eine oder andere Weise in einen größeren Zusammenhang einzuordnen, zu erklären, gegen anderes Böse abzuwägen und so zu relativieren. Und eben damit hat man es sich schon wieder vom Hals geschafft, ist der Konfrontation mit dem eigenen Bösen einmal mehr ausgewichen. Ein Sündenbekenntnis, das den Namen verdient, bleibt bei der eigenen Sünde: *Wir* haben Unrecht getan. Punkt.

Damit ist natürlich nicht gemeint, daß es nach diesem Punkt nicht weitergehen dürfte, die Frage ist nur: Wie? In Psalm 106 folgen auf den Obersatz (»*Wir haben gesündigt*«) viele weitere Sätze, aber sie heben den ersten Satz nicht auf, sie schwächen ihn auch nicht ab, im Gegenteil: Sie lösen ihn ein, indem jetzt das, was zuerst ganz pauschal und grundsätzlich bekannt worden ist, konkret erzählt und damit erinnert wird.

In der Lesung hörten Sie nur den Anfangs- und Schlußteil dieser Erzählung. Tatsächlich wird die ganze Geschichte des Volkes Gottes, beginnend mit der Sklaverei in Ägypten über die Wüstenwanderung und die Landnahme bis zur Seßhaftwerdung und zur Staatlichkeit Israels aufgerollt und erinnert: als Schuldgeschichte. Für jede Zeit wird ein typisches Beispiel herausgegriffen und konkret nachgezeichnet.

Liebe Gemeinde, diese Konkretheit gehört zu einem ernsthaften Bekennen der eigenen Schuld dringend hinzu. Schuldbekenntnisse können nämlich so im Grundsätzlichen verbleiben, daß sie sich irgendwann ins formelhaft Unverbindliche verflüchtigen: Sie passen irgendwie auf alles und jedes und tun deshalb niemandem so recht weh. Ich habe am 9. November an einer Gedenkveranstaltung teilgenommen und außerdem eine Reihe von Reden und Stellungnahmen zu diesem Tag gelesen. Was mich bedenklich stimmt, ist die immer wieder zu hörende Formel: »Wir haben zugesehen« bzw. »Wir haben geschwiegen« Bestand das christliche Deutschland 1938 nur aus untätigen, stummen Gesellen – aus wegen ihrer Passivität Schuldigen? Ich fürchte, in solchen allgemeinen Formulierungen ist der Selbstbetrug schon wieder eingebaut. Israel bekennt in Psalm 106, was es konkret an Bösem getan und gesagt hat. *»Ein jeder murre wider seine Sünde!«* Ob das ernsthaft geschieht, hängt daran, ob es sich wie im Psalm konkretisiert in Namen, Zahlen, Daten, Fakten, die es allererst ermöglichen, in Kontakt mit dem eigenen Vergehen zu kommen.

Lassen sie mich noch hinzufügen: Zur Radikalität des Redens von der eigenen Sünde gehört schließlich dies, daß man beim Thema bleibt. Es fällt ja auf, daß in unserem Psalm nicht nur einseitig von der *eigenen* Schuld geredet wird, sondern daß nur von der *Schuld* geredet wird. Das legt sich für Israel keineswegs besonders nahe. O nein, dieses Volk hatte wahrhaftig seine geschichtlichen Glanzpunkte, hatte an religiöser Tiefe und kultureller Weite wahrlich Bedeutsames vorzuweisen; hatte, wenn ich es einmal so sagen darf, seinen Goethe und Schiller. Aber es denkt nicht daran, mit dem einen vom anderen abzulenken, also neben das Böse das Gute zu stellen in der Hoffnung auf eine einigermaßen ausgeglichene Bilanz. Jetzt, wo es nun einmal um Sünde und Schuld geht, bleibt es beim Thema, und macht auch in dieser Hinsicht ernst mit der Aufforderung: *»Ein jeder Murre wider seine Sünde!«*

Liebe Gemeinde, alles, was ich im Hinhören auf den Psalm zu sagen versuchte, ruht auf einer Voraussetzung, von der ich bisher stillschweigend ausgegangen bin, die ich jetzt aber doch ausdrücklich nennen muß. Der Obersatz über dem Sündenbekenntnis – ich habe ihn schon zitiert – lautet: »Wir haben gesündigt *samt unseren Vätern*«. Das bedeutet: Was wir wurden und also jetzt sind, sind wir als Glieder in einer Kette der Generationen, aus der sich niemand beliebig ausklinken kann. Gerade im Blick auf die Sünde gilt: Wir samt unseren Vätern und Müttern. Ob uns das paßt oder nicht, wir tragen an der Schuld der Väter und Mütter mit. Und erschrocken mußten wir gerade in den letzten Jahren miterleben, wie diese Schuld uns immer wieder einzuholen, ihre Unsaat unter uns zu säen vermag. Als Verwickelte in die Schuld der Väter und Mütter bedürfen wir der Gnade – und nur Gott vermag sie uns zu geben, nicht der Termin unserer Geburt.

II

»Wir ... samt unseren Vätern« – dieser Satz macht unser Fragen nach Sünde und Schuld aber auch deshalb dringend und zugleich bedrängend, weil er uns auf die *Gegenwart* hinweist; und zwar, indem er uns an die Zukunft erinnert. Was, so lautet die Frage, bürden wir denen, die nach uns kommen, an Sündenhypothek auf? *»Ein jeder murre wider seine Sünde!«* kann dann nur heißen: Wir stellen uns den Schatten der Vergangenheit, um auch dessen, was wir heute an Bösem tun, gewahr zu werden – im Gedenken an die, die nach uns kommen. Ich hörte in der letzten Woche eine Bibelarbeit von Prof. Klaus Peter Hertzsch aus Jena, der uns den Gedanken, daß wir in der Gegenwart vor der Zukunft bestehen müssen, auf folgende Weise einschärfte:

»Wir machen im Bereich der ehemaligen DDR zur Zeit eine eigentümliche, auch heilsame Erfahrung. Unsere Vergangenheit wird aufgearbeitet, und andere bieten uns an, uns da behilflich zu sein. Jeder von uns wird gefragt, was er getan hat, unser Leben kommt auf den Prüfstand, und es wird angefragt, was wir gemacht haben und was wir unterlassen haben. Ihr habt das doch alles gewußt, sagt man uns, warum habt ihr denn so gelebt und dies getan und dies nicht getan. Unser Leben wird beurteilt oder auch verurteilt. Niemand, der in unserem Land in diesen 40 Jahren recht oder schlecht gelebt hat, konnte damit rechnen. Aber heute müssen wir uns dem stellen. Jetzt aber, liebe Schwestern und Brüder, frage ich mich, wie, wenn in 20 oder wieder in 40 Jahren wieder eine Enquete-Kommission zusammentritt oder ein Tribunal und die 90er Jahre aufarbeitet oder die Jahre um die Jahrtausendwende? Wenn ich mir vorstelle, daß in dieser Enquete-Kommission nicht mehr Rainer Eppelmann sitzen wird, sondern Menschen aus der Dritten Welt, Afrikanerinnen, Asiaten, Menschen aus Südamerika, die Jungen und Mädchen aus den Favelas, die trotzdem noch groß geworden sind, die Hungerkinder von einst, oder auch die Kinder derer, die heute an den Rand unserer Gesellschaft gedrängt werden, oder die Klimaexperten und Umweltfachleute von morgen, die wenigstens als Kinder noch erfahren haben, wie Störche und Schmetterlinge aussehen und Tannenschläge – dann höre ich die schon fragen, was habt ihr euch denn damals gedacht? Ihr habt das doch gewußt, daß sie bei uns Jahr für Jahr zu Hunderttausenden elend verhungerten und daß bei euch laut allgemein zugänglicher Statistik 60 Milliardäre gelebt haben und 700 Millionen an der Armutsgrenze, und welchen verheerenden Schaden ihr anrichtet mit eurem Konsumverhalten und mit eurem Umweltleichtsinn. Ihr habt das doch alles gewußt. Warum habt ihr denn dies getan, so gelebt und dies alles unterlassen? Wenn dich dein Sohn nun morgen fragen wird, was willst du ihm antworten? Denn die Gnade der späten Geburt reicht immer nur so lange, bis die nächste Generation aufgewachsen ist und ihre bohrenden Fragen stellt.«

Und deshalb, liebe Gemeinde, laßt uns heute von Israel lernen, wider unsere Sünde murren: indem wir bei uns bleiben (und nicht auf die Sünden der anderen schielen), indem wir konkret werden und indem wir beim Thema bleiben, es also vermeiden, von unserer Sünde abzulenken.

III

Wie das möglich ist, davon redet unser Vers (und auch der Psalm), indem er das Wort »Sünde« benutzt. Denn wenn die Bibel von Sünde redet, meint sie nicht nur die eine oder andere böse Tat, meint auch nicht nur die bösen Folgen unseres Tuns – das wäre Schuld –, mit dem Wort Sünde bringt sie vielmehr Gott ins Spiel. Sünde bezeichnet immer zuerst unseren Abfall von Gott, Gottvergessenheit, also mangelndes Gottvertrauen. Ich kann das jetzt nicht mehr ausführlich entfalten. Erlauben Sie mir deshalb, meine Predigt einmal ausnahmsweise mit einigen katechismusartigen Sätzen zu beschließen, die ich jeweils kurz erläutere. Es sind fünf Sätze:

1. Die Erinnerung an Gottes Güte öffnet Dir die Augen für Deine Sünde.

Erläuterung: Auch und gerade der 106. Psalm beginnt mit den Worten: *»Danket dem HERRN; denn er ist freundlich, und seine Güte währet ewiglich.«* Und in der Folge wird die Sünde erkannt gerade im Licht der nicht nachlassenden Treue und Begleitung Gottes. Merke: Erst wenn wir uns daran erinnern lassen, wie reich Gott uns alle Morgen neu mit Lebens*möglichkeiten* segnet, werden wir ein Gespür dafür entwickeln, wie *unmöglich* wir uns benehmen. Deshalb:

2. Gott gebührt Dank, der Sünde Schelte. Wehe, wenn Du diesen Sachverhalt verrückst.

Erläuterung: Gerade in schwierigen Zeiten neigen wir dazu, gegen Gott zu murren: »Wie kann Gott das zulassen?« fragen wir dann. Damit schwächen wir uns doppelt: Wir verlieren den Halt bei Gott, weil wir ihn in Frage stellen, und wir machen uns klein, weil wir uns nur als Ausgelieferte begreifen anstatt als Mitbeteiligte. Statt Gott schlechtzumachen sollten wir uns bei ihm im Kampf gegen unsere Sünde stärken.

3. Das Vertrauen in Gottes Güte macht Dich stark gegen die Sünde.

Erläuterung: In V. 7 unseres Psalms heißt es: *»Unsere Väter in Ägypten wollten deine Wunder nicht verstehen. Sie gedachten nicht an deine große Güte und waren ungehorsam am Meer, am Schilfmeer.«* Beides hängt zusammen: Wem das Wunder der immer neuen Güte Gottes in Vergessenheit gerät, der meint, selbst Wunder vollbringen zu müssen, und gerät leicht auf die schiefe Bahn. Denn ohne den Halt in Gott fange ich an festzuhalten und auszugreifen, kurz: Ich suche den letzten Halt in meiner Umgebung, und das führt meist dazu, daß ich diese ausbeute. Gottvertrauen hingegen gibt Halt. Und wer Halt gefunden hat, der kann aufhören, sich auf Kosten anderer aufzurichten. Er kann sich ihnen zuwenden. Das tut den anderen gut und schadet der Sünde.

4. Die beste Orientierung im Kampf gegen die Sünde bietet das erste Gebot.

Erläuterung: Woran du dein Herz hängst, das ist dein Gott, sagt Luther. Falsche Götter sind tödlich. Im Psalm hieß es: Sie *»dienten ihren Götzen; die wurden ihnen zum Fallstrick. Und sie opferten ihre Söhne und* *ihre Töchter den bösen Geistern und vergossen unschuldig Blut, das Blut ihrer Söhne und Töchter«* (V. 37–38a). Das ist nicht übertrieben. Wer heute das Grab eines im Zweiten Weltkrieg Gefallenen besucht, der besucht das Grab eines Menschen, der der Vergötzung von Volk und Nation zum Opfer gefallen ist. Und – Gott sei's geklagt – auch heute werden Söhne und Töchter Opfer der von uns angebeteten Götzen. Ich muß sie nicht nennen; jeder weiß, welchen Göttern wir unverantwortlichen Tribut zollen. Nicht Erkenntnis mangelt uns, sondern Gehorsam gegen Gottes Gebot und der Mut umzukehren. Und deshalb zuletzt:

5. Es lohnt sich umzukehren, weil Gott die, die wider die eigene Sünde murren, in Gnaden annimmt und aufrichtet.

Erläuterung: Keine. Statt dessen am Ende das helle Evangelium, in das Psalm 106 mündet: *»Da sah er ihre Not an, als er ihre Klage hörte, und gedachte an seinen Bund mit ihnen, und es reute ihn nach seiner großen Güte. Und er ließ sie Barmherzigkeit finden«* (V. 44–46). Amen.

Wider den scheelen Blick

Predigt über Matthäus 20,1–15
(Peter Bukowski)

Denn das Himmelreich gleicht einem Hausherrn, der früh am Morgen ausging, um Arbeiter für seinen Weinberg einzustellen. Und als er mit den Arbeitern einig wurde über einen Silbergroschen als Tagelohn, sandte er sie in seinen Weinberg. Und er ging aus um die dritte Stunde und sah andere müßig auf dem Markt stehen und sprach zu ihnen: Geht ihr auch hin in den Weinberg; ich will euch geben, was recht ist. Und sie gingen hin. Abermals ging er aus um die sechste und um die neunte Stunde und tat dasselbe. Um die elfte Stunde aber ging er aus und fand andere und sprach zu ihnen: Was steht ihr den ganzen Tag müßig da? Sie sprachen zu ihm: Es hat uns niemand eingestellt. Er sprach zu ihnen: Geht ihr auch hin in den Weinberg. Als es nun Abend wurde, sprach der Herr des Weinbergs zu seinem Verwalter: Ruf die Arbeiter und gib ihnen den Lohn und fang an bei den letzten bis zu den ersten. Da kamen, die um die elfte Stunde eingestellt waren, und jeder empfing seinen Silbergroschen. Als aber die ersten kamen, meinten sie, sie würden mehr empfangen; und auch sie empfingen ein jeder seinen Silbergroschen. Und als sie den empfingen, murrten sie gegen den Hausherrn und sprachen: Diese letzten haben nur eine Stunde gearbeitet, doch du hast sie uns gleichgestellt, die wir des Tages Last und Hitze getragen haben. Er antwortete aber und sagte zu einem von ihnen: Mein Freund, ich tu dir nicht Unrecht. Bist du nicht mit mir einig geworden über einen Silbergroschen? Nimm, was dein ist, und geh! Ich will aber diesem letzten dasselbe geben wie dir. Oder habe ich nicht Macht zu tun, was ich will, mit dem, was mein ist? Siehst du scheel drein, weil ich so gütig bin?

Liebe Gemeinde,

obwohl im Gleichnis Jesu alles auf jene kritische Rückfrage zuläuft, die der Hausherr am Ende stellt, möchte ich zuerst einen anderen Satz unterstreichen. Er beinhaltet das Evangelium, das uns heute morgen mit dieser Geschichte zugesprochen wird, und lautet: *»Da kamen, die um die elfte Stunde eingestellt waren, und jeder empfing seinen Silbergroschen.«*

I

Das ist gute Nachricht für uns, weil wir, oder doch zumindest viele unter uns, wenn es um das Reich Gottes geht, an die Seite jener letzten
gehören. Allenfalls auf die Seite der vorletzten. Seien wir doch ehrlich:
Wer unter uns wollte denn behaupten, daß er von früh bis spät und
mit aller seiner Kraft für Gott am Werke wäre?! Zweifellos gibt es solche Menschen auch heute, und es liegt mir fern, ihr Verdienst zu
schmälern, wie ja auch das Verdienst derer, die sich in der Hitze des
Tages im Weinberg abgerackert haben, nicht geschmälert, sondern ausdrücklich gewürdigt wird. Aber noch einmal: Solche Menschen, die
ganz für Gott leben, sind rar. Und zumindest für mich kann ich sagen:
Auch wenn ich hauptamtlich in der Kirche und für die Kirche arbeite
und mich in meiner Arbeit auch redlich mühe, so würde ich doch
nicht wagen zu behaupten, daß ich schlechterdings den ganzen Tag
für Gott im Einsatz wäre; nein, wenn ich ehrlich bin, muß ich sagen:
Vieles von dem, was ich tue, dient menschlichen Zwecken, erfolgt bisweilen aus allzu menschlichen Motiven. Ich meine es also beileibe
nicht kokett, sondern ganz ernst und realistisch, wenn ich viele unter
uns, mich eingeschlossen, was das Reich Gottes betrifft, eher bei den
letzten ansiedele. Bei denen, die zwar für ihren Herrn im Einsatz waren, aber eben nur in sehr begrenztem Maße. Die meisten von uns arbeiten als Christen – wenn ich das einmal so sagen darf – in überschau-
baren Einheiten; das christliche Leben ist eher einer Nebentätigkeit als
dem Hauptberuf vergleichbar.
Aber eben uns, die wir, was den Glauben und das christliche Leben betrifft, oft so zögerlich, so säumig, so träge und so unzuverlässig sind,
gilt die gute Botschaft: »... *jeder empfing seinen Silbergroschen.*« Jeder
bekommt den vollen Lohn. Nicht, weil er es verdient hätte, sondern
weil Gott gütig ist. Weil ihm die Seinen am Herzen liegen, gibt er jedem, was zum Leben nötig ist.
Und sei's also, daß einer unter uns wäre, der sich ein Leben lang einen
Dreck um Gott und den Glauben geschert hätte und sich erst jetzt, wo
sich die Mühen des Alters einstellen, wieder auf Religion besinnt, nach
dem Motto: »Wer weiß, wofür's gut ist?«; oder einer, der vielleicht
immer ein treuer und aktiver Christ war, aber innerlich ist es ganz
hohl, und Gott ist ihm fremd oder unglaubhaft geworden; oder einer,
dem selbst jetzt, wo er hierhergekommen ist, das Gottesdienstliche an
dieser Veranstaltung im Grunde egal ist, weil er gekommen ist, um die
schöne Musik zu genießen – sie alle sind nicht nur herzlich willkommen, ihnen wird nicht nur zugestanden, daß sie so hiersein dürfen, wie
sie nun mal dran sind, sondern ihnen wird ausdrücklich gesagt: Dir
verspricht Gott den vollen Lohn seiner Güte. Er schenkt dir das, was

du zum Leben brauchst, genauso gern und genauso reichlich wie den eifrigsten seiner Kinder: Er schenkt dir seine Güte, die Gewißheit, daß du von ihm gewollt und dein Leben von ihm gehalten ist. Er schenkt dir täglich sichtbare Zeichen seiner Güte, und er verspricht, daß er dir die Treue halten wird, auch in der Stunde deines Todes, wenn er am Ende deiner Zeit mit seiner Ewigkeit auf dich wartet. Das alles bekommst du, sagt Jesus, so gewiß, wie in der Geschichte alle ihren Silbergroschen bekommen – alle, auch die letzten, diese sogar zuerst.

Übrigens war der Silbergroschen damals ein besonderes Maß, und es ist gut, sich das an dieser Stelle vor Augen zu halten: Es ist gerade soviel, wie ein Mensch für einen Tag braucht, nicht weniger, allerdings auch nicht mehr. Ich erwähne das, weil es Menschen gibt, die auch bei Gott immer das Gefühl haben, sie kriegten zuwenig. Deshalb haben schon damals in der Wüste welche versucht, vom täglichen Manna etwas auf die Seite zu schaffen. Aber das geht nicht, man kann die Güte nicht horten. Sie ist alle Morgen neu. Deshalb lehrt Jesus uns beten: »*Unser tägliches Brot gib uns heute.*« In jeder anderen Hinsicht gibt es Unterschiede, rätselhafte und oftmals himmelschreiende Unterschiede; aber laßt uns darauf vertrauen, daß Gott seine Güte jedem so bemißt, wie er oder sie es für jeden Tag braucht. Was seine Güte betrifft, da betreibt Gott Gleichmacherei: »*ein jeder seinen Silbergroschen.*« Genug für den heutigen Tag – und morgen wird Gottes Güte dich neu erreichen.

II

Liebe Gemeinde, ich habe soeben aus dem Gleichnis das Stichwort von der »Gleichmacherei« aufgegriffen. Damit hat es eine seltsame Bewandtnis. Wenn man von ihr profitiert, läßt man sie sich gerne gefallen. Aber wehe, wenn von der Gleichmacherei andere profitieren, wenn diese anderen mir, der ich mich verdienstvoller wähne, gleichgemacht werden. Dann wird's eng. Dann habe ich auf einmal volle Sympathie für jene ›Männer der ersten Stunde‹, dann erlebe ich die den anderen zugewandte Güte als mir zugefügtes Unrecht – und werde sauer. Auf diesen unseligen Mechanismus weist Jesus uns mit dem zweiten Teil seines Gleichnisses hin. Er weist uns darauf hin, um uns herauszuholen, um uns von dem unseligen, kleinlich-blöden Nachrechnen zu befreien: »*Siehst du scheel drein, weil ich so gütig bin?*« Ich möchte diese Mahnung unseres Gleichnisses in sozialer und in geistlicher Hinsicht bedenken.

Zum ersten Punkt eine Vorfrage: Hat das Gleichnis uns in sozialer Hinsicht überhaupt etwas zu sagen? Diese Frage ist immer wieder verneint worden. Es biete keine Anweisung für Tarifregelungen, wurde argumentiert; mit dem Verhalten des »Hausherrn« könne nicht nur der Arbeitgeberverband, sondern auch die Gewerkschaft nicht einverstanden sein. Es müsse im Arbeitsleben gerecht, es könne nicht gnädig und also ungerecht zugehen. Fazit: Man müsse streng auf die geistliche Pointe des Gleichnisses hören. Luther scheint fast Angst vor Mißverständnissen gehabt zu haben, weshalb er in einer Predigt zu unserem Text sagt: »Dies ist ein schweres Evangelium, aus welchem das junge Volk und einfache Menschen nicht viel lernen können.«

Ich finde nun diese Übervorsicht fast schon ein wenig verdächtig. Zweifellos: Jesus will uns mit der Geschichte etwas über das Reich Gottes lehren und nicht über das Tarifrecht. Und doch: Ich mag es nicht für Zufall und auch nicht für beliebig ansehen, daß Jesus das Material seiner Geschichte nun einmal aus der Arbeitswelt genommen hat. Er erzählt von Tagelöhnern in einer Zeit, über der wie über unserer das Gespenst der Arbeitslosigkeit schwebte. Nur eine Zahl: Nach Fertigstellung des Tempels standen so viele Leute auf der Straße, daß in Jerusalem 18.000 Menschen zu Straßenarbeiten herangezogen wurden – das waren im Grunde ABM-Stellen, eingerichtet, um dem größten Chaos zu wehren. Und in aller Not, die über der Arbeitswelt lag, waren die Tagelöhner wirklich das Letzte. Kluge Leute haben damals Gutsbesitzern empfohlen, Tagelöhner statt Sklaven einzusetzen, weil das sich besser rechne. Noch einmal: In dieser Welt, also auf der untersten Sprosse der sozialen Leiter, läßt Jesus eine Geschichte sich ereignen, in der das Reich Gottes aufleuchtet – und dieser Zusammenhang soll nicht wichtig sein?

Ich meine, daß das Gleichnis durchaus Hinweise und Anregungen enthält, die wir für Fragen unseres sozialen Zusammenlebens fruchtbar machen können. Einiges kann ich aus Zeitgründen jetzt nur antippen: So wird z.B. mit den ersten ein regelrechter Arbeitsvertrag nach geltendem Tarifrecht abgesprochen; auch die Tagelöhner werden also korrekt behandelt, ihre Notlage wird nicht ausgenutzt. Den letzten werden ihre Worte geglaubt, statt sie zu verdächtigen nach dem Motto: »Die wollen wohl gar nicht ...« Der Hausherr ist zwar gnädig, aber nicht willkürlich: Die ersten bekommen, was ausgemacht war. Zweierlei will ich etwas deutlicher unterstreichen:

Zum einen: Auch die, die auf dem Arbeitsmarkt nicht richtig Fuß fassen können, kriegen genug zum Leben. Und der Vorgang liest sich so, als wäre dem Hausherrn besonders wichtig, daß keiner unumkehrbar durch das Netz der sozialen Sicherung fällt.

Liebe Gemeinde, es darf ja wohl nicht verboten sein, daß wir uns als Christenmenschen von diesem Zug unserer Geschichte anregen, vielleicht auch aufregen lassen. Die Frage lautet: Wird den Bedürftigsten auch die meiste Achtsamkeit und die größte Kreativität einer Gesellschaft zuteil. Bleibt zumindest jedem sein Minimum? Oder sind wir auf dem Weg, den Armutsforscher manchen angelsächsischen Gesellschaften voraussagen: von der 2/3- hin zur 4/5-Gesellschaft, wobei das fünfte Fünftel ein in Ghettos verkommender Abschaum ist, dessen Verelendung die Gesamtgesellschaft in Kauf nimmt.

Zum anderen: Wenn wir als Christen mithelfen wollen, daß die Verelendung der Armen nicht weiter fortschreitet, dann müssen wir uns schleunigst das abgewöhnen, was der Hausherr an den Ganztagsarbeitern auszusetzen hat: den scheelen Blick. *»Diese letzten haben nur eine Stunde gearbeitet, doch du hast sie uns gleichgestellt«* – so schäumen die, die miterleben, daß andere von der Gleichmacherei profitieren. Und dieser Neid, dieses Geifern, dieses kleinliche Rechnen und scheel Gukken ist – wo es sich durchsetzt – etwas Furchtbares. Wie tief das in vielen von uns steckt, habe ich erfahren, als zu Beginn der 80er Jahre meine damalige Gemeinde begann, sich der Stadtstreicher anzunehmen. Da bekam ich jene Selbstgerechtigkeit immer wieder zu hören: »Wir haben nach dem Krieg auch bei Null angefangen und sind schließlich auch nicht in der Gosse geendet. Aber wir haben uns auch zusammengerissen, haben jede Mark dreimal umgedreht, statt sie in die Kneipe zu tragen ...« (Wir erinnern uns: »Wir haben in der Hitze des Tages ...«) Und oft folgte dann noch der Spruch von »unseren Steuergroschen« und von »unseren Taschen«, auf denen die Penner und andere Nichtsnutze uns liegen.

Wenn man sich auf die Logik dieser Sichtweise einläßt, ist ihr kaum beizukommen. Unsere Gesellschaft braucht Menschen, die diese Art zu denken von innen heraus verlernt haben; die anderen etwas gönnen, statt das, was anderen zukommt, bei sich als Verlust zu verbuchen. Unsere Gesellschaft braucht eine Kultur des Erbarmens. Und Erbarmen lernen wir um so mehr, als wir uns dessen erinnern, was uns im Leben an Güte zuteil geworden ist. Daß manche gut wirtschaften können, den Verführungen der Werbung nicht erliegen und sich also nicht verschulden, das ist doch nicht nur ihr Verdienst, das ist ihnen doch auch geschenkt worden! Gerade unsere Tugenden und, so betrachtet, unsere Verdienste sind Gnade. Wenn wir das begreifen und Gott dafür danken, werden wir frei, den andern das zu gönnen, was ihnen an Hilfe zuteil wird – und nach Kräften mitzuhelfen.

III

Und so sind wir, indem wir über die soziale Dimension unseres Gleichnisses nachdachten, gleichsam notgedrungen zu seiner geistlichen Dimension zurückgekehrt, einfach deshalb, weil sich beides nicht trennen läßt und das eine auf das andere einwirkt. Eigentlich ist es seltsam: Obwohl wir uns doch, wie ich eingangs sagte, geistlich gesehen eher zu den letzten rechnen müssen, bedürfen auch wir der Mahnung Jesu, nicht scheel zu blicken, weil Gott gnädig ist. Das liegt daran, daß wir immer wieder vergessen, wieviel Güte Gott uns zukommen läßt, wieviel Arbeit er sich mit uns macht, wieviel wir in unserem Leben ihm zu verdanken haben. Und wie wir sahen: Wenn wir das vergessen, werden wir mißgünstig und eng.

Nun ist es traurig, aber wahr, daß die Menschen, die man landläufig fromm oder auch anständig nennt, an dieser heiklen Stelle besonders gefährdet sind. Das war schon immer so: Der Prophet Jona ärgert sich über die Begnadigung von Ninive; der ältere Bruder über die Vergebung, die dem verlorenen Sohn zuteil wird; die Frommen in Jesu Umgebung ärgern sich über dessen Umgang mit dem Gesindel aus Zöllnern und Sündern. Etwas salopp könnte man sagen: Den Bürgerlich-Normalen ist es ein Dorn im Auge, daß der liebe Gott – statt Hüter ihrer Ordnung zu sein – die ›unregelmäßigen Verben‹ ganz genauso mag.

Ich nenne einen heiklen, mich in letzter Zeit jedoch bedrängenden Punkt: Im deutschen Protestantismus hat ein Prozeß des Umdenkens und – so Gott will – auch Umfühlens im Blick auf unsere homosexuellen Schwestern und Brüder begonnen, weg von der Diskriminierung hin zur Annahme. Sie haben davon gehört, ich kann die Diskussion jetzt nicht aufrollen. Ich will nur eine Frage aufgreifen, weil sie unmittelbar mit dem zu tun hat, worum es zuletzt ging: In diesen Tagen erscheint ein Votum des theologischen Ausschusses der Arnoldshainer Konferenz (Zusammenschluß von 17 Landeskirchen) zum Thema »Segen«. Dort wird ausdrücklich abgewehrt, daß homosexuell lebende Paare gesegnet werden können. Nicht nur nicht in einem eigenen Gottesdienst, nicht nur nicht im Gemeindegottesdienst, nicht einmal im Rahmen der Seelsorge soll der Zuspruch des Segens für solche Paare möglich sein. Ich finde das unmöglich, habe mich auch nach Kräften dagegen gewehrt, aber mir wurde beschieden: Wenn wir die Möglichkeit des Segens eröffnen, treten die Pietisten aus der Kirche aus. Ich weiß nicht, ob das stimmt. Aber ich weiß, daß es noch schändlicher ist, mit beiden Augen zu schielen: mit dem einen auf die bunte Gnade Gottes, mit dem anderen auf die Mitgliederstatistik. Noch einmal: Die kirchliche Diskussion um Homosexualität ist in vollem Gange, ich kann und will sie von dieser Stelle aus nicht weiterführen. Aber das müßte doch klar sein: Wenn zwei Menschen sagen: »Wir können nur und darum wollen wir unseresgleichen lieben. Jetzt haben wir uns als zwei Männer oder zwei Frauen gefunden und erleben das Glück der Liebe, und wir nehmen einander aus Gottes Hand und danken ihm füreinander – und jetzt bitten wir für unseren Weg um den Zuspruch seines Segens ...« Ja, liebe Gemeinde, da wird man über Formen reden, vielleicht auch streiten müssen, aber man wird doch den Segen nicht verweigern können?! Uns geht doch nichts ab, wenn wir Gottes Güte auch bei denen am Werk sein lassen, deren Weg uns ganz fremd und vielleicht auch unverständlich ist. Gott braucht keine Gralshüter!

Liebe Schwestern und Brüder, laßt uns nicht scheel blicken. Dazu ein letzter Hinweis: Jesus weiß, daß den in ihrer frommen Anständigkeit Mißmutigen nicht mit Schimpfen beizukommen ist. Auch sie brauchen Liebe. Darum werden sie – wie im Fall des älteren Bruders – freundlich angesprochen, darum wird – wie bei Jona – um sie gerungen. Und auch unser Gleichnis ist so ein Versuch, das enge Herz zu weiten: Jesus spricht uns Gottes Güte zu und wirbt zugleich dafür, daß wir sie andern gönnen. Vielleicht versucht es Jesus am Ende ja sogar mit einer Prise Humor: *»Siehst du scheel, weil ich so gütig bin?«* Da mag ja auch mitschwingen: Wenn du schon nicht aus Überzeugung großzügig wirst, dann werd's wenigstens aus Eitelkeit. Denn mißgünstiges Schielen läßt dich häßlich aussehen. Aber die Güte macht schön. Amen.

Aufruhr in der Seele

Predigt über Markus 5,1–20
(Sylvia Bukowski)

Und sie kamen ans andre Ufer des Sees in die Gegend der Gerasener. Und als er aus dem Boot trat, lief ihm alsbald von den Gräbern her ein Mensch entgegen mit einem unreinen Geist, der hatte seine Wohnung in den Grabhöhlen. Und niemand konnte ihn mehr binden, auch nicht mit Ketten; denn er war oft mit Fesseln und Ketten gebunden gewesen und hatte die Ketten zerrissen und die Fesseln zerrieben; und niemand konnte ihn bändigen. Und er war allezeit, Tag und Nacht, in den Grabhöhlen und auf den Bergen, schrie und schlug sich mit Steinen. Als er aber Jesus sah von ferne, lief er hinzu und fiel vor ihm nieder und schrie laut: Was willst du von mir, Jesus, du Sohn Gottes, des Allerhöchsten? Ich beschwöre dich bei Gott: Quäle mich nicht! Denn er hatte zu ihm gesagt: Fahre aus, du unreiner Geist, von dem Menschen! Und er fragte ihn: Wie heißt du? Und er sprach: Legion heiße ich; denn wir sind viele. Und er bat Jesus sehr, daß er sie nicht aus der Gegend vertreibe. Es war aber dort an den Bergen eine große Herde Schweine auf der Weide. Und die unreinen Geister baten ihn und sprachen: Laß uns in die Schweine fahren! Und er erlaubte es ihnen. Da fuhren die unreinen Geister aus und fuhren in die Schweine, und die Herde stürmte den Abhang hinunter in den See, etwa zweitausend, und sie ersoffen im See. Und die Schweinehirten flohen und verkündigten das in der Stadt und auf dem Lande. Und die Leute gingen hinaus, um zu sehen, was geschehen war, und kamen zu Jesus und sahen den Besessenen, wie er dasaß, bekleidet und vernünftig, den, der die Legion unreiner Geister gehabt hatte; und sie fürchteten sich. Und die es gesehen hatten, erzählten ihnen, was mit dem Besessenen geschehen war, und das von den Schweinen. Und sie fingen an und baten Jesus, aus ihrem Gebiet fortzugehen. Und als er in das Boot trat, bat ihn der Besessene, daß er bei ihm nachfolgen dürfe. Aber er ließ es ihm nicht zu, sondern sprach zu ihm: Geh in dein Haus und zu den Deinen und verkünde ihnen, welche große Wohltat dir der Herr getan und wie er sich deiner erbarmt hat. Und er ging hin und fing an, in den Zehn Städten auszurufen, welch große Wohltat ihm Jesus getan hatte; und jedermann verwunderte sich.

Liebe Gemeinde,

ich kenne im Neuen Testament keine andere Geschichte, die uns den Aufruhr in der Seele eines Menschen so nahebringt. Und je mehr man sich auf sie einläßt, desto mehr spürt man die starke Resonanz, die sie ganz tief in einem auslöst.

Vielleicht wegen dieser unheimlichen und auch gefährlichen Nähe, die sie erzeugen kann, ist diese Geschichte im offiziellen Predigtplan nicht vorgesehen, und viele Theologen haben sie sich so vom Hals gehalten (was im Hebräischen dasselbe bedeutet wie: von der Seele gehalten), daß sie sie als eine verrückte Geschichte eines Verrückten abgetan und sich damit nicht weiter beschäftigt haben. Denn wer beschäftigt sich schon mit Verrückten? Im allgemeinen geht man ihnen doch lieber aus dem Weg oder schiebt sie und ihre Verrücktheit möglichst weit von sich, meistens an einen Ort weit weg von den eigenen Wohngebieten, dahin, wo sie die Öffentlichkeit nicht weiter stören.

Genauso ist es auch hier in der Geschichte. Auch hier sehen wir einen Menschen, der sich nicht anpassen kann, der sich nicht »normal« verhält weitab von der »normalen« Gesellschaft, weitab von denen, die ihr Leben noch irgendwie managen können. Was ihm geblieben ist, ist der Ort, an dem nur noch Tote wohnen. In den Grabhöhlen, dort, wo ewige Ruhe herrscht, haust dieser ruhelose Mensch. Dort, wo kein Wort mehr zu ihm dringt, da schreit er und schreit, weil er selbst längst keine angemessenen Worte mehr hat für das, was in ihm stattfindet, für den Jammer, der in ihm tobt, für die Qual, die ihn zerreißt.

Nichts kann ihn mehr halten. Man hat versucht, ihn an etwas zu binden. Aber er hat alle Bindungen gelöst, alle Fesseln und Ketten gesprengt, und was sonst eigentlich Ausdruck für Lebenswillen und einen unbändigen Freiheitsdrang ist, ist hier das Ergebnis eines unbändigen Drangs zur Selbstzerstörung, die keinerlei Bindung mehr erträgt. Im Gegenteil: Alles treibt diesen Menschen nur weg, weg von allem, was Leben heißt.

Im Lukasevangelium wird diese Geschichte auch erzählt, und dort wird berichtet, nicht einmal Kleider habe dieser Mensch mehr ertragen, also nichts, was sein Elend noch irgendwie hätte verdecken können. Nackt trägt er es zur Schau und schlägt sich mit Steinen, als wolle er auch noch die Haut von sich reißen, um die Qual seiner Seele offenzulegen. Er ist ein Mensch, der nur noch Entsetzen um sich verbreitet, vor dem man flieht, weil er selbst Nachbarn und Freunden fremdgeworden ist. Seine Seele ist *»ein zerbrochenes Gefäß«* (Psalm 31,13).

Aber nun: Was treibt diesen Menschen so um, daß er nur noch die Gegenwart der Toten erträgt und selbst dort keine Ruhe mehr findet? Was hat ihn so erschüttert, verstört, kaputtgemacht? Es gibt in der Geschichte einen Hinweis, der mit einem einzigen Wort den Grund seines Leidens nennt: Als Jesus fragt, wie denn der Dämon heiße, von dem er nicht loskommt, lautet die Antwort schlicht: »*Legion*«. Nun ist schon in der Bibel dieses lateinische Wort sofort übersetzt und damit auch entschärft worden durch die Bedeutung »*viele*«. Dafür mag es damals, als die Macht der lateinischen Legionen noch überall spürbar war, gute Gründe gegeben haben. Aber ich finde, heute ist es viel naheliegender, dieses Wort zunächst ohne Übersetzung stehenzulassen. Denn Legion hießen, wie gesagt, die Streitkräfte Roms, die Truppen, die überall in den besiegten und besetzten Gebieten wüst gemordet, gebrandschatzt, geplündert und vergewaltigt haben, die sich einen Jux daraus gemacht haben, sich immer neue Opfer zu suchen und diese dann auf jede nur erdenkliche Weise zu demütigen und zu quälen, denn schon immer war der Erfindungsgeist für körperliche und seelische Folter schier unerschöpflich. Die römischen Legionen sind in Israel auch nicht davor zurückgeschreckt, das Heiligtum Gottes, den Tempel, zu schänden, denn ihnen war nichts heilig, kein Gott, kein Mensch, keine Ordnung außer der Ordnung der Gewalt. Die Gottlosen »*reißen die Grundfesten um*«, heißt es im 11. Psalm. Und offenbar ist es diese Erfahrung, die der Mensch auf den Friedhöfen von Gerasa nicht mehr verdrängen, geschweige denn verarbeiten kann: daß die Gewalttäter triumphieren, daß sie so unendlich viel anrichten können, ohne zur Rechenschaft gezogen zu werden, daß durch sie so viel Leben zerstört wird und so viele Seelen vergiftet werden.

Die Verzweiflung darüber ist es, die mir die Verrücktheit dieses Menschen plötzlich ganz nahebringt. Und auf diesem Hintergrund sehe ich mit einem Mal in schmerzlicher Klarheit auch die Jugendlichen bei uns, die sich – viel zu harmlos – »grufties« nennen und die Farbe schwarz kultivieren mit schwarzer Kleidung, schwarzer Schminke, möglichst auch mit schwarzen Ringen unter den Augen und mit einem leichenblassen Gesicht. Auf Friedhöfen treffen sie sich, feiern Schwarze Messen und huldigen dem Teufel, dem Gott des Todes. So wollen sie die »normale«, selbstzufriedene Gesellschaft, so wollen sie uns provozieren: als Kinder der Nacht, und sind doch Kinder schwarzer Trauer.

Einmal gehörte eine meiner Konfirmandinnen dazu. Sie war damals 13 Jahre alt. Eine, die eine wüste Familiengeschichte hatte, mit Scheidung, Suff und Selbstmordversuchen. Und gleichzeitig eine, die sehr genau wahrgenommen hat, wie gleichgültig und abgestumpft viele Erwachsene nur noch auf Leiden reagieren, sei des das Leiden von Menschen, von Tieren oder auch von der gequälten Erde. Zutrauen ins Leben hatte sie jedenfalls keins mehr. Nur noch den Todeskult fand sie »geil«. Mit coolness hat sie die Schreie ihrer Seele erstickt, aber mit Rasierklingen hat sie getan, was der »Besessene« aus Gerasa auch getan hat: sich selbst gequält bis aufs Blut, sich wieder und wieder selbst Schmerz zugefügt, weil sie, vielleicht genau wie er, ihr Leben nur noch im Schmerz spüren konnte.

Wer will eigentlich noch sicher sein, wer da verrückt ist: die, welche die Grausamkeit unserer Welt nicht mehr von sich weghalten können, die nicht mehr dichtmachen können gegen die Gewalt, die bis hinein in die Familie Leben zerstört, oder wir, die wir zur Abendbrotszeit immer wieder verstümmelte Kriegsopfer, Blutlachen nach Terroranschlägen und verheerende Umweltkatastrophen in den Nachrichten zu sehen kriegen und dazu die üblichen Phrasen der Politiker hören und weiterkauen und alles verdauen, solange es halt bloß uns nicht trifft?

Legion, der Geist der Zerstörung, hat in der Tat viele Gesichter, und auch Abgestumpftheit ist sein Werk.

Aber wenden wir uns wieder der biblischen Geschichte zu: Dort begegnen sich nun Jesus und der getriebene, schmerzbesessene Mensch. Dieser läuft auf Jesus zu und fällt vor ihm nieder wie so viele andere auch, und man könnte erwarten, daß er wie jene Jesus nun dringend um Heilung anflehen würde. Statt dessen schreit er: »*Was willst du von mir, Jesus, du Sohn Gottes, des Allerhöchsten? Ich beschwöre dich bei Gott: Quäle mich nicht!*«

Zuerst klingt das wie eine völlig verrückte Bitte. Verständlich wird sie höchstens aus der Ahnung heraus, daß allein schon die Gegenwart des Heilands, also dessen, der das Heil der Welt ist und ihre Kaputtheit heilt, den ganzen Schmerz der niedergeschrienen Lebenssehnsucht wieder entfacht und damit an die eigentliche Wunde rührt: das Leben-Wollen und nicht -Können.

Ich glaube, es gibt einige unter uns, die wissen, wie eng Heilung mit Schmerz verbunden sein kann und daß man sie daher wünschen und zugleich fürchten kann. Aber wir hören: Jesus heilt diesen Menschen.

Wie er das macht, was er genau zu ihm sagt oder wie er ihn berührt, das bleibt hier allerdings, anders als sonst, merkwürdig verborgen. Vielleicht gehört das zu der Verschwiegenheit, die die Seelsorge bis heute noch umgibt und die sie ganz elementar braucht. Das Ergebnis der Heilung wird aber offen vorgeführt. Die gewalttätigen Geister verlassen ihr Opfer und fahren in eine »Legion« Schweine. Diese stürzen sich daraufhin in wüstem Lauf über die Klippe und bieten auf den ersten Blick ein lächerliches Bild, bei dem einem das Lachen jedoch schnell gefriert, weil einem noch einmal das ganze Ausmaß der wahnsinnigen Zerstörungskraft deutlich wird, die den einen Menschen zuvor gequält hat.

Aber warum fahren die Dämonen ausgerechnet in eine Schweineherde? Man hat das oft kultisch zu erklären versucht nach dem Motto: Die unreinen Geister fahren in die unreinen Tiere, wo sie hingehören.

Angesichts der politischen Dimension dieser Geschichte legt sich mir eine andere Deutung nahe: Auch in unserer Gegenwart sind Besatzungsmächte oft »pigs« oder »gringos« genannt worden, auf deutsch: »Schweine.« So gesehen wäre das Ende der Geschichte ein Bild für die Hoffnung, die sich in fast allen Rachepsalmen findet: daß der Ungeist der Gewalt nicht mehr die Opfer quält, sondern endlich die zerstört, von denen er ausgeht, und mit diesen schließlich auch sich selbst.

Der Besessene von Gerasa sitzt jedenfalls am Schluß »*bekleidet und vernünftig*« neben Jesus – ein kindlich-anrührendes Bild. Verrückt ist jetzt nur noch die Reaktion der »normalen« Gerasener: kein Staunen, keine Freude, kein Glaube an Jesus findet Ausdruck in dem, was sie sagen, nur Entsetzen und die Bitte, Jesus möge so schnell wie möglich von ihnen weggehen.

Haben sie Angst, Jesus könnte ihre Welt noch weiter aus den Fugen bringen, die sie so schön säuberlich in schwarz – weiß, gut – böse, krank – gesund eingeteilt haben? Oder ist es die Furcht der Besitzenden, daß das Heil, das Jesus bringt, sie um noch mehr dessen bringen könnte, was sie haben und was ihnen Sicherheit bedeutet? Ich weiß es nicht.

Mit einem letzten Blick auf die Geschichte will ich nur noch eins herausheben: Dieser Mensch, der so lange nicht bei Trost gewesen ist und den seine Dünnhäutigkeit in die Selbstzerstörung getrieben hat, ausgerechnet dieser Mensch wird nach seiner Heilung laut Markusevangelium der erste Apostel, der erste, dem Jesus ausdrücklich den Auftrag erteilt, anderen zu verkündigen, »*welch große Wohltat dir der Herr getan hat und wie er sich deiner erbarmt hat.*« Außergewöhnlich ist diese Beauftragung schon allein dadurch, daß gerade im Markusevangelium sonst alle Geheilten zum Schweigen verpflichtet werden. Außergewöhnlich für uns, aber nicht für die Bibel ist diese Beauftragung aber auch dadurch, daß sie einem gebrochenen Menschen gilt. In der Bibel ist es häufig so, daß gerade Menschen, deren Leben nicht nur glatt verlaufen ist, zu Gottes Zeugen bestimmt werden. Sind sie es doch, die am besten wissen, wie weit es mit einem kommen kann, wenn man keinen Halt mehr hat und was oder vielmehr wen man braucht, um in der Seele gesunden zu können: einen, der einem das Zutrauen wiedergibt, daß die bösen Geister der Gewalt nicht alles beherrschen können, sondern sich selbst richten werden und daß trotz allem Schrecklichen das Leben kostbar ist und einen Sinn hat.

Dazu ist Jesus gekommen. Zu dem »Besessenen von Gerasa« und zu uns. Sein Kommen ist Gottes Botschaft: »Ich will, daß du lebst und dein Leben liebhast, allem Furchtbaren zum Trotz. Ich verschließe die Abgründe, die dich zu verschlingen drohen. Ich überwinde Tod und Gewalt mit der Macht meiner Liebe. Ich bin ein Gott, der dem Leben zum Sieg verhilft. Und ich bin eine Quelle des Lebens für dich.« Amen.

Der große Unterschied

Andacht über Lukas 15,3–7, gehalten für die TeilnehmerInnen einer
theologischen Tagung
(Peter Bukowski)

*Er sagte aber zu ihnen dies Gleichnis und sprach: Welcher Mensch ist unter
euch, der hundert Schafe hat und, wenn er eins von ihnen verliert, nicht
die neunundneunzig in der Wüste läßt und geht dem verlorenen nach, bis
er's findet? Und wenn er's gefunden hat, so legt er sich's auf die Schultern
voller Freude. Und wenn er heimkommt, ruft er seine Freunde und Nachbarn und spricht zu ihnen: Freut euch mit mir; denn ich habe mein Schaf
gefunden, das verloren war. Ich sage euch: So wird auch Freude im Himmel
sein über einen Sünder, der Buße tut, mehr als über neunundneunzig Gerechte, die der Buße nicht bedürfen.*

Liebe Schwestern und Brüder,

ein Mensch, der Schafe hütet, ist ein Hirte. Hirte heißt auf lateinisch
pastor. Die meisten von uns hier sind Pastoren bzw. werden es noch
oder waren es. Und oft genug verhalten wir uns wie der Pastor hier im
Gleichnis, oder besser: ungefähr so – und dann wird's ganz schnell ganz
problematisch. Hier einige Beispiele:
Da hat einer gepredigt. Eigentlich gut, sogar sehr gut – jedenfalls sagen ihm das viele nach dem Gottesdienst, bedanken sich. Im Jargon:
Unser Pastor bekommt viele positive Feedbacks – was will man mehr?
Ja, was könnte er mehr wollen, wenn da nicht eine gewesen wäre, eine
nur, aber eine, die gesagt hat: »Also heute, das war aber nichts« – oder:
»Das hat mir heute nichts gebracht.« Oder – vielleicht noch schlim-
mer – wenn da nicht eine wäre, von der etwas zu hören ihm besonders
wichtig ist, aber ausgerechnet heute sagt sie nichts! Wie weggefegt sind
die 99 freundlichen Worte und dankbaren Händedrücke. Diese eine
bindet des Pastors Energie. Ihren Worten oder ihrem Schweigen hängt
er nach. In Gedanken sucht er sie auf: Wie kann sie es nur gemeint haben? Vielleicht, wenn er sie kennt, wird er sie noch einmal anrufen.
Womöglich unter einem Vorwand, um dann aber doch auf die Predigt
zurückzukommen; vielleicht gelingt es ja auf diese Weise, sie in die
Schar der anderen zurückzuholen.

Nicht wahr, der Fall ist, wenn man ihn so hört, ein wenig peinlich – aber doch nicht ganz unbekannt, oder?

Ich kann auch von mir selbst berichten: Da habe ich 18 VikarInnen im Seminar. Die gemeinsame Kursarbeit läuft gut, wenn da nicht dieser eine wäre, der – weiß der Himmel warum – herausforderndes Desinteresse, Langeweile signalisieren würde. Liegt es an meiner Art, die er nicht abkann? Liegt es an den Inhalten oder der Methode? Ich weiß es nicht. Und eigentlich bräuchte es mich auch nicht zu interessieren – ich selbst komme doch auch nicht mit jedem gleich gut klar. Aber anstatt mich nun auf die Restlichen – was heißt hier eigentlich »Restlichen«?! – zu konzentrieren und aus der positiven Arbeit Kraft zu schöpfen, kapriziere ich mich auf jenen einen: spreche ihn an, provoziere ihn, versuche beim Mittagessen neben ihm zu sitzen. Irgendwie muß doch auch an den ›ranzukommen‹ sein. Und hätte ich aufgrund leidvoller Erfahrungen über die Sache nicht schon nachgedacht, hätte ich an diesem Punkt noch meine anfängliche Unbefangenheit, so würde ich sagen: Das ist doch nur natürlich, daß man gerade den Desinteressierten, den Ablehnenden zumal zu gewinnen sucht. Und ist es nicht auch das christlich Gebotene, niemanden aufzugeben? Das Vertrackte ist: An solchen Überlegungen ist ja durchaus *auch* etwas dran – wie an allen Rationalisierungen. Und sie bestimmen nicht nur das individuelle Verhalten, sondern prägen auch das Kollektiv.

Presbyter – um nur diese zu nennen – sind groß darin, die aus der Kirche Ausgetretenen flugs als die verlorenen Schafe zu definieren, um sogleich die Trägheit ihrer Pastoren anzumahnen und sie – fast hätte ich gesagt: auf Teufel komm raus – den Verlorengegangenen nachzuhetzen. Und wieder: Da ist ja *auch* etwas dran. Und doch: Wer schützt uns eigentlich vor den übertriebenen Ansprüchen derer, die uns aufbürden, mit persönlichem Einsatz einen gesellschaftlichen Trend aufzuhalten?!

Hier wie in den anderen Beispielen wird unser Gleichnis unter der Hand umfunktionalisiert zur Begründungsgeschichte eines höchst fatalen, bisweilen peinlichen aber immer anstrengenden Verhaltensmusters: Es ist das Muster pastoraler Grandiosität, das uns, wie alles Streben nach Grandiosität, am Ende leidvoll zurückläßt: Statt uns vom Positiven zu nähren, fixieren wir uns auf den Mangel. Statt uns der Zugewandten zu freuen, langen wir nach den Abgewandten und bleiben, gerade weil wir das Nährende vernachläßigen stets hungrig. Was geschieht da, was tun wir da eigentlich?

Achten wir genau auf den Text des Gleichnisses, fallen zunächst zwei kleine, aber sehr gewichtige Verschiebungen auf: In seinem Gleichnis erzählt Jesus von einem Menschen, »der hundert Schafe hat«. Diesem Menschen gehören alle, die 99 und das verlorene – nur so macht die

145

Geschichte ja überhaupt Sinn. Aber eben: Wer sagt eigentlich, daß zu *uns* alle gehören und dann wohl auch gehören müßten? Vielleicht sind doch manche bei einem anderen Hirten viel besser aufgehoben. Wir sind eben nicht für alle und jeden zuständig und haben folglich auch keinen Anspruch darauf, daß jeder und jede uns zugetan sein müßte. Wer denkt, daß ihm alle gehören müssen, der hat sie wirklich nicht alle.

Und damit hängt das Zweite zusammen: Das eine Schaf im Gleichnis hat sich verirrt. Nun schwebt es in Gefahr. Es braucht den guten Hirten, der es sucht, bis er es findet – es sehnt sich nach diesem Hirten. Nur: Eines ist es, sich verirrt zu haben, und ein anderes, bockig zu sein. Wenn es die Metapher nicht sprengen würde, würde ich sagen: Es gibt ein Menschenrecht auf Bockigkeit! Also seht genau zu, wonach Ihr sucht! Sucht Ihr das Verlorene, dann geht es Euch um dessen Wohl und die Verlorenen werden es Euch danken. Pirscht Ihr Euch aber an die Bockigen ran, dann geht es Euch um Euch selbst.

Und doch sind diese zwei Verschiebungen nur Ausdruck und Symptom des tieferliegenden Fehlers, den wir in den eben geschilderten Fällen begehen. Oder sagen wir statt »Fehler« präziser: der Sünde, die uns am biblischen Wort und so auch an Gott, an den Menschen und an uns selbst schuldig werden läßt. Diese Sünde besteht in dem Aberwitz, daß wir Gott und Mensch verwechseln. Das geschieht immer wieder, und es geht so verdammt schnell. Denkt nur an Matthäus 28,18: *»Mir ist gegeben alle Gewalt ...«* hat Jesus dort gesagt. Eine kleine Operation nur, ein Spiel mit wenigen Buchstaben ...: Sollte Jesus am Ende nicht gesagt haben: *»Euch,* der Kirche, ist gegeben alle Gewalt«? Und schon entrollt sich eine Geschichte aberwitziger Verkehrungen und Verkehrtheiten.

Nicht so dramatisch, aber im Prinzip ebenso verhält es sich mit der sündigen Verkehrung in unserem Gleichnis: Es ist ein Gleichnis von *Gottes* Güte, in ihm spiegelt sich der Weg des Sohnes, aber es ist *keine* Lebensregel für PastorInnen (allenfalls durch viele Brechungen hindurch, wie wir aus der Matthäusfassung lernen könnten, auf die ich aber jetzt nicht näher eingehen will).

Nur bei Gott macht alles, wie es hier erzählt wird, Sinn, guten, tröstlichen, lebenschaffenden Sinn. Das Gleichnis erzählt, wie ihm, der alles geschaffen hat und dem allein alles gehört, jede und jeder einzelne am Herzen liegt. Auch Du, und seist Du noch so abgedreht.

Wie er, der Bund und Treue hält, einen Blick für das Verlorene hat. Nicht den schrägen, nicht den richtenden, und erst recht nicht den moralisierenden, der da sagt: »selber Schuld«. Sondern den liebevollen Blick, der achthat und sieht, was das Verlorene braucht, wonach es sich sehnt.

Und wie er den oder die Verlorene(n) dann heimholt, bei sich birgt, zu neuem Leben erweckt. Nicht, weil Gott das nötig hat, sondern weil es um die Verlorenen ohne diese nachgehende Liebe geschehen wäre!

Und wenn Gott so ist, wie es Jesu Gleichnis erzählt – und er ist so –, dann sucht er auch uns auf, wenn wir uns in unserem Streben nach Grandiosität zu verlieren drohen: wenn uns die Gier nach Anerkennung ins Unglück treibt, wenn wir den anderen oder die andere nicht abgewandt sein lassen können. Mit jedem seiner guten Worte erinnert uns Gott daran, daß wir »etwas und nicht alles« sind (Pascal). Daß wir ihm recht sind, auch wenn uns nicht alle recht geben. Daß wir unendlich wertvoll sind, auch, wenn andere uns verloren geben oder mit Mißachtung strafen. Und wo er uns mit seinem Trost erreicht, da freut sich der ganze Himmel mit!

So weist Gott uns gütig darin ein, andere anders sein zu lassen. Dabei schützt er nicht nur die anderen vor unserem Zugriff, er schützt auch uns vor den anderen. Wie die Psalmen uns lehren, läßt er sich von uns anrufen, wenn wir unter ungerechten Anwürfen zu leiden haben. Jesus selbst ermutigt die Seinen, gegebenenfalls schlicht den Staub von den Füßen zu schütteln. Und wenn uns eine dumm kommt oder wenn uns einer auf gemeine Weise verläßt, dann dürfen auch Pastorinnen und Pastoren die Freiheit der Kinder Gottes einmal darin betätigen, daß sie beherzt rufen: »Dumme Kuh« oder: »Blöder Bock«! Amen.

Als es schon Morgen war, stand Jesus da
Gedanken über die Kirche im Licht von Johannes 21,1–14

Bibelarbeit, gehalten auf einer Fortbildung für PfarrerInnen
(Peter Bukowski)

Danach offenbarte sich Jesus abermals den Jüngern am See Tiberias. Er of-
fenbarte sich aber so: Es waren beieinander Simon Petrus und Thomas, der
Zwilling genannt wird, und Nathanael aus Kana in Galiläa und die Söh-
ne des Zebedäus und zwei andere seiner Jünger. Spricht Simon Petrus zu
ihnen: Ich will fischen gehen. Sie sprechen zu ihm: So wollen wir mit dir ge-
hen. Sie gingen hinaus und stiegen in das Boot, und in dieser Nacht fingen
sie nichts. Als es aber schon Morgen war, stand Jesus am Ufer, aber die Jün-
ger wußten nicht, daß es Jesus war. Spricht Jesus zu ihnen: Kinder, habt ihr
nichts zu essen? Sie antworteten ihm: Nein. Er aber sprach zu ihnen: Werft
das Netz aus zur Rechten des Bootes, so werdet ihr finden. Da warfen sie es
aus und konnten's nicht mehr ziehen wegen der Menge der Fische. Da
spricht der Jünger, den Jesus lieb hatte, zu Petrus: Es ist der Herr! Als Simon
Petrus hörte, daß es der Herr war, gürtete er sich das Obergewand um, denn
er war nackt, und warf sich ins Wasser. Die anderen Jünger aber kamen
mit dem Boot, denn sie waren nicht fern vom Land, nur etwa zweihundert
Ellen, und zogen das Netz mit den Fischen. Als sie nun ans Land stiegen,
sahen sie ein Kohlenfeuer und Fische darauf und Brot. Spricht Jesus zu ih-
nen: Bringt von den Fischen, die ihr jetzt gefangen habt! Simon Petrus stieg
hinein und zog das Netz an Land, voll großer Fische, hundertdreiundfünf-
zig. Und obwohl es so viele waren, zerriß doch das Netz nicht. Spricht Jesus
zu ihnen: Kommt und haltet das Mahl! Niemand aber unter den Jüngern
wagte, ihn zu fragen: Wer bist du? Denn sie wußten, daß es der Herr war.
Da kommt Jesus und nimmt das Brot und gibt's ihnen, desgleichen auch die
Fische. Das ist nun das dritte Mal, daß Jesus den Jüngern offenbart wurde,
nachdem er von den Toten auferstanden war.

I

»*Das ist nun das dritte Mal, daß Jesus den Jüngern offenbart wurde, nach-*
dem er von den Toten auferstanden war.« (V. 14)

Nein, sagen die Exegeten, das stimmt nicht, denn eigentlich, also ursprünglich, handelt es sich in Johannes 21,1–14 um die Geschichte ei-

ner Ersterscheinung. Und dann weisen sie auf die vielen Ungereimtheiten und Spannungen hin, treiben Traditions- und Redaktionsge-
schichte, um am Ende etwa wie Bultmann zu dem Schluß zu gelangen, daß man »kaum sagen [könne; P. B.], worin ihre eigentliche Pointe liegt.«[1]
Recht haben sie, aber irgendwie auch ganz unrecht. Denn immerhin –
und darauf hat Stoevesandt hingewiesen – arbeiten sie mit der Hypo-
these, der für die Endgestalt verantwortliche Redaktor sei »eine reichlich ungeschickte Figur, die das erzählerische Handwerk nicht beherrscht.«[2]
Wie, wenn der Redaktor uns etwas zu sagen, uns eine Botschaft zu
überbringen hätte, die anders als mit Hilfe von erzählerischen Spannungen und Brüchen gar nicht zu vermitteln ist? Darum hat der Redaktor für dieses »dritte Mal« eine weitere Ersterscheinung erzählt,
weil er zeigen möchte: Im Grunde ist jede Begegnung mit Jesus eine
Ersterscheinung, ein je neues, unerwartetes, die Wirklichkeit verän-
derndes Wunder. Und: Die Seinen bedürfen dieses Wunders, die Gemeinde Jesu Christi bedarf, mit Calvin gesagt, der täglichen Auferstehung. Wir werden noch hören, daß dies auch eine harte, die Kirche
richtende und zurechtweisende Botschaft ist. Aber doch zugleich und
viel mehr eine ganz und gar gnädige, weil die Kirche damals und heute und in Zukunft unter der Verheißung steht: »*Als es aber schon Morgen war, stand Jesus da.*«

II

Unsere Geschichte beginnt mit dem Wörtchen »*Danach*«. – Wonach?
Man lese noch einmal das vorausgehende 20. Kapitel des Johannes-
evangeliums mit seinen großen und großartigen Ostergeschichten.
Und man halte sich vor Augen, daß sie doch nur eine kleine Auswahl
darstellen, denn »*Noch viele andere Zeichen tat Jesus vor seinen Jüngern,
die nicht geschrieben sind in diesem Buch.*« (20,30) Was wäre »*Danach*« zu
erwarten?
Man könnte vermuten: Kirchengeschichten. Geschichten, die von der
lebendigen Kraft des den Jüngern eingestifteten Auferstehungsglau-
bens zeugen. Zu erwarten wäre also so etwas wie die Wirkungsge-
schichte dessen, was in Kap. 20 so eindrucksvoll erzählt worden ist. Und
wäre, wie man bisweilen hören konnte, Jesus in den Glauben seiner
Jünger hinein auferstanden, dann müßten wir solche Geschichten er-

1 *R. Bultmann*, Johannesevangelium (KEK II), Göttingen [19]1968, 550.
2 *H. Stoevesandt*, Predigtmeditation zu Johannes 21,1-14, in: GPM 41 (1986/
87), 219.

warten. Zumal wenn man sich die Jünger näher anschaut, um die es im folgenden gehen soll:

»Es waren beieinander Simon Petrus und Thomas, der Zwilling genannt wird, und Nathanael aus Kana in Galiläa und die Söhne des Zebedäus und zwei andere seiner Jünger.« (V. 2)

Sieben sind es, und diese bedeutsame Zahl soll wohl darauf hinweisen, daß wir es jetzt mit einem exemplarischen Stück Kirche zu tun bekommen. Und zwar mit einem starken! Denn immerhin: Drei von ihnen wurden in den vorangegangenen Erscheinungsgeschichten namentlich erwähnt (Petrus, Thomas sowie der *»Jünger, den Jesus liebhatte«* [vgl. V. 7]), Nathanael wurde schon zu Beginn des Evangeliums mit einer besonderen Verheißung ausgestattet (1,45–50), Jünger sind sie allesamt. Also nach den Erscheinungsgeschichten jetzt ein exemplarisches und starkes Stück Kirchengeschichte? Wir werden gleich hören, daß das Gegenteil der Fall ist. Die empirische, die von den großen Sieben repräsentierte realexistierende Kirche bietet alles andere als ein starkes Bild. Weder ist sie Abglanz der Auferstehungsherrlichkeit Jesu noch Vortrupp des Lebens. Wenn es nach dem Auferstehungskapitel etwas Starkes, etwas Ermutigendes gibt, dann ist es das, was *»Danach«* tatsächlich geschieht: *»Danach offenbarte sich Jesus abermals den Jüngern ...«* (V. 1)

Nach den Erscheinungsgeschichten folgt eine weitere Geschichte von der Selbstkundgabe des Auferstandenen. Was uns hier erzählt wird, ist die Geschichte vom »Geheimnis der Kirche«. Die Geschichte von der Treue Jesu zu den Seinen, von seiner lebendigen und lebenspendenden Gegenwart. Dabei spielt der Erzähler mit den Perspektiven. Uns, den LeserInnen, wird das Geheimnis dieser Geschichte gleich zu Beginn entschlüsselt, während die Jünger, um die es im folgenden gehen wird, noch keine Ahnung haben. Die Pointe liegt im Umkehrschluß: Solltest du, lieber Leser, liebe Leserin, je so dran sein wie die Jünger, dann wisse, daß Jesus, obwohl du es weder glaubst noch erfährst noch fühlst, schon in deiner Nähe ist, um dich mit seiner Gegenwart aufzurichten.

III

»Spricht Simon Petrus zu ihnen: Ich will fischen gehen. Sie sprechen zu ihm: So wollen wir mit dir gehen. Sie gingen hinaus und stiegen in das Boot ...« (V. 3)

Ich finde, dieses Schlaglicht auf die realexistierende Kirche hat etwas unheimlich Tristes. Ich fühle mich an die Geier aus Walt Disneys »Dschungelbuch« erinnert. Die hocken rum, grau und mit hängenden Schultern, und irgendwann fragt einer: »Was sollen wir denn machen?« Und ein anderer antwortet: »Schlag du was vor.«

150

»*Ich will fischen gehen.*« – »Dann kommen wir halt mit.« Exemplarische Kirche: Alles Österliche ist hier ganz einfach weg. Absorbiert vom Sog des Alltäglichen. Einer erinnert sich, daß man schließlich auch was zum Leben braucht – und die andern ziehen mit. Routine ist zurückgekehrt und Resignation. Deshalb sollte man sich hüten, an dieser Stelle mit Luther und Calvin im Sinne einer Standespredigt den bürgerlichen Beruf als Ort der Bewährung des Glaubens zu preisen. Der Gedanke ist ja richtig, aber hier paßt er nicht hin. Zu abgründig ist der Wechsel von der Lebendigkeit des Auferstandenen zur Tristesse der Jüngerschar. Hier ist der Glaube »mundtot gemacht durch die Sprache der Tatsachen« (Lange). Was sich regt, ist nicht (mehr) das Herz, sondern der Magen. Und deshalb kehren sie zurück zum business as usual. Offensichtlich geht das. Man kann wie diese sieben Jünger noch als Gemeinschaft beieinander sein und doch ganz unberührt, ungeprägt und unbeeindruckt sein von allem, was Jesus getan und womit er seine Gemeinde ausgestattet hat. Exemplarische Kirche: seine österlichen Offenbarungen, die Aussendung der Jünger, ihre Geistbegabung, von der ihnen verliehenen Schlüsselgewalt ganz zu schweigen – all das ist wie versackt. Jetzt ist Bestandssicherung angesagt, was ja nicht schlimm sein müßte, wenn man nicht alles andere so völlig verdrängt hätte. Die da ins Boot steigen, sind nur noch mit sich beschäftigt. Was Wunder, daß auf ihrem Tun kein Segen liegt: »*... und in dieser Nacht fingen sie nichts.*« (V. 3)

Es ist sicher nicht überinterpretiert, wenn wir sagen: Wie in allen Erscheinungsgeschichten liegt auch über dem Alltag dieses Stücks realexistierender Kirche der Schatten des Todes. Begegnete Jesus den Seinen zuvor in ihrer Trauer (20,1ff), in ihrer Furcht (20,19ff), in ihrem Zweifel (20,24ff), so jetzt in der Ergebnislosigkeit ihres Tuns.

Sie fingen nichts – und es treiben nicht etwa die Schatten des Todes die Jünger dem Auferstandenen in die Arme! Ganz im Gegenteil! Sie haben gelernt, sich mit dem, was ist, zu arrangieren: in dieser Nacht nichts. Aber wer weiß? Vielleicht klappt es ein andermal. Sie werden weitermachen und morgen dasselbe tun. Vielleicht ein wenig mehr desselben.

Ich will nicht verschweigen, daß man das, was uns von den Jüngern berichtet wird, auch noch anders akzentuieren kann. Vielleicht resultiert ihre Konzentration auf die Alltagsroutine ja nicht sosehr aus einer geistlichen Vergeßlichkeit als vielmehr aus einem geistlichen Mangel: Sie würden sich dann ins Alltagsgeschäft stürzen, um die Trauer über die (vermeintliche) Abwesenheit ihres Herrn nicht spüren zu müssen. Lieber herumwerkeln, als der inneren Leere gewahr werden und die Anfechtung enttäuschten Glaubens zu erfahren. Die Erfolglosigkeit käme ihnen dann letztlich zupaß, als Rechtfertigung für die nächste

Aktion. Mir scheint, beide Deutungen können gut nebeneinander stehenbleiben. In dem Ausschnitt Kirche, in dem ich lebe, kenne ich jedenfalls beides: Vergeßlichkeit und Mangel. Eines bedingt das andere, und beides treibt in eine Betriebsamkeit, die die christliche Gemeinde am Ende dastehen läßt wie eine x-beliebige gesellschaftliche Gruppe unter anderen.

IV

»Als es aber schon Morgen war, stand Jesus am Ufer, aber die Jünger wußten nicht, daß es Jesus war.« (V. 4)
Das ist das Evangelium unserer Geschichte. Die neue, erneute Erfüllung der Verheißung, die Jesus laut Matthäus 28,18–20 seiner Kirche gegeben hat. Mit dem heraufziehenden Morgen kommt Jesus auf die Seinen zu. Sie haben ihn nicht erwartet. Herbeigerufen haben sie ihn erst recht nicht. Und doch ist er da und durchbricht mit seiner lebendigen Gegenwart ihre Selbstabgeschlossenheit. Mag er den Jüngern noch verborgen sein, so ist es doch der »Morgenglanz der Ewigkeit«, der sich im neuen Tag ankündigt und der Nacht ihrer Mühsal ein Ende setzen wird.

V

Der Auferstandene offenbart sich den Seinen, indem Er sie neu anredet: *»Kinder, habt ihr nichts zu essen?«* (V. 5)
So fragt Jesus. Und bis zum Jüngsten Tag wird er seiner Kirche (auch) mit dieser Frage begegnen, gleich, durch wen er sie stellen läßt (vgl. Matthäus 25,31–46): Habt ihr etwas, das nährt? Habt ihr Brot für die Hungernden, Gerechtigkeit für die, die Unrecht leiden, Bleibe für die Unbehausten, Trost für die Traurigen, Wärme für die erstarrten Seelen? Zeugt eure Arbeit und euer Leben von der Kraft dessen, in dessen Namen ihr zusammen seid? Seid ihr erkennbar »lebendige Gemeinde des lebendigen Herrn Jesus Christus« (Barth)?
Theologisch gesprochen begegnet Jesus seiner Kirche hier also im »Gesetz«. Seine Frage deckt auf, wie es um sie bestellt ist. Und wehe, die Jünger würden sich an dieser Stelle in Theologie flüchten, indem sie etwa antworteten, so dürfe man nicht fragen. Das ziele auf Werkgerechtigkeit. Außerdem lasse sich das Wirken des Geistes ohnehin nicht quantifizieren! Ganz verheerend wäre an dieser Stelle »dialektische Theologie«, die etwa darauf verwiese, daß gerade in der Kleinheit der Kirche ihre wahre Größe liege, in der Erfolglosigkeit die verborgene Stärke. Und wenn sie ihre Worte den Peristasenkatalogen des Paulus entnehmen würden und die Kraft priesen, die gerade in den Schwa-

chen mächtig ist – bezogen auf Jesu Frage betrieben sie nicht Theologie, sondern Ideologie. Sie machten sich einer Verschleierung der Realität und der Flucht aus der Verantwortung schuldig. Es ist wohl wahr, daß Theologie Empirie in ein neues Licht zu tauchen vermag. Aber es gibt auch einen Mißbrauch von Theologie, wenn sie dafür herhalten muß, Nebel zu verbreiten und Versagen zu decken. Es gibt auch die fromme Lüge, und das Gefährliche ist: Man sieht es den frommen Sätzen als solchen nicht an. Erst an den Früchten werden wir erkennen, ob wir es mit der Wahrheit halten, die freimacht, oder in die Lüge fliehen, die für Entlastung zu sorgen vermag, aber nicht für Befreiung.

In unserer Geschichte hilft Jesus den Seinen, nicht in die Verschleierungsfalle zu tappen. In Wirklichkeit fragt er nämlich nicht, vielmehr ist die mit den griechischen Worten μή τι (*mē ti*) eingeleitete Frage eine Feststellung: »*Nicht wahr, ihr habt nichts zu essen!*« Das ist ein hartes Urteil.

Aber noch einmal: In seiner Klarheit ist es gnädiger als die vermeintlich offene Frage, die die Angesprochenen auf die Idee bringen könnte, sich zu winden oder zu verstecken oder dies und das zu versuchen, um den Schaden zumindest ein wenig auszugleichen. Eine jesusvergessene Gemeinde ist auf dem Holzweg! Punkt! Und es wäre unbarmherzig, ihr einzureden, mit ein wenig geistlicher und organisatorischer Anstrengung hier und etwas konzeptioneller Korrektur da sei noch die Kurve zu kriegen.

Immerhin redet Jesus die Jünger liebevoll als »*Kinder*« an. Er wird die, die er hier hart konfrontiert, nicht allein- und erst recht nicht fallenlassen. Gerade weil er seine Beziehung zu ihnen nicht in Frage stellt, sie vielmehr neu knüpft, führt die ungeschönte und nichts verschleiernde ›Gesetzespredigt‹ zur Einsicht: »*Kinder, habt ihr nichts zu essen? Sie antworteten ihm: Nein.*« (V. 5)

VI

»Er aber sprach zu ihnen ...« (V. 6)

Nach dem aufdeckenden folgt jetzt das wegweisende Wort. Hat das eine Wort »halt!« gesagt, leitet das andere die Wende ein. Bevor ich auf seinen Inhalt eingehe, möchte ich zunächst unterstreichen: Die heilsame Wende der Kirche ist immer eine Wende unter dem Wort. Sie beginnt mit neuem Hören und führt ins Gehorchen.

Das ist in unserer Geschichte so, und das wird durch die Zeiten hindurch wieder und wieder so sein. Der auferstandene, gegenwärtige Christus begegnet der Kirche neu in seinem Wort. Deshalb wird die Kirche *creatura verbi divini* genannt.

Ich wage einen Vergleich. In der Familientherapie spricht man davon, daß eine therapiebedürftige Familie erstarrt sei. Sie hat sich zu einem geschlossenen System entwickelt, dessen krankmachende Muster – die sich in Sucht oder Aggression oder Mißbrauch manifestieren mögen – gleichsam geronnen sind. Um überhaupt neu in Bewegung geraten zu können, bedarf das geschlossene System der Öffnung (weshalb der fremde Therapeut hinzutritt) und der neuen Information. Nur so kann die Fraglosigkeit der routinierten Abläufe heilsam unterbrochen werden. Der Vergleich erschließt mir, was uns hier als Wende unter dem Wort berichtet wird. Das »eine Wort Gottes« kommt als das neue Wort auf die Gemeinde zu, unterbricht die eingefahrenen Verhaltensweisen und -muster und zeigt den Weg zu neuem Leben.

Kirche erneuert sich, wenn ihr, wie den Jüngern am See, das Wort begegnet als heilsames Lebensmittel. Die Kirche kann diese Begegnung nicht machen, auch nicht herbeizwingen, denn der Geist des Lebendigen weht, wo er will (Luther spricht in diesem Zusammenhang vom »Platzregen«); aber Hinderliches lassen, das kann sie schon. Die Kirche kann es zum Beispiel lassen, die sichtbare Gestalt des lebendigen Wortes, die Heilige Schrift, geringzuachten. Zwar behaupten wir Protestanten und die Reformierten zumal ihre grundlegende Wichtigkeit für unser Kirche-Sein, aber wie gewinnt die behauptete Wichtigkeit in unseren Lebensvollzügen Gestalt? Wie steht es um unsere Ehrfurcht der Heiligen Schrift gegenüber? Wie um die Häufigkeit ihres Gebrauchs? Ich habe gelernt, man solle mit Lebensmitteln achtsam umgehen. Gehen wir mit der Heiligen Schrift achtsam um? Wir beginnen doch gerade erst, wenigstens das Verlesen der Schrift wieder ein wenig zu kultivieren – vom Auswendiglernen dispensieren wir uns zur Zeit noch. Nicht zuletzt: Wenn die Bibel für uns praktisch so wichtig ist, wie wir theologisch behaupten, dann wird uns das auch von außen anzumerken sein. Die Wichtigkeit der Liturgie für die Orthodoxe Kirche wird einem Außenstehenden schon bei einer flüchtigen Begegnung deutlich. Wie verhält sich das bei uns? Was sieht man uns an, was spürt man uns ab? Sind wir auf das, was wir ›haben‹, konzentriert. Und: Sind wir stolz darauf?

Um die Jünger auf die Notwendigkeit der Bindung an sein Wort aufmerksam zu machen, ›arbeitet‹ Jesus mit einem Überraschungseffekt, genauer gesagt: mit einem Element von Verrücktheit: »*Werft das Netz aus zur Rechten des Bootes, so werdet ihr finden ...*« (V. 6)

Man verpaßt die Pointe dieses Befehls, wenn man in ihn irgendeinen praktischen Sinn hineinhört – die Kommentare reden von der rechten als der Glücksseite; als sei damit etwas gesagt –, der darauf abzielte, die Arbeitsabläufe der Jünger zu optimieren. Umgekehrt wird ein Schuh daraus. Kein vernünftiger Mensch fischt am Tage, und das mit der rechten Seite hat gerade keinen praktischen Nutzen, das ist verrückt – und genau das soll es sein. Die Regeln der Pragmatik sprengte Jesus auch schon auf der Hochzeit zu Kana (Johannes 2,7ff; weshalb der Speisemeister nur den Kopf schütteln kann) und auch, als er mit fünf Gerstenbroten und zwei Fischen das Mahl der Fünftausend anrichtete (Johannes 6,9ff). Das Verrückte an Jesu Befehl macht deutlich, daß die Wendung zum Leben strictissime an sein Wort gebunden ist. Die Seinen sollen gewahr werden, daß er der Weinstock, daß er das Brot des Lebens ist. Allerdings: Jesus sprengt die Regeln der Pragmatik, ohne sie damit außer Kraft zu setzen. Der Auferstandene ist kein Feind des gesunden Menschenverstandes, und so bleibt es den Jüngern auch nicht erspart, wieder an die Arbeit zu müssen.

Ich entnehme diesem Zug unserer Geschichte die Mahnung: Seid darauf gefaßt, daß euch der Ruf des Auferstandenen verrückt, vielleicht auch unpraktisch vorkommen mag. Das ist normal. Weil er der Weinstock ist und ihr die Reben, weil ihr ohne ihn nichts tun könnt, darum behält sein Wort in einer Welt (und einer Kirche), die sich ohne ihn eingerichtet hat, immer ein Element der Fremdheit.

Paulus ist nicht müde geworden, darauf hinzuweisen, daß sich diese Fremdheit in Gestalt und Leben der Gemeinden widerspiegeln darf. Es gibt eine Fremdheit, derer sie sich nicht zu schämen braucht, und – obwohl dies kein Argument ist – eine Kirche, die gar nichts von der Verrücktheit der Neuen Welt an sich trüge, wäre gewiß langweilig und unattraktiv.

VII

»Da warfen sie es (das Netz) aus und konnten's nicht mehr ziehen wegen der Menge der Fische.« (V. 6)

Wir sollten Erfahrungen wie die hier berichtete nicht geringachten. Auf dem Hören und Gehorchen ruht Verheißung. Und es gibt in der Kirche nicht nur die Erfahrung von Mangel und Dürre, sondern auch von Fülle und Erfüllung. Wer das leichthin abtut, wovon will er zehren, wenn neuer Mangel sich einstellt?

Jedenfalls scheuen die Jünger sich nicht, den Ertrag ihres gehorsamen Tuns mit aller Kraft festzuhalten; und später werden sie auch nachzählen. Ihre urchristliche Statistik verzeichnet 153 (in Worten: einhundertdreiundfünfzig) Fische. Eine gewaltige Zahl; gewiß Symbol der Fülle, denn exakt ebenso viele Fischsorten kannte die antike Zoologie.

Man kann und darf den Ertrag nicht kanonisieren. Es ist wahr, daß der Auferstandene sich auch von der geringen Zahl nicht abschrecken läßt: Gemeinde beginnt in seinen Augen bei der kleinst-denkbaren Mehrzahl. Aber mit unserer Geschichte ist das Gegenteil genauso zu betonen: Man darf Wachstum und Erfolg nicht dämonisieren. Nicht von ungefähr hat die Apostelgeschichte ausgerechnet die Wachstumsangaben zum Gliederungsprinzip erhoben. Und wie gesagt: Ertrag will wertgeschätzt und festgehalten sein. Es gibt ein Kokettieren mit Kleinheit, das sich nicht auf den Auferstandenen berufen kann.

VIII

Die Erfahrung, die die Jünger im Hören auf Jesu Wort gemacht haben, führt sie zur Erkenntnis des Glaubens: *»Da spricht der Jünger, den Jesus lieb hatte, zu Petrus: Es ist der Herr!«* (V. 7) Diese Reihenfolge will beachtet sein, denn sie zeigt, daß der Glaube nicht unbedingt am Anfang stehen muß, sozusagen als Voraussetzung für alles Weitere, sondern daß er aus der Begegnung mit Jesus schließlich erwachsen kann. Es gibt in der Kirche also keinen Grund, auf den Glauben zu drängen. Weil der Auferstandene gegenwärtig ist und Geduld hat, kann der Glaube zu seiner Zeit wachsen.
Wie oft haben wir etwas anderes gehört. Es fing freundlich an: »Du mußt nichts tun« – aber dann folgte das ›Kleingedruckte‹: »Du mußt (!) nur glauben!« Und dann standen wir da, wollten ja vielleicht glauben, aber konnten es doch nicht. Und der, an den zu glauben wir uns sehnten, war uns ferner als zuvor. Nein, so, wie er schon da ist, bevor seine Gemeinde auch nur an ihn denkt, so, wie er sich ankündigt im Licht des heraufziehenden Tages, so preßt er uns nicht in die Zwangsjacke des »Friß Vogel, oder stirb«. Er hat Zeit, auf unseren Glauben (samt der ihm eigenen Erkenntnis [vgl. Johannes 6,69]) zu warten. Irgendwann werden wir in der Stimme, die uns den Weg weist, und in den Lebenszeichen, die er uns gibt, ihn, den Lebendigen, erkennen. Bis dahin reicht es, mit dem Hinhören zu beginnen und mit dem Auf-sein-Wort-hin-Tun.
Ich glaube, im Protestantismus ist die praxis pietatis deshalb so heruntergekommen, weil wir diese Reihenfolge nicht gelten lassen wollten. Äußere Vollzüge waren uns suspekt, wir haben sie diffamiert als »nur äußerlich«, als geistliche Werkerei. Ich habe als Kind noch gelernt, man erkenne die Katholiken daran, daß sie das Vaterunser schneller beteten als wir Protestanten, was damit zusammenhinge, daß sie eben »nur äußerlich« beteten. Das aber sei das von Jesus verbotene *»plappern wie die Heiden«* (Matthäus 6,7), wohingegen wir Protestanten mit gläubigem Herzen, also von innen heraus, zu Gott riefen. Wenn aber innerlich noch nichts oder nichts mehr da war? Dann war es ehrlicher, das Äußerliche auch zu lassen (»Ich kann mit dem Tischgebet nichts mehr anfangen!«) – und so schließt sich der Teufelskreis. Und am Ende ist protestantische Religiosität, wie Manfred Josuttis einmal gesagt

hat, zur Meinungssache, zu einer Frage der Gesinnung geworden, der keine religiöse Praxis mehr entspricht. Der ›Praxisanteil‹ unserer Religion wurde in der Ethik ausagiert – wenn überhaupt –, oft wurde auch dort mehr propagiert!

Was wir brauchen, ist eine Wiederentdeckung der Äußerlichkeit! Unsere Geschichte erinnert uns daran, daß das innere Geschehen bisweilen dem äußeren Vollzug folgt, aus ihm gleichsam herauswächst. Sie erzählt auf ihre Weise von dem, was religiöse Weisheit schon immer wußte (was übrigens moderne Psychotherapie auch erst lernen mußte): daß der Weg nicht nur von innen nach außen, sondern auch von außen nach innen führt, von der Handlung zur Haltung, vom Körper zur Seele. Wir haben allen Anlaß, uns nach Gestaltungshilfen für den äußeren Vollzug der Glaubenspraxis bei anderen umzusehen.

In unserer Geschichte sind die Jünger den Weg vom Aufhorchen zum Gehorchen, zur Erleuchtung des Glaubens geführt worden. Und nach empfangenem Leben kommt jetzt auch Lebendigkeit in die Gemeinde: »*Als Simon Petrus hörte, daß es der Herr war, gürtete er sich das Obergewand um, denn er war nackt, und warf sich ins Wasser. Die andern Jünger aber kamen mit dem Boot, denn sie waren nicht fern vom Land, nur etwa zweihundert Ellen, und zogen das Netz mit den Fischen.*« (V. 7f)

Es wird lebendig, und mit der Lebendigkeit wird's gleich ökumenisch, denn der Wege, den Glauben zu leben, sind immer mehrere. In unserer Geschichte werden gleichsam die Extreme markiert.

Der eine springt ein wenig spontihaft (um nicht zu sagen: schwärmerisch) über Bord und schwimmt seinem Herrn entgegen. Die anderen bleiben bei der Arbeit, kümmern sich in Ruhe um den Fang und bringen ihn sicher an Land. Beides darf sein, nebeneinander. Hier wird nichts bewertet und nichts reglementiert. Offenbar hat in der österlichen Begegnung beides sein Recht, und vielleicht muß sogar beides zusammen erfolgen: der stürmische Drang und die stetige Weiterarbeit, das Entfesselte und das Absichernde; und vielleicht dürfen wir fortfahren: das Ungebundene und das Institutionelle, das Charismatisch-Exaltierte und das Überkommenes-Bewahrende. Wo der Geist des Herrn ist, da ist Freiheit, da ist für den Ungeist gegenseitiger Verdächtigungen und Anschuldigungen, wie wir ihn vom Umgang verschiedener Frömmigkeitsstile oder auch Kirchentümer miteinander kennen, kein Raum. Auch nicht für das oft allzu kleingeistige Gegeneinander von Dienst am Wort und Dienst in der Verwaltung.

Auf beide wartet der Auferstandene, und zu beiden sagt er: Kommt! Und im nachhinein werden die Jünger dann erkannt haben, daß der

Unterschied zwischen dem einen und dem anderen so klar nun auch wieder nicht war: Der Jesus als erster erkannt hatte, blieb beim Fang, und derjenige, der sich als erster zu Jesus aufgemacht hatte, zieht das Netz an Land (V. 11) – das ist österliche Komplimentarität!

X

»Als sie nun ans Land stiegen, sahen sie ein Kohlenfeuer und Fische darauf und Brot. Spricht Jesus zu ihnen: Bringt von den Fischen, die ihr jetzt gefangen habt! ... Kommt und haltet das Mahl! Niemand aber unter den Jüngern wagte, ihn zu fragen: Wer bist du? Denn sie wußten, daß es der Herr war. Da kommt Jesus und nimmt das Brot und gibt's ihnen, desgleichen auch die Fische.« (V. 9–13)

Und einmal mehr wird deutlich, was den Auferstandenen an diesem Morgen zum Ufer des Sees führte: Die Nacht der Seinen soll enden. Für sie sorgt er, nicht für sich selbst. Er nährt sie, nicht sie ihn. Und so kehrt in seiner Gegenwart Ruhe ein. Die Jünger sind davon befreit, ihn durch ihr Tun wie auch immer vertreten zu müssen, gleichzeitig ist ihre eigene Arbeit aber auch nicht der Sinnlosigkeit preisgegeben: Sie dürfen am Tisch des Herrn ihr Eigenes hinzulegen. Wie das nutzlose Treiben der Jünger den Auferstandenen nicht davon abgehalten hat, ihnen zu erscheinen, so wertet der Gegenwärtige ihre Arbeit auch nicht ab, sondern würdigt sie als willkommene Gabe.

Da wagen sie ihn nicht zu fragen: »Wer bist du?« Nicht, weil es verboten wäre, sondern weil sie nicht mehr fragen müssen. Denn am Morgen dieses neuen Tages schmecken und sehen sie, wie freundlich der Herr ist.

Die Wurzel aller Übel

Predigt über 1. Timotheus 6,10a[1]
(Peter Bukowski)

Liebe Gemeinde,

wir haben vorhin die Zehn Gebote gehört. Wenn ich Sie nun fragen würde, wie man diese zehn Weisungen Gottes zusammenfassen kann, wüßten die meisten von Ihnen wahrscheinlich eine Antwort, nämlich das berühmte Doppelgebot der Liebe, wie es Jesus in Aufnahme zweier Worte aus den Mosebüchern formuliert hat: »*... du sollst den Herrn, deinen Gott, lieben von ganzem Herzen, von ganzer Seele, von ganzem Gemüt und von allen deinen Kräften*«. Und: »*Du sollst deinen Nächsten lieben wie dich selbst*« (Markus 12,30f). Es gibt aber auch eine viel weniger bekannte Negativzusammenfassung der Gebote. Ein Wort, welches all das Böse, vor dem die Gebote uns schützen wollen, zusammenfaßt. Es findet sich im 1. Timotheusbrief und lautet:

»*Der Geiz ist die Wurzel aller Übel*« (6,10a).

Dieses Wort möchte ich heute morgen auslegen. Denn ich glaube, wir brauchen geistliche Belehrung, um unsere Notlage, also das Böse, das uns umgibt und das auch in uns selbst ist, zu erkennen. Und noch viel mehr bedürfen wir biblischer Seelsorge, um aus den Fängen des Bösen den Weg ins Freie zu finden. Darum soll es jetzt gehen. Zu Ihrer Orientierung nenne ich vorab die vier Schritte meiner Auslegung: Die Wurzel aller Übel (I). Wie ist sie zu erkennen (II)? Jesu therapeutische Seelsorge (III). Schritte auf dem Weg ins Freie (IV).

I

»*Der Geiz ist die Wurzel aller Übel*«. Was hier in äußerster Zuspitzung auf den Punkt gebracht ist, findet sich in allen Teilen der Bibel. Im Al-

---

1 Die Predigt nimmt des öfteren Bezug auf die Schriftlesungen: 2. Mose 20,1–17 und Matthäus 6,24–33.

ten Testament und in der Verkündigung Jesu, in den Briefen des Apostels Paulus, ja noch in den spätesten Schriften des Neuen Testaments findet sich die eindringliche Warnung vor dem Geiz bzw. vor der Habgier. Lassen sie mich – in Klammern – kurz etwas zur Wortwahl sagen, da die Bedeutung der im Urtext gebrauchten Begriffe mit unseren nicht immer ganz deckungsgleich ist. Im Deutschen unterscheiden wir zwischen Geiz und Habgier. Geiz ist das übersteigerte Festhalten am Besitz, das Nicht-abgeben-Können; Habgier ist das übersteigerte Ausgreifen nach immer mehr, das Nicht-genug-haben-Können. Geiz und Gier bilden die zwei Seiten einer Medaille, die wir zusammengefaßt als Habsucht bezeichnen. Davor also warnt die Bibel in immer neuen Anläufen, weil sie um die alles in ihren negativen Bann ziehende Macht der Habsucht weiß. Sie kann den Menschen in einem Maß bestimmen, das eigentlich nur Gott zukommen sollte. Darum wird die Habsucht, ausgerechnet sie, im Epheser- und Kolosserbrief mit Götzendienst gleichgesetzt (Epheser 5,5; Kolosser 3,5); und darum hat bereits Jesus Dienst für Gott und Dienst für den Mammon in den denkbar schroffsten Gegensatz gestellt: »*Ihr könnt nicht Gott dienen und dem Mammon.*« (Matthäus 6,24) Der Beter des 119. Psalms bittet Gott ausdrücklich vor dieser Sünde: »*Neige mein Herz zu deinen Mahnungen und nicht zur Habsucht*« (V. 36) – auch hier steht die gesamte Tora auf der einen, die Habsucht auf der anderen Seite. Teile der kirchlichen Tradition haben den Ernst der biblischen Mahnung aufbewahrt: In der katholischen Sündenlehre etwa zählt die Habsucht zu den sieben Todsünden; was sage ich: Sie ist nicht nur eine von sieben, sie ist die Nr. 4, also die Achse, um die sich alles dreht, das die anderen Übel forcierende Zentrum; eben: die Wurzel aller Übel. Unmittelbar vor unserem Predigttext wird die negative Dynamik, welche die Habsucht freizusetzen vermag, erschreckend einprägsam geschildert. Es heißt von denen, die nach immer mehr streben: Sie »*fallen in Versuchung und Verstrickung und in viele törichte und schädliche Begierden, welche die Menschen versinken lassen in Verderben und Verdammnis.*« (V. 9) Sie versinken. Mit diesem aus der Fachsprache der Seefahrt stammenden Wort würde man etwa auch das Schicksal der Titanik beschreiben. Die Zukunft der Habsüchtigen ist ihr Untergang, sie laufen auf Grund wie ein leckgeschlagenes Schiff. Denn selbst dann, wenn die Habgier, ihrer eigenen Logik folgend, ans Ziel gelangte, so gilt doch immer noch das Jesu Wort: »*Welchen nutzen hätte der Mensch, wenn er die ganze Welt gewönne und nähme Schaden an sich selbst?*« (Lukas 9,25)

Liebe Gemeinde, wir brauchen diese eindringliche biblische Mahnung, weil wir geneigt sind, die Allgegenwart von Gier und Geiz zu unterschätzen und ihre zerstörerische Macht zu verkennen. Dabei sind die Spuren der Zerstörung vor unser aller Augen. Ob ausbeuterische Beziehungen, ob ungerechte Schieflagen in der Gesellschaft oder niederträchtige, ausbeuterische Strukturen im Wirtschaftsleben, ob der rücksichtslose Raubbau an der Natur – was menschliche Gier anrichtet, ist himmelschreiend. Man hat doch schon keine Lust mehr, die Zeitung aufzuschlagen! Als Wuppertaler schon gar nicht, denn man kann sich nicht einmal mehr in die Beschaulichkeit des Lokalteils flüchten. Was hier seit nunmehr einem Jahr fast täglich an Neuigkeiten über den städtischen Schmiergeldskandal präsentiert wird, ist ein bedrückender Beleg für die Aktualität der biblischen Mahnung. Ich will das jetzt nicht vertiefen. Der Blick auf spektakuläre Unrechtstaten ist auch verführerisch, denn er läßt leicht vergessen, daß die Unkultur der Gier weit über die offensichtlichen Ganoventypen hinausgreift. Den Staat auf illegale, halblegale oder gerade noch so hingebogene Weise um das Seine zu bringen, ist doch längst zum Volkssport geworden, quer durch alle Schichten! Darum unterschätzen wir die Macht der Habgier, weil sie längst Teil unseres Lebensstils geworden ist. Vorrangig ist deshalb nicht der Blick auf andere, sondern die Frage nach der eigenen Verflochtenheit in dieses Wurzelwerk des Bösen. In seiner Bergpredigt wendet sich Jesus nicht an besonders schlimme Bösewichter, sondern an *die Leute*. Menschen wie Dir und mir ruft er zu: »*Ihr könnt nicht Gott dienen und dem Mammon.*« Er redet alle an, weil wir es offensichtlich alle nötig haben.

II

Liebe Gemeinde, wir werden Jesu Mahnung um so eher annehmen können, wenn wir uns nicht in Mißverständnissen verzetteln. Lassen Sie mich deshalb zunächst einige Klarstellungen treffen.
Zunächst: Jesu Mahnung ist alles andere als naiv. Manche behaupten das, manche hätten das vielleicht auch gerne, um sie sich damit vom Hals halten zu können, aber sie haben unrecht. Jesu Wort bedeutet keine platte Kritik am Geldwesen. Man kann daraus auch keine prinzipielle Kritik an der Marktwirtschaft herleiten. Jesus warnt vor dem Mammon-*Dienst*. Also davor, daß Geld und Markt in der Bannkreis der Gier geraten. Seine Mahnung richtet sich gegen die Vergottung der Habe, und die ist brandaktuell und durchaus nicht naiv.
Jesu Worte sind auch nicht einseitig gegen die Reichen gerichtet. Es gibt im Raum der Kirche eine Art von Kritik an den Besitzenden, die eher neidisch als geistlich ist! Nach biblischem Verständnis sind auch die Armen nicht jenseits von Gut und Böse. Und was die Reichen betrifft: Unmittelbar nach unserem Predigttext (V. 18) kann davon geredet werden, daß Reichtum die Chance bietet, sich kreativ für die Gemeinschaft einzusetzen. Allerdings verschweigt die Bibel nicht, daß die

gut Betuchten in besonderer Weise gefährdet sind. Das Viele-Güter-Haben scheint die Lust auf mehr gefährlich zu steigern. So gesehen sind der reiche Jüngling, der am Ende betrübt von dannen geht und die Witwe, die ihr letztes Scherflein gibt, keine zufällig gewählten Figuren. Die Erkenntnis, daß die Sünde des Geizes und der Gier vor jedem Herzen lauert, darf nicht mit unkritischer Diffusität verwechselt werden. Es sind nicht alle Katzen grau! Wie es verschiedene Grade der Gefährdung gibt, gibt es auch ein unterschiedliches Maß an Ungerechtigkeit, und das will wahrgenommen und aufgedeckt werden. Ich nenne ein Beispiel: Ich sagte eben, es sei zum Volkssport geworden, den Staat zu beschummeln. In ihrer Allgemeinheit ist diese Aussage nur berechtigt, wenn man auch die Gradunterschiede deutlich ausspricht. So ist die Summe der hinterzogenen Steuern nicht nur höher als die Summe, um die das Sozial- und Arbeitsamt betrogen werden, sondern sogar höher als die Summe aller *ausbezahlten* Sozialhilfe. Also noch einmal: So kurzschlüssig eine einseitige Besitzendenschelte wäre, so verschleiernd wäre ein allgemeines Reden von Sünde, welches das Maß begangener Schuld verschweigt.

Wie aber erkenne ich nun eigentlich Geiz und Gier. Genauer gefragt: Was unterscheidet sündigen Geiz von notwendiger Sparsamkeit? Wo liegt die Grenze zwischen lebensfördernder Strebsamkeit und schädlicher Habgier? Hier genau zu unterscheiden ist nicht leicht, aber von großer Wichtigkeit. Auf die Spur kann uns eines der hebräischen Wörter für Habgier bringen. Es leitet sich von dem Wort für »Kehle, Schlund« ab (hebräisch: נֶפֶשׁ [näfäsch], was auch »Seele« bedeutet), verweist also auf den Ort unseres Körpers, an dem wir elementare Bedürfnisse spüren: etwa Hunger oder Durst. Die Hebräer wußten – besser als die Griechen –, daß menschliches Begehren als solches nichts Böses ist. Im Gegenteil, die Fähigkeit zu spüren, was wir brauchen, und dann kräftig danach zu verlangen, ist eine gute Gabe Gottes. Geiz und Gier setzen da ein, wo das Begehren sein Maß verliert, wo der Mensch den Hals nicht mehr voll kriegt und also das Gespür dafür verliert, wann genug genug ist. Anders gesagt: Die Grenze ist da erreicht, wo aus dem Streben nach Habe eine Sucht wird, eben Habsucht. Wie jede Sucht besteht sie aus einem zunehmenden Kontrollverlust. Wie der Alkoholiker an der Flasche hängt, hängt der Habsüchtige an seiner Habe: Nicht er hat seine Habe, sondern seine Habe hat ihn. Sucht bedeutet: Ich kann nicht mehr anders. Wenn ich nicht mehr frei bin, jetzt zu geben und jetzt zu behalten, sondern nur noch festhalten kann, wenn ich nicht mehr spüre, wann ich genug habe, sondern immer weiter ausgreifen und auftürmen muß, dann sind das Anzeichen dafür, daß ich das Stadium der Sucht erreicht habe. Da gibt es die Habe nicht länger um des Menschen willen, da lebt der Mensch vielmehr um der Habe willen. Und – um es wenigstens einmal deutlich ausgesprochen zu haben – Suchtmittel können auch geistige und geistliche Güter sein: Es gibt auch Ehrgeiz und Gefallsucht, die außer Kontrolle geraten und Böses anrichten.

Was man psychologisch als Sucht beschreiben kann, ist theologisch Götzendienst, weil am Ende der Habe das zugebilligt wird, was eigentlich nur Gott zusteht: Verehrung, Vertrauen, Hingabe. »Woran dein Herz hängt, das ist dein Gott« (Luther). Und darum: Ihr könnt nicht zwei Herren dienen. Wer dem Mammon dient, entfernt sich von Gott und schneidet sich damit von seinen wirklichen, lebensspendenden Wurzeln ab. Darum ist die Habsucht die Wurzel aller Übel.

III

Genau hier setzt Jesu Seelsorge ein. Jesus warnt mit der ganzen Bibel vor der Habsucht, vor dem Mammonismus, aber er weiß, daß Mahnungen ein schwaches Instrument zur Erziehung des Menschengeschlechtes sind. Darum geht er in dem Abschnitt, den wir aus der Bergpredigt hörten, therapeutisch vor. *»Sorgt nicht«*, sagt er, und das ist nun keine weitere Mahnung, sondern diagnostiziert die Sorge als den Nährboden, in dem die Wurzel des Bösen allererst gedeiht. Der Grund für unsere Habsucht besteht nämlich darin, daß wir alle unbewußt in die Falle eines Mangelmodells laufen. Wir sind getrieben von der verrückten, aber gleichwohl realen Angst, es gäbe nicht für alle genug. *»Was werden wir essen? Was werden wir trinken?«* – diese sorgenvollen Fragen versteht Jesus als Symptom der uns ständig begleitenden Angst, nicht genug zu kriegen. Solange ich mich im Mangelmodell definiere, werde ich den Hals nie vollkriegen, ganz gleich, wie es um meine reale Einkommenslage bestellt ist. Denn wer weiß, was noch kommt? Also muß ich über das Maß hinaus klammern und horten – wie schon die Kinder Israel in der Wüste, die es mit dem täglichen Manna nicht genug sein lassen konnten.

Deshalb kann die Heilung nur in dem Zuspruch bestehen: *»euer himmlischer Vater weiß, daß ihr all dessen bedürft.«* Deshalb: Weg vom Mangelmodell, hin zu neuem Gottvertrauen: Entdeckt, wie reich Ihr beschenkt seid!

Um dieses Vertrauen wirbt Jesus mit seinen Hinweisen auf die Wunder der Schöpfung: Seht die Vögel unter dem Himmel, wie fürsorglich Gott sie nährt; bewundert die Lilien auf dem Feld, wie herrlich sie bekleidet sind – um wieviel mehr wird sich der Vater im Himmel euer annehmen. Und je mehr Ihr dessen gewahr werdet, wie reich Ihr gesegnet seid, desto mehr werdet Ihr entdecken, daß Ihr nicht aus dem Mangel, sondern aus der Fülle heraus lebt.

Jesu Seelsorge knüpft an die Psalmen an, die zum Gottvertrauen ermutigen durch das Erinnern an die Güte Gottes: »*Lobe den HERRN, meine Seele ... und vergiß nicht, was er dir Gutes getan hat.*« Ein besonders ansprechendes Beispiel solcher heilenden Seelsorge findet sich in der jüdischen Passaliturgie. Eines der Lieder, die im Verlauf der Feier gesungen werden, zählt all das Gute auf, das Gott seinem Volk hat zukommen lassen, und nach jeder einzelnen Tat lautet der Refrain: »Es wäre für uns genug gewesen.« Also: Hätte Gott uns nur aus Ägypten herausgeführt – es wäre für uns genug gewesen. Und so geht es dann weiter: Hätte er nur die Ägypter besiegt, es wäre genug gewesen. Und hätte er nur das Meer geteilt, es wäre genug gewesen. Uns durchs Meer geführt, genug. Uns in der Wüste versorgt, genug – und so weiter. Jede einzelne Tat der Heilsgeschichte wird als Geschenk Gottes eigens gewürdigt, wobei das »es wäre genug gewesen« (im Hebräischen דַּיֵּנוּ [*dajjenu*]) stets mehrfach wiederholt wird: Es wäre genug gewesen, es wäre genug gewesen, es wäre genug, genug, genug gewesen. Manche beten dieses Gebet weiter und zählen auf, was Gott heute Gutes tut.

Also: Wenn Du nur heute morgen hierher kommen konntest, es wäre genug. Und wenn Du heute mittag ein Zuhause hast, es wäre doch genug. Und wenn Du gesund bist, es wäre genug. Und wenn Du dann noch dein Auskommen hast, es wäre genug. Und wenn Du obendrein noch Freunde hast, es wäre genug. Was ließe sich nicht noch alles aufzählen – es wäre genug.

Liebe Gemeinde, wenn wir neu staunen lernen über das viele, was wir haben, wenn in uns Vertrauen wächst in den, der uns das viele zukommen läßt, werden wir vom Mangelmodell loskommen. Wir werden lernen, das Geizen und Gieren zu lassen. Wir werden fühlen können, wann wir satt sind, werden ein Gespür dafür bekommen, wann genug genug ist.

IV

Das erste, was wir tun können, um aus der Habsucht herauszufinden, knüpft unmittelbar an das vorige an. Wenn gegen die Gier nur Gottvertrauen hilft, dann ist der entscheidende Schritt auf dem Weg in die Freiheit der Gottesdienst. Denn jeder Gottesdienst ist eine Erinnerung daran, wie Gott uns dient, eine Wiederentdeckung all der guten Gaben, die er uns zukommen läßt. Insofern ist Gottesdienst *die* politische Tat der Christen, wo sie an der Wurzel arbeiten, um wegzukommen von dem, was unsere Welt vergiftet. Es ist nicht von ungefähr, daß diese Funktion des Gottesdienstes der Christenheit zurückgespiegelt wird von der weltweiten Bewegung der Anonymen Alkoholiker und all der anderen nach ihrem Konzept arbeitenden Selbsthilfegruppen. Wann immer sich eine AA-Gruppe trifft, orientiert sie sich an den sogenannten zwölf Schritten, einem Leitfaden für den Weg aus der Sucht. Der zweite Schritt lautet sinngemäß: Nur eine Macht, die größer ist als wir selbst, kann uns geistige Gesundheit wiedergeben. Und der dritte: Wir faßten den Entschluß, unser Leben der Sorge Gottes anzuvertrauen. Mehrere Millionen Menschen bekämpfen weltweit nach diesem erfolgreichsten aller Selbsthilfekonzepte ihre Sucht. Beileibe nicht nur Christen. Um so mehr haben wir Grund, uns von ihnen an die heilsame Kraft unseres Gottesdienstes erinnern zu lassen. Hier empfangen wir geistliche Nahrung, vergewissern uns dessen, daß wir getragen sind und nicht getrieben.

Zweitens: Wir müssen wahrnehmen, wo wir der Unkultur der Habsucht selbst auf den Leim gehen, indem wir das Widersinnige für normal halten. Ich nenne ein Beispiel: Viele von Ihnen werden wie ich mit dem Satz großgeworden sein: »Wer den Pfennig nicht ehrt, ist des Talers nicht wert.« Natürlich weiß ich, was dieser Satz sagen will, daß man im Kleinen treu sein muß, um im Großen verläßlich zu sein. Aber machen Sie sich einmal klar, welche Sprache hier benutzt wird und welche Haltung uns damit eingetrichtert wird. Den Pfennig ehren (!), sich des Talers für würdig erweisen müssen – haben wir eigentlich noch ein Gespür dafür, wie völlig pervers dieses Denken ist? Pervers, weil Geld hier religiös aufgeladen, zum Fetisch wird, dessen ich mich würdig erweisen muß. Wer sich auf dieses Denken einläßt, wer nicht sieht, wie völlig lebensverneinend es ist, der hat sich schon zum Sklaven desselben gemacht. Übrigens hat unser Predigttext eben diese Perversion im Blick. Das Wort, welches er für Habgier benutzt heißt φιλαργυρία (philargyria) – wörtlich: Geldliebe. So wie es Philosophie oder auch Philanthropie gibt, so gibt es eben auch Philargyrie – Geldliebe. Und genau sie ist die Wurzel aller Übel, denn ich darf Geld nicht lieben, ich darf es nicht religiös aufladen; und ich darf diese Haltung erst recht nicht an die Kinder weitergeben. Ich halte es für eine abgründige Ironie, daß unsere Gesellschaft mit ihrer Kultur der Pfennigliebe zur Zeit miterlebt, wie sich der Einzelhandel in den Innenstädten nicht mehr halten kann und den Pfennigläden das Feld überlassen muß.

Drittens: Wir müssen unsere ethischen und ästhetischen Maßstäbe überprüfen. Gerade wir christlich Erzogenen sind auch im auslaufenden Jahrtausend immer noch seltsam fixiert auf alles, was »unten herum« passiert. Ich rede jetzt gar nicht nur von Amerika, wo zur Zeit eine ganze Nation ihre Geilheit darin austobt, dem Präsidenten unter die Bettdecke zu gucken. Auch bei uns, gerade im Raum der Kirche, erhitzen sich bei diesem Thema die Gemüter am meisten. Dazu paßt, daß die großen theologischen Lexika dem Themenbereich Sexualität eigene Artikel widmen, dem Geiz hingegen nicht, und auch nicht der Habgier oder der Habsucht. Vergleichbares gilt für unsere Scham- und Ekelgrenze. Sie ist viel zu sehr auf den Bereich der Fortpflanzungs- und Verdauungsorgane beschränkt. Für die viel gefährlicheren Vergiftungen und Verpestungen der Gemeinschaft und der Umwelt fehlt uns so etwas wie ein eingefleischtes körperliches Alarmsystem. Neulich war zu lesen, daß einem bekannten Popstar von seinem Steuerberater bedeutet wurde, er solle etwas kürzer treten, weil die 860.000 Dollar, die er pro Wuche ausgebe, ein wenig zu viel seien. 860.000 Dollar – für einen Haushalt in einer Woche. Es müßte uns würgen, wenn wir so etwas hören. Daß wir das weitgehend so hinnehmen, wie die vielen anderen Fälle eines nur noch obszön zu nennenden Luxus, ist gefährlich. Aber auch bei uns selbst: Wenn wir uns etwa dabei entdecken, wie wir in die Geizfalle tappen, müßte uns das so peinlich sein wie ein offener Reißverschluß oder eine unverhoffte Blähung! Solange wir Geiz und Kleinlichkeit als harmlos oder als »normal« herunterspielen, bleiben wir in ihren Fängen gefangen.

Deshalb viertens: Wir müssen hin zu einer Kultur der Großzügigkeit. Also weg mit dem Satz:. »Bei Geld hört die Freundschaft auf«, bei Geld bewährt sich vielmehr die Freundschaft und auch die Gemeinschaft einer Gemeinde. Weg mit dem kleinlichen Nachhalten, Nachrechnen, mit der Angst, die anderen wollten mich übers Ohr hauen. Die Kirche sagt gute und wegweisende Worte zur sozialen Lage. Aber die Leute merken sehr genau, ob wir in unseren eigenen Reihen fähig sind zu einer schlichten Großzügigkeit. Und sie werden uns unsere Worte nicht abnehmen, wenn unter uns das Rechnen und Raffen genauso schlimm ist wie überall sonst.

Ich wähle ein haariges Beispiel: Während der Synode kehrt eine Theologengruppe in ein Restaurant ein. Alle essen Pizza. Der Ober bringt eine gemeinsame Rechnung. Man sollte denken, jetzt wird sie durch die Anzahl der Personen geteilt. Irrtum: Schließlich schwanken die Pizzapreise um ein paar Mark! Und außerdem: Da trank einer doch nur ein Wasser, während der andere zwei Bier hatte und eine dritte gar ein Viertel Roten. Also wird alles fein säuberlich auseinandergefitzelt – falls man nicht gleich separate Rechnungen verlangt.

Liebe Gemeinde, steht das noch im Verhältnis? Hat das noch irgendeinen realen Bezug außer eben dem, einmal mehr den Pfennig zu ehren? Kultur der Großzügigkeit, sich nicht beherrschen zu lassen von der Habe, statt dessen ein wenig Leichtigkeit im Umgang mit ihr – wenn uns das gelingt, wird man uns auch unsere Worte eher abnehmen.

Lassen sie mich am Ende noch einmal zum ersten Punkt zurückkommen und sagen: Großzügigkeit lernen wir nur, wenn wir uns ständig rückkoppeln an die Großzügigkeit Gottes. Darin liegt die tiefe Weisheit des Gebets, gerade auch des Tischgebets, immer neu erinnert zu werden an das, was Gott uns alles schenkt. Jedes Dankgebet ist ein Gewahrwerden der empfangenen Gaben. Jedes Dankgebet ist eine Kampfansage an die eigene Gier. Jedes Dankgebet ist ein Schritt in die Freiheit, hin zur Leichtigkeit, zur Großherzigkeit, zum Geben. Und darum mißachten Sie nicht das Gebet. Und vergessen Sie es nicht: Jedes Gebet ist ein Einstimmen in die Zusage: »*Bittet, so wird euch gegeben*« und eine Erinnerung an die Verheißung: »*euer himmlischer Vater weiß, daß ihr all dessen bedürft.*« Und darum: »*Sorget nicht*«. Amen.

Von der Anmut Gottes

Predigt über Titus 2,11–14
(Sylvia Bukowski)

Denn es ist erschienen die heilsame Gnade Gottes allen Menschen und nimmt uns in Zucht, daß wir absagen dem ungöttlichen Wesen und den weltlichen Begierden und besonnen, gerecht und fromm in dieser Welt leben und warten auf die selige Hoffnung und Erscheinung der Herrlichkeit des großen Gottes und unseres Heilands Jesus Christus, der sich selbst für uns gegeben hat, damit er uns erlöste von aller Ungerechtigkeit und reinigte sich selbst ein Volk zum Eigentum, das eifrig wäre zu guten Werken.

Liebe Gemeinde,

manchmal macht es einem die Bibel schwer. Da sind Sie nun heute alle hierhergekommen, sicher in der Hoffnung, etwas zu hören, was Ihnen den Sinn von Weihnachten noch einmal richtig nahebringt, was Sie aber auch nicht nur auf der Ebene des Verstandes anspricht, sondern durchdringt und auch das Herz wärmt. Und dann wird Ihnen so ein Satzungetüm vorgesetzt! Ich habe nachgezählt. Es besteht aus genau 80 Worten! Schon beim Versuch, seinen Inhalt auf Anhieb wiederzugeben, geriete wahrscheinlich jeder von Ihnen ins Schleudern – vom Verstehen ganz zu schweigen!
Da fragt man sich natürlich: Muß das denn sein, und dann auch noch ausgerechnet an Heiligabend? Ich habe das anfangs auch gefragt, bin dann aber zu dem Schluß gekommen: Ja! Denn ich habe mir klargemacht: Alle, von denen die Weihnachtsgeschichte berichtet, haben weite und beschwerliche Wege zurücklegen müssen, bevor sie das Kind in der Krippe in seinem eigentümlichen Glanz sehen konnten. Angefangen von Maria und Josef bis hin zu den Hirten und den Weisen aus dem Morgenland.
Und so gehört, glaube ich, auch heute noch ein Weg dazu, wenn man teilhaben will an dem, was Weihnachten geschehen ist. Und auf diesem Weg können dann auch solche Brocken liegen wie dieser Satz. Aber ich bin Ihnen ja ein Stück vorausgegangen und habe entdeckt, daß in diesem Satzbrocken doch auch eine ganze Reihe von Edelstei-

nen sitzen, die – um im Bild zu bleiben – den Glanz der Weihnacht in vielfältigen Facetten widerspiegeln. Ich will mich bemühen, Ihnen davon an drei Stellen etwas zu zeigen.

Zunächst möchte ich Sie darauf aufmerksam machen, was in dem Wort, das Luther mit »Gnade« übersetzt, noch alles steckt. Dann wird Ihnen dieser kirchlich vereinnahmte und theologisch hoch befrachtete Begriff vielleicht in einem ganz neuen Licht erscheinen. Das griechische Wort χάρις (*charis*) meint laut Lexikon ursprünglich zunächst alles, was Freude und Fröhlichkeit gewährt. Und eine der vielen möglichen Übersetzungen, die ich danach gefunden habe ist »Anmut«. Sie halten das vielleicht für ziemlich weit hergeholt. Aber denken Sie doch nur daran, daß auch die geläufige Beschreibung von Anmut als »Grazie« von dem lateinischen Wort für Gnade stammt.

Mich hat jedenfalls fasziniert, was für einen anderen Klang es hat, wenn man statt von der Gnade Gottes einmal von der Anmut Gottes redet, die allen Menschen erschienen ist, oder um dem Synonymwörterbuch zu folgen, von Gottes »Charme«, von seiner göttlichen »Anziehungskraft«.

Da ist nichts mehr übrig von den hochherrschaftlich geprägten und entsprechend beklemmenden Assoziationen, die sich sonst so leicht mit dem Wort Gnade verbinden, als handelte es sich dabei eben doch um etwas von oben herab, was einen beschämt und verpflichtet und was man deshalb eigentlich lieber ausschlagen würde.

Bei dem Wort Anmut und erst recht bei Charme stellen sich dagegen von Anfang an ganz andere Gedankenverbindungen ein. Von Anmut und Charme wird man bezaubert, fasziniert und unwiderstehlich angezogen. Und das Glück darüber hat nicht einmal ansatzweise etwas Gezwungenes. Es stellt sich ganz unmittelbar ein, wenn man mit einem bezaubernden Wesen in Kontakt kommt.

Und wenn Sie Verliebtheit ausklammern, was gibt es Bezaubernderes als das Lächeln eines kleinen Kindes? Ich kann mir gut vorstellen, daß es das auch in der Weihnacht war, was alle Beteiligten so mit Freude überwältigt hat: der Anblick von Gottes Kind in der Krippe, das sie alle anlächelt, seine Eltern genauso wie die grobklotzigen Hirten oder die vornehmen Weisen. Und es macht Sinn, daß die Weihnachtslegenden immer noch weitere Figuren dazuerfunden haben, angefangen von irgendwelchen Räubern über alle möglichen Elendsgestalten bis hin zu Ochs und Esel und dem berühmt-berüchtigten Krippenfloh. Allen Menschen, ja, allen Kreaturen gilt das Lächeln dieses Kindes, mit dem Gott in die Welt gekommen ist. Und wie bei allen anderen Kindern, so ist auch bei diesem besonderen Kind dafür weder Verdienst noch Schuldigkeit ausschlaggebend. Im Gegenteil, in seinem Lächeln leuchtet im Grunde alles auf, was Theologen sonst wortreich über die rechtfertigende Gnade Gottes sagen können: Gottes bedingungslose Zuwendung, die alle Menschen akzeptiert, wie sie sind, und gerade dadurch auch verändert.

In dem Kind in der Krippe erscheint die Anmut, der Charme Gottes, und ich finde, man kann gerade an Heiligabend sehen, wie Gott damit Menschen immer noch in besonderem Maße anzieht und verzaubert!

Ein zweites Wort will ich aus dem Satzungetüm des Titus beleuchten: »in Zucht nehmen«, moderner ausgedrückt: »erziehen«. Auch das ist ein Wort, das wahrscheinlich bei vielen erst einmal eher negativ befrachtet ist. Man denkt dabei schnell an Einschränkungen, Verbote oder Maßregelungen, die oft mit Wortgewalt oder auch mit der Gewalt von Schlägen gegen einen durchgesetzt worden sind. Und normalerweise ist für jeden Erwachsenen der Gedanke, immer noch erzogen zu werden, ein rotes Tuch. Aus Partnerschaften und Ehen ließen sich anschauliche Beispiele dafür aufzählen.

Aber wenn Sie daran denken, was Sie mit der Erziehung Ihrer Kinder eigentlich beabsichtigt haben oder noch beabsichtigen, dann wird dieser Begriff vielleicht einen anderen Klang bekommen, einen, der dem in diesem biblischen Satz eher entspricht. Denn erziehen heißt doch in positivem Sinn, es Kindern ermöglichen zu entdecken, was sie alles können, ihnen den Rücken zu stärken gegen alles, was sie kleinhalten oder verbiegen will, und ihnen Werte zu vermitteln, die wir als hilfreich und notwendig zu einem sinnvollen Leben erachten. So verstanden bedeutet Erziehung also Halt, Ermutigung und Orientierung, anders ausgedrückt: das Ermöglichen von seelischem Wachstum. Und das ist etwas, was auch uns Erwachsenen noch guttut und was wir für uns selbst ja durchaus auch noch suchen.

Genau das können wir in der Begegnung mit dem Kind in der Krippe finden. Denn wie jedes Kind hält es uns eindrücklich vor Augen, was einen wirklich glücklich macht und erfüllt und was einem Schwung gibt: nicht, wie die Werbung uns immer glauben machen will, das, was wir uns alles kaufen können, und auch sonst nichts, was wir uns mit Geld oder Zwang selbst verschaffen können. Es ist vielmehr all das, was wir geschenkt kriegen: die Liebe, das Zutrauen, das einer in uns setzt, das Verständnis, das uns entgegengebracht wird, und auch die Vergebung, die uns gewährt wird.

Das alles kann uns niemand so ungebrochen schenken wie ein Kind. Wer sich das gefallen läßt, wer nicht dicht macht dagegen, bei dem wächst sozusagen von ganz allein ein neues Lebensgefühl und auch eine neue Lebensverantwortung. Das ungöttliche Wesen, wie es bei Titus heißt, tritt dann ganz von selbst zurück. Auf heute bezogen könnte man vielleicht sagen: Das Vergötzen von Karriere und Macht hört dann auf. Und ich denke, es ist nicht nur ein heilsames Korrektiv für alle, die auf Positionen aus sind, zu entdecken, daß Leben mehr ist als Leistung zu erbringen und sich zu behaupten. Daß ein Mensch seinen Wert erfährt durch das, was er umsonst und oft sogar ganz unverdient geschenkt bekommt, ist auch ein Trost für die vielen, deren Selbstverwirklichung und -bestätigung im Beruf gezwungenermaßen abgebrochen ist.

Weiter: Wer sich anrühren läßt von der Anmut und dem Charme eines Kindes, für den oder die verliert auch, was Titus »die weltliche Begierde« nennt, die Priorität: Das Immer-mehr-haben-Wollen tritt zurück, und an seine Stelle tritt »Besonnenheit«, d.h. ein Sich-Besinnen auf das menschliche Maß. So ein Mensch wird dann »gerecht« in dem Sinn, daß er der Lebendigkeit der Schöpfung gerechtzuwerden versucht, und er wird »fromm«, was nichts anderes bedeutet als dies: Er wird andächtig, besser gesagt: achtsam mit dem umgehen, was sein Leben reich macht: mit der Liebe, dem Zutrauen, dem Verständnis, der Vergebung.

Man sagt gern, Gott wähle die Ohnmacht eines Kindes, um uns zu begegnen. Eigentlich müßte man sagen: Er wählt die größte Power, nämlich die sagenhafte Macht, die gerade ein Kind hat, um uns zu erziehen und in uns Halt, Ermutigung und Orientierung zu verantwortlichem Handeln wachsen zu lassen.

Zum Schluß noch ein Blick auf das dritte Wort, das Ihnen aus dem Satzbrocken des Titus entgegenfunkeln soll. Es ist das Wort »Hoffnung«. Mit dem Erscheinen der Anmut und des Charmes Gottes ist nämlich etwas zum Vorschein gekommen von dem, was sein wird, von der Zukunft, auf die Gott unser Leben und unsere ganze Welt hinsteuert. In der Weihnacht leuchtet schon etwas auf von der großen Erneuerung, die alles zurechtbringt oder, um es mit Titus zu sagen: in der Gerechtigkeit herrscht.

Ich weiß, es gibt vieles, was Sie dem entgegenhalten könnten: Man denke nur an die Rücksichtslosigkeit und Gewalt, die trotzdem überall noch herrscht, und an die zunehmende Zerstörung unseres Planeten. Aber schauen Sie: Wie erbärmlich ist die Fähigkeit, ein Haus anzuzünden im Vergleich mit der Kunst, ein Haus zu bauen. Oder wie lächerlich ist der Stolz auf den High-Tech des Tötens im Vergleich mit den Wundern des Lebens, mit der Zartheit einer Blume oder auch mit der Einzigartigkeit jedes anderen Geschöpfs.

Natürlich macht das Vernichtungspotential, das in unserer Welt und manchmal auch in uns selbst da ist, oft große Angst. Aber sollte der, der das Leben geschaffen hat und der die Kunst beherrscht, selbst Tote zu neuem Leben zu erwecken, sich nicht gegen alles Böse durchsetzen können?

Abschließend setze ich die drei Edelsteine aus dem Satzbrocken des Titus noch einmal nebeneinander, und ihre Botschaft klingt so: Gottes Anmut erzieht zur Hoffnung. Oder: Gottes Charme läßt Hoffnung wachsen.

Nun versperrt Ihnen das Satzungetüm unseres Predigttextes hoffentlich nicht mehr den Weg zu dem Kind in der Krippe. Und das Lächeln, mit dem es uns alle anblickt, verbreitet auch über Sie einen Frieden, der noch viel höher ist als alles Begreifen. Amen.

Widersteht!

Predigt über 1. Petrus 5,8–9a
(Peter Bukowski)

*Seid nüchtern und wacht; denn euer Widersacher, der Teufel, geht umher
wie ein brüllender Löwe und sucht, wen er verschlinge. Dem widersteht, fest
im Glauben.*

Liebe Gemeinde,

gebe Gott, daß unser heutiger Gottesdienst dies sei: geistliche Zurü-
stung zum Widerstand. Gebe Gott, daß jeder Gottesdienst dies sei: die
Sammlung, Auferbauung und Sendung einer Widerstandsgruppe, die
der Sünde und der Bosheit den Kampf ansagt. Denn, wie es unmittelbar vor unserem Predigttext heißt: *»Gott (selbst) widersteht den Hochmütigen, aber den Demütigen gibt er Gnade«* (V. 5). Gott selbst widersteht
den Hochmütigen, den Menschenverächtern mitsamt ihrem Troß
von offenen oder verdeckten Mitarbeitern. Er widersteht denen, die
den Lebenden Gewalt antun, und denen, die die Toten entehren[1].
Gott stellt sich ihnen entgegen durch sein gebietendes, mahnendes
und dann auch richtendes Wort. Und er stellt sich ihnen entgegen, indem er Menschen beruft und mit seiner Gnade stärkt, die seinen Willen bezeugen und seinen Weisungen folgen.
Deshalb ist die unter Gottes Wort versammelte Gemeinde eine Gruppe des Widerstands, oder sie gibt ihr Wesen preis und mißrät zur Karikatur eines religiösen Vereins, der, statt nüchtern und wachsam zu
sein, mit glasigem Blick vor sich hindöst. Deshalb noch einmal und
immer wieder die Mahnung des Apostels: *»Seid nüchtern und wacht;
denn euer Widersacher, der Teufel, geht umher wie ein brüllender Löwe
und sucht, wen er verschlinge. Dem widersteht, fest im Glauben«.*

---

1   Die Predigt nimmt an verschiedenen Stellen Bezug auf die Schändung des jüdischen Friedhofs in der Hugostraße, Wuppertal-Barmen, wenige Tage zuvor. Als
Täter waren ein 13jähriger und ein 14jähriger Schüler dingfest gemacht worden.
Außerdem nimmt die Predigt Bezug auf den Streit um eine Änderung des Asyl-
gesetzes.

Liebe Gemeinde, wer wirksam Widerstand leisten will, muß seinen Gegner kennen. Da mag es nun manche etwas seltsam, vielleicht auch enttäuschend anmuten, daß der Apostel so allgemein und zudem so ›mythologisch‹ vom Teufel redet. Er vergleicht ihn mit einem das Maul aufreißenden, brüllenden Löwen, so daß einem unwillkürlich die Gruselgestalten eines Hieronymus Bosch in den Sinn kommen – erschreckend zwar, aber doch fern, weil aus einer fremden, unwirklichen Welt stammend. Warum redet der Apostel nicht theologisch präzise von der Sünde oder vom Bösen? Und warum nennt er nicht konkretes Unrecht beim Namen?

Er hätte das tun können. Die Bibel kennt ja alle die zuletzt genannten Formen, von Sünde, Bosheit und Ungerechtigkeit zu reden. An anderen Stellen des 1. Petrusbriefes wird sehr wohl deutlich, welche konkreten Verführungen und Bedrohungen dem Apostel vor Augen stehen. Wenn er dennoch in diesem programmatischen Aufruf zum Widerstand gegen den Teufel redet, so geschieht das nicht aus Verlegenheit, sondern aus wohlbedachten Gründen. Denn gerade das Bild vom Teufel birgt in sich eine große analytische Schärfe und ist deshalb hilfreich, um dem, was wir bekämpfen sollen, auf die Spur zu kommen. Ich nenne drei Gesichtspunkte:

1.   Gerade in der vermeintlichen Unschärfe der Redeweise vom Teufel liegt ein enormer Erkenntnisgewinn. Denn hier wird etwas vom geheimnisvoll Abgründigen des Bösen festgehalten, dem eben nicht durch simple Erklärungen oder durch einlinige Begründungen beizukommen ist. Es wäre ja vergleichsweise einfach, wenn das Böse mit klar benennbaren Bösewichtern zu identifizieren wäre, die es zu bekämpfen gilt, und die Sache ist bereinigt. Sicher, solche Bösewichter gibt es. Und doch treibt das Böse sein Unwesen zugleich in Strukturen, in Stimmungen, in politischen und gesellschaftlichen Trends. Ein wahres Netzwerk von Bosheit tut sich gegenwärtig auf und nimmt uns gefangen. Mit Recht kann die Bibel deshalb auch von »Mächten und Gewalten« reden, um festzuhalten, daß der einzelne auch (ich sage: auch) Opfer dieser Mächte ist, die er doch zugleich selbst produziert.

Um es konkret zu machen: Was diese beiden jugendlichen Grabschänder, die jetzt gefaßt worden sind, angerichtet haben, ist schrecklich. Aber wer wollte sich denn jetzt im Ernst beruhigen und sagen, mit ihrer Festnahme sei die Sache aus der Welt?! Wir sollten Gott danken, daß in unserer Stadt vom Polizeipräsidenten bis zu Pina Bausch, vom Superintendenten bis zu den Gewerkschaften, vom Fraktionsvorsitzenden der CDU bis zu den Autonomen viele beunruhigt sind. Denn jetzt fangen die Fragen überhaupt erst an: nach den Verführern; nach denen, die Antisemitismus schüren und Gewalt provozieren; nach all den Bewegungen und Strömungen, deren Resultat solch tollwütige, verführte Kinderseelen sind! Und all dies sind dann eben auch Fragen an uns; an uns als einzelne und an uns als christliche Gemeinde.

Dazu will uns die Rede vom Teufel anleiten: Wir müssen der Vieldimensionalität des Bösen gewahr werden. Wir müssen deshalb genau hinsehen, müssen sauber analysieren und vor allem ehrlich bilanzieren, wo wir tätig oder unterlassend mitverstrickt sind.

2. Damit bin ich beim Zweiten: Das Bild vom Teufel, vom das Maul aufsperrenden Ungeheuer, ist erschreckend. Und Erschrecken ist notwendig, damit wir endlich aufwachen und einen nüchternen Blick für das bekommen, was los ist. Erschrecken vor dem Bösen ist der Beginn des Widerstands: Erschrecken über das, was geschehen ist und in unserer Stadt geschehen konnte, die so stolz ist auf ihre Barmer Theologische Erklärung. Was besagt das über unsere Predigt, unsere christliche Seelsorge und Diakonie? Welches Gericht ist das über unsere so hochgepriesene freiheitlich-demokratische Ordnung, was sich derzeit an Haß und Gewalttat gegen ausländische Mitbürger und Asylsuchende Bahn bricht? Und erschrecken müssen wir über den bei uns noch möglichen Grad an Einfältigkeit und geistlosem Schwadronieren, wenn auf dem CSU-Parteitag gesagt wird: »Damit werden wir fertig« oder: Was sich in Deutschland abspiele, sei keine Ausländerfeindlichkeit.

3. Schließlich: An anderen Stellen, wo die Bibel vom Teufel redet, erzählt sie Geschichten, die uns die Vorgehensweise des Bösen vor Augen führen sollen. Ich denke vor allem an die Geschichte von der Versuchung Jesu. Sie macht deutlich: Das Böse versteht es, sich zu tarnen – vorzugsweise hinter frommen Sprüchen. Und: Das Böse gibt sich gern den Anschein der Normalität. Wir sollen ja gerade nicht erschrecken, sondern uns daran gewöhnen. »Tu's doch, mach doch mit. Oder halte dich wenigstens raus – warum denn nicht?« – so raunt der Teufel uns zu und versucht, uns träge und nachlässig zu machen. Und erst, wenn wir dem nicht auf den Leim gehen, dann droht er, sperrt das Maul auf und zeigt seine Krallen: »Versuch's doch«, heißt es dann, »dich mir zu widersetzen; du wirst schon sehen, was du davon hast!«

Aber, liebe Schwestern und Brüder, bange machen gilt nicht. Wenn wir uns verkriechen, aus Angst, mit hineingezogen zu werden, aus Angst vor Unbequemlichkeit oder Anfeindung, dann lacht sich der Teufel ins Fäustchen. Das wollen sie doch nur: die einen, die uns beeindrucken wollen mit ihrer Randale, und auch die anderen, die uns zumuten, wertvollste Rechtspositionen zurückzuschrauben, weil das Boot voll und es anders nicht zu machen sei. Nur: Wer macht denn wirklich was? Wo sind denn die Planstellen, die dringend benötigt würden, um die 300.000 liegengebliebenen Asylverfahren ordnungsgemäß und also rechtsstaatlich abzuwickeln? Wir sollten froh sein darüber, daß von der Deutschen Bischofskonferenz über die Synode der EKD bis zum Reformierten Bund genug Stimmen laut geworden sind, die sich dagegen verwahren, die Substanz der GG-Artikel 16 und 19 anzutasten[2].

II

Liebe Gemeinde, mit einem trickreichen, erschreckenden und vieldimensionalen Gegner haben wir es zu tun. Ihm gegenüber lautet die apostolische Mahnung: Seid nüchtern, wachet, widersteht. Geht das? Können wir das überhaupt – zumal wir doch mitverstrickt sind?
Das Schlimmste, was uns jetzt passieren könnte, wäre Resignation. Daß wir sagten: Das ist alles so übermächtig und so viel – was soll ich da schon machen? In 1. Petrus 1,13 lautet die Näherbestimmung zur Nüchternheit: »... *setzt eure Hoffnung ganz auf die Gnade*«. Das meint in unserem Zusammenhang: Resigniert nicht vor der Gewalt des Teufels. Sie ist begrenzt, und sie wird einmal ein Ende haben. Laßt uns deshalb nie sagen, es habe doch alles keinen Zweck. Oft ist Resignation die Folge von vorlaufender Selbstüberschätzung. Allerdings: Wenn uns aufgetragen wäre, den Teufel zu besiegen, dann wären wir gut beraten, noch vor der ersten Runde das Handtuch zu werfen. Aber wir sollen ja ›nur‹ widerstehen. An unserem Ort und nach Maßgabe unserer Möglichkeiten. Und was unsere Möglichkeiten betrifft, da dürfen wir nichts reglementieren und nichts gegeneinander ausspielen. Da steht die zeichenhafte Liebestat gleichberechtigt neben dem »Marsch durch die Institutionen«. Der Blumenstrauß auf dem jüdischen Friedhof, die Mahnwache, ein Brief des Mitgefühls – das alles ist so wichtig wie das politische Sich-Einmischen. Deshalb: Wer laufen kann, der demonstriere morgen mit und habe keine Angst vor befremdlicher Nachbarschaft, sondern freue sich, wenn schwarze Hüte und grüne Haarsträhnen sich fröhlich mischen. Und wem Demonstrieren nicht liegt, der lasse es getrost sein; der studiere und analysiere und trage denkend und redend zur Verständigung und zum Gewaltabbau bei. Wir brauchen dringend klärende Gespräche, verantwortungsvolle Unterrichtsentwürfe, engagierte Leserbriefe – und vor allem: treue Gebete!

III

Liebe Gemeinde, Widerstand ist angesagt. Und er wird uns um so eher möglich sein, als wir uns stärken und festigen lassen von dem, dessen

---

2   Das war im November 1992; in der Folgezeit wurden der hier noch geäußerten Freude viele schmerzliche Dämpfer versetzt!

schöpferische Lebenskraft allen lebensfeindlichen Mächten haushoch überlegen ist. Der Apostel betont: »*widersteht, fest im Glauben*«. Deshalb sagte ich eingangs, der Gottesdienst sei für uns die Sammlung, Auferbauung und Sendung zum Widerstand. Denn hier redet der barmherzige und gnädige Gott uns gut zu, ihm ganz zu vertrauen und in seinen Wegen zu wandeln. Hier gibt er uns das, was wir jetzt am nötigsten brauchen: Ermutigung. Hört deshalb den Segenswunsch, den der Apostel seinem Aufruf zum Widerstand unmittelbar folgen läßt. Hört ihn und nehmt ihn als Wegzehrung mit: »*Der Gott aller Gnade aber, der euch berufen hat zu seiner ewigen Herrlichkeit in Christus Jesus, der wird euch, die ihr eine kleine Zeit leidet, aufrichten, stärken, kräftigen, gründen. Ihm sei die Macht von Ewigkeit zu Ewigkeit! Amen.*«

Siehe, ich mache alles neu

Meditation in der Osternacht über ein Bild von Azariah Mbata
(Sylvia Bukowski)

Ein Bild voller Gesichter sehe ich.
Und bei näherem Hinsehen erkenne ich darin
ein Bild voller Geschichte.
Fast überall Tränen,
nur die da oben,
die tragen ein Lächeln,
aber ein Lächeln kalter Freude,
und Häme verrät sich in den herabgezogenen Mundwinkeln.
Mit dem, was da unten vorgeht,
hat man da oben wenig zu tun.
Da steht man drüber,
das sitzt man aus,
solange es geht,
solange man Zuschauer bleiben kann
und nicht hineingezogen wird
in fremdes Unglück,
in das Leid Fremder.
Hier ist es ganz deutlich schwarzes Elend,
Elend von Menschen aus Afrika.
Azariah Mbata,
der dieses Bild geschaffen hat,
hatte die Apartheid vor Augen,
die unzählig viel Leben zerstört hat.
Heute denke ich an die entwurzelten Menschen in Ruanda,
die Haß und Trauer und Argwohn umtreibt,
ich denke an die Bewohner von Ostzaire,
die den Flüchtlingen Gastfreundschaft geboten
und Krieg und Hunger geerntet haben.
Ich denke an die Minenopfer von Angola
und die vielen, über die
die Schlagzeilen längst hinweggehen,
und die in der Weltöffentlichkeit längst
vergessen und verlassen sind in ihrem Schmerz.
So viele Gesichter,
soviel Geschichte voller Mühsal.
Da können die Weißen da oben nur hoffen,
daß die Grenze dichthält
und sie unbeeinträchtigt
ihr Leben weiterführen können
in gewohntem Wohlstand,
in Ordnung und Ruhe.
Und müßte ich nicht ehrlicherweise
auch reden von uns?

Ich sehe die Schlange zu Füßen der Weißen,
und ich weiß,
es gelingt ihr immer noch,
auch uns zu verführen
in unserem Streben nach Sicherheit,
nicht zu beachten, was Gott gebietet,
und statt dessen selbstherrlich eigene Maßstäbe zu setzen.
Hier aber sehe ich hinter der Schlange
eine gebückte schwarze Gestalt.
Sie sieht aus, als habe sie die Schlange
den Weißen vor die Füße geschleudert.
Und ich denke an Mose,
dessen Stab sich vor dem Pharao
in eine zischende Schlange verwandelt
zum Zeichen dafür,
daß der Gott Israels
auch die Mächtigen in den Staub zwingen kann,
denn er hat das Sagen auch über das Böse.
Der Pharao hat das nicht beachtet,
hat darüber hinweggesehen
wie hier die Weißen auf dem Bild,
bis er es schließlich am eigenen Leib erfahren mußte.
Was muß geschehen,
bis wir endlich zur Einsicht kommen?
Wie können wir aufhören,
unsere Position auf Kosten anderer zu halten,
ehe eine Katastrophe uns zur Veränderung zwingt?
Mose habe ich bei den Weißen erkannt.
Nun erkenne ich ihn auch bei den Schwarzen:
in herausgehobener Größe,
aber auch hier in gebückter Haltung
vor dem Geäst eines Strauchs.
Dicht bei ihm sehe ich einige Schafe
und ein Stück weiter weg seine Sandalen.
Und ich erinnere,
was die Bibel erzählt,
als Mose mit seiner Herde
plötzlich vor einem brennenden Dornbusch stand,
aber das Feuer hat den Busch nicht verzehrt.
Da gebot ihm eine Stimme
»... zieh deine Schuhe von deinen Füßen;
denn der Ort, darauf du stehst,
ist heiliges Land!«

Heilig von Gottes Gegenwart.
Hier auf dem Bild brennt der Busch
durch Gottes Leidenschaft für die Menschen,
die soviel Grund zum Weinen haben.
Gott brennt vor Liebe für die, die leiden.
Ihr Gebet ist damals genau wie heute
oft nur ein Seufzen oder Schreien,
weil Worte den Schmerz nicht fassen können.
Aber Gott hört auch die wortlose Klage.
Und er brennt vor Zorn über die,
die andere zum Leiden verurteilen
und davon auch noch profitieren.
Und Gott macht den Schafhirten Mose
zum Hirten von bedrängten Menschen,
zu einem Befreier der Verlierer
zu einem Vorläufer dessen,
der kommen wird.
Und mit seinen Armen weist Mose hin
auf das Reis aus der Wurzel Jesse,
aus der der Gekreuzigte stammt.
Im brennenden Dornbusch beginnt
Gott seine Befreiungsgeschichte.
Und aus Gottes brennender Liebe
wächst das Kreuz,
das der ganzen Welt Freiheit ansagt.
Das Antlitz des Gekreuzigten ist heilig,
heilig durch Gottes Gegenwart,
und gleichzeitig auch
unübersehbar gezeichnet
von der Zerrissenheit unserer Welt.
Ich sehe eine schwarze Seite,
die weint mit den Weinenden.
Und ich sehe die andere Seite
in der Farblosigkeit der Mächtigen.
Auch auf ihr sind Tränen,
aber sie gelten dem Schrecklichen,
das Menschen anderen Menschen antun.
Diese Tränen gelten der Gemeinheit,
der Gleichgültigkeit, der Kälte,
die menschliche Beziehungen vergiften.
Die Hände des Gekreuzigten sind ausgebreitet.
Sie weisen beide hin auf die,
die Gottes Gegenwart ans Kreuz verbannt haben,

seine Herrlichkeit ins Exil.
Die dunkle Hand weist auf die Freunde,
die Jesus verraten und verlassen haben,
auf die treulosen Jünger,
bei denen die Angst stärker war als die Solidarität.
Die andere Hand weist auf die hin,
die ihn zum Tode verurteilt haben,
aber nicht sehen und nicht wissen wollen,
was sie angerichtet haben.
Klagen die Hände Jesu an?
Bitten sie, allem zum Trotz, um Hilfe?
Oder laden sie ein:
Kommt doch auch ihr her zu mir,
ich will euch erquicken,
sprich: euch eure Seele wiedergeben?
Segnet Jesus seine Feinde?
Mit seinen ausgebreiteten Armen
umschließt er schützend alle die,
die an ihm hängen.
Und aus dem dürren Holz des Dornbusches,
aus dem Fluchholz des Kreuzes
wachsen Zweige voller Leben,
voller Gesichter, voller Geschichte.
Noch ist es kein Leben ohne Tränen
oder ohne Schmerz.
Aber über dem weinenden Gottessohn
bricht Licht in das Dunkel
wie aus einer geöffneten Tür,
wie aus der Tür seines Grabes
im Dunkel des Ostermorgens Licht bricht.
Jesus, die Tür zu einer neuen Zukunft,
einer Zukunft, in der Gottes Gegenwart
nicht mehr länger nur verborgen bleibt.
Noch wirkt der Glanz nur ganz klein
über dem Haupt des Gekreuzigten,
klein wie der Schein der Osterkerze
in dieser Nacht.
Aber das Licht des neuen Lebens
wird sich ausbreiten
und uns und unsere Welt erfüllen,
und man wird sagen:
»Siehe da, die Hütte Gottes
bei den Menschen!

Und er wird bei ihnen wohnen,
und sie werden sein Volk sein ...
und Gott wird abwischen
alle Tränen von ihren Augen
und der Tod wird nicht mehr sein,
noch Leid noch Geschrei
noch Schmerz wird mehr sein ...
denn der auf dem Thron saß sprach:
Siehe, ich mache alles neu!«

Die Botschaft von der freien Gnade
Predigt wahrnehmen in der pluralistischen Gesellschaft

Vortrag, gehalten auf der Jahrestagung der Gesellschaft für
Evangelische Theologie in Münster 1997
(Peter Bukowski)

I Die Situation

Daniel Pfann, ein tschechischer Pfarrer, hielt im Elberfelder Prediger-
seminar einen Vortrag über den Wandel der homiletischen Situation
in Tschechien. Darin sagte er sinngemäß: Nach der Zerschlagung des
Prager Frühlings erforderte es Mut, verantwortlich zu predigen, aber
es war homiletisch einfach. Gerade in der Situation akut erlittener
Unterdrückungsmaßnahmen konnte schon die Verlesung des Predigttextes eine zu Herzen gehende, tröstende, aufbauende und wegweisende Wirkung haben. Da bedurfte es keiner großen homiletischen
Kunst, das, was dastand, hörergerecht zu applizieren – aber mutig
mußte man sein, denn es war gefährlich. Heute dagegen, also nach
1989, bedarf es keines besonderen Mutes. Man kann alles sagen, es geschieht einem nichts. Aber jetzt ist es schwer zu predigen, denn jetzt
fragen die Leute: »Was soll's?« Daniel Pfann hat mit dieser Beobachtung nicht die Verfolgungssituation verklären wollen, aber er wollte
deutlich machen, daß die neu gewonnene Freiheit von den Prediger-
den eine spezifisch neue Anstrengung erfordert.
Ich fand diese, wenn man so sagen darf, frische Erfahrung einer ›Ver-
rückung‹ im pastoralen Anforderungsprofil lehrreich, denn sie weist
auf einen entscheidenden Aspekt gesellschaftlicher Pluralisierung hin,
die sich dort seit der Wende in rasendem Tempo vollzieht und bei uns
längst zu einem prägenden Merkmal geworden ist: Alles geht – und
gerade das ist die Schwierigkeit.
Ein Element des Pluralisierungsprozesses will ich zu Beginn in Erinnerung rufen, weil es für das Weitere von besonderem Belang ist: Das
Leben des/der einzelnen ist je länger je mehr nicht mehr in feste Tra-
ditionen und Institutionen eingebunden, sondern differenziert sich
aus in ganz unterschiedliche Lebenswelten. Und innerhalb dieser Lebenswelten entwickelt sich eine Biographie nicht gleichsam schicksal-
haft in vorgegebenen Bahnen, sondern in jedem Bereich herrscht so
etwas wie ein Markt der Möglichkeiten. Verschiedene Lebensweisen

konkurrieren miteinander, und ich bin als einzelner gezwungen, mir mein Leben zusammenzustellen und also selbst zu entscheiden, welchen Beruf ich wähle, ob und in welcher Weise ich mich politisch engagiere, ob bzw. welche Form der Partnerschaft ich wähle, welches Hobby ich pflege usw. usw. Es besteht, mit Peter L. Berger gesprochen, der »Zwang zur Häresie«, also der Zwang zur Wahl. Er gilt auch im Bereich der Religion; auch hier ist der/die einzelne gezwungen auszuwählen. Peter L. Berger hat diesen Umstand mit einem einprägsamen Bild beschrieben:

»Auch die Kirche [ist] heute auf dem Markt. Das ist bestimmt, vom Standpunkt der Kirchen aus, eine nervös machende Entwicklung. Sie ist das schon aus recht handfesten Gründen. Die meisten unserer Kirchen können zurückblicken auf eine Zeit, da sie, wenigstens in ihrem sozialen Milieu und vielleicht in ihrer Gesamtgesellschaft, eine Monopolstellung hatten. Monopole begrüßen sehr selten das Aufkommen eines Wettbewerbs. Aber es sind da auch tiefere – wenn man will, edlere – Motive des Unbehagens. Die Verlagerung der Religion von einer schicksalartigen Tradition auf einen Markt der Möglichkeiten bedeutet gewiß auch Trivialisierung, vielleicht nicht immer, aber sehr oft eintretend. Im amerikanischen Englisch gibt es einen treffenden Ausdruck dafür: Die Zugehörigkeit zu einer religiösen Gemeinschaft heißt eine ›religious preference‹. (Also derselbe Wortgebrauch wie:) ›Ich ziehe es vor, meinen Kaffee ohne Milch zu trinken.‹ Der Ausdruck impliziert freie Wahl, aber auch ein eher oberflächliches Konsumverhalten. Man vergleiche das alte Wort ›Konfession‹. ›Ich bin evangelischer Konfession‹ – das impliziert Zeugentum, volles Engagement, vielleicht sogar Martyrium. ›Ich ziehe es vor, evangelisch zu sein‹ – das impliziert eine Meinung, die mich nicht unbedingt bindet und für die ich wohl kaum bereit sein würde, Märtyrer zu werden. Zwei Bilder steigen auf. Martin Luther vor dem Reichstag – ›hier stehe ich, ich kann nicht anders‹. Eine Hausfrau schiebt ihr Wägelchen durch die Gänge eines Supermarktes – in der Abteilung ›Religion‹ nimmt sie verschiedene Konserven in die Hand, liest die Aufschriften, wiegt ab – auf einer Konserve liest sie ›Luthertum‹ ...«

Ich füge hinzu: auf einer anderen »Drewermann«, auf einer dritten »New Age«, auf einer vierten »Fernostmix« – »Reformiert« fände man wohl eher im Vollkornbereich oder auf einer Packung mit Kernseife.

Wie auch immer: Im Pluralismus hat Religiosität vielfach einen Hang zum Eklektischen, Heterodoxen, Synkretistischen. Und zur Schnelllebigkeit: Dem wie auch immer individuell zusammengestellten Amalgam eignet keine zeitliche Konstanz, es will vielmehr ständig neu arrangiert sein.

Man wird sich hüten müssen, die Situation vorschnell zu bewerten. Vor allem einseitige Wertungen erweisen sich in der Pluralismusdebatte in der Regel als kurzschlüssig. Bergers Diktum vom Zwang zur Wahl weist schon darauf hin, daß wir hier auf ambivalente Befunde gefaßt sein müssen. So mag sich die Gefahr der Trivialisierung als die Kehrseite einer begrüßenswerten Befreiung von kirchlicher Bevormundung erweisen, der Traditionsabbruch als Kehrseite einer gerade bei der Jugend zu entdeckenden Religionsproduktivität. Und das Bild vom standhaft-bekennenden, martyriumsbereiten Reformator war auch in vergangenen Zeiten nicht typisch für die Mehrzahl der Kirchenmitglieder.

Wir sollten allerdings auch darauf gefaßt sein, daß unsere Versuche, den Pluralisierungsprozeß zu verstehen, ihn soziologisch und theologisch zu begreifen, unbeschadet ihrer Sachgemäßheit bisweilen die Funktion bekommen, unser schlichtes Leiden an der Situation zu verdrängen und womöglich notwendige Trauerarbeit zu verhindern. Das aber wäre schädlich, denn verdrängtes Leid und unterdrückte Trauer hören nicht auf, unser Handeln zu beeinflussen. Woran ich mit diesem Hinweis denke, sei an wenigstens einer pastoralen Leiderfahrung verdeutlicht:

Karin meldet sich bei mir. Ich kenne sie aus meiner ersten Gemeinde. Ich habe sie konfirmiert, danach war sie jahrelang Mitarbeiterin in der Konfirmandenarbeit, half zudem in der Jugendarbeit aus und besuchte regelmäßig den Gottesdienst. Jetzt will sie sich von mir, ihrem ›alten‹ Pastor, trauen lassen. Auf meine Rückfrage hin erzählt sie, daß sie zur Gemeinde keinen Kontakt mehr habe. Sie versichert mir, daß es keinen Anlaß gegeben habe im Sinne von Streit oder Ärgernis; auch keine innere Krise habe sie genötigt zu gehen. Was sonst? Wörtlich sagt sie: »Ich habe jetzt andere Interessen.« Ganz freundlich sagt sie das, aber auch ganz selbstverständlich, als sei es das Natürlichste von der Welt, daß sich die Interessen ändern. Und eben: In der pluralistischen Gesellschaft ist es das Natürlichste von der Welt. Christliches Engagement ist soziologisch betrachtet eine Form von Freizeitgestaltung, eine Form von Hobby, und Hobbys können wechseln. Das weiß ich, das kann ich gedanklich mitvollziehen, aber es hilft mir nicht in meiner Trauer. Und die Trauer ist gekoppelt an Selbstzweifel: Wenn selbst jemand wie Karin von der Fahne geht, was soll dann die ganze Arbeit?! Und: Hätte ich es womöglich anders machen sollen? Und die Selbstzweifel sind wiederum gekoppelt an handfeste Zukunftsängste: Wenn Karin ihr erstes Kind bekommt, wird sie aufhören zu arbeiten? Entscheidet sie sich dann wie viele ihrer Altersgenossinnen: Sie bleibt in der Kirche (was uns finanziell nichts einbringt), und ihr arbeitender Mann tritt aus (was ihn geistlich nichts kostet, weil er via Frau Zugriff auf die kirchlichen Serviceleistungen behält)? Noch einmal: Wer im Prozeß eiligen Verstehens solche Gefühle von Trauer, Selbstzweifel und Angst (letztere übrigens oftmals unterlegt mit Wut) gar nicht erst fühlt, ist beileibe nicht davor gefeit, von ihnen handfest beeinflußt zu werden. Die diese Gefühle auslösenden Erfahrungen gehören zum Alltag des Pfarrers, der Pfarrerin in der pluralistischen Gesellschaft, zum Alltag derer, deren Kanzel – und befände sie sich in einem süddeutschen Dom oder einer ostfriesischen Wehrkirche – faktisch auf dem Markt steht.

Was bedeutet diese Situation im Blick auf die Verkündigung? Bevor ich zu antworten versuche, muß ich eine grundsätzliche Überlegung voranstellen. Dazu bietet es sich an, die Marktmetaphorik aufzunehmen, auch, wenn das dem guten theologischen Geschmack einiges abverlangt.

Wenn ich als Anbieter auf den Markt will, habe ich grundsätzlich zwei mögliche Ansatzpunkte: Der eine: Ich setze ein mit einer Marktanalyse, stoße dann etwa auf ein in der Luft liegendes Bedürfnis oder entdecke eine spezielle Bedarfsnische und entwickle daraufhin mein Angebot (auf diese Weise entwickelt man z.B. auf dem Medienmarkt neue Produkte). Der andere: Ich habe ein Produkt (etwa in Gestalt einer neuen Erfindung) und überlege nun, wie ich es auf den Markt bringen kann. Wohlgemerkt: Ich rede von Ansatzpunkten, d.h. mir ist bewußt, daß keine Fragestellung sich von der anderen gänzlich dispensieren kann. Dennoch ist der Ansatzpunkt von erheblicher Bedeutung, wird doch zum einen das Produkt von der Marktanalyse her gestaltet und zum andern der Markt vom Produkt her in den Blick genommen. Und eben im Blick auf dieses Tertium mag die Marktmetaphorik helfen, die grundsätzliche Weichenstellung zu verstehen, um die es im Blick auf die Verkündigung in der pluralistischen Gesellschaft geht. Keine Frage, praktisch-faktisch wählt die Kirche in ihren Vollzügen oft den ersten Weg: von einer Analyse der Bedürfnisse hin zur Gestaltung der Angebotspalette. Das ist nicht eo ipso falsch, aber zumindest gefährlich: So hat etwa die Kirche auf den Traditionsabbruch der späten Sechziger mit Bibelverschwiegenheit reagiert (Motto: Wir wollen die Leute nicht mit der Bibel erschlagen) und muß heute erschrocken feststellen, daß sie den Trend, dem sie sich zu stellen versuchte, ihrerseits noch verstärkt hat. Zudem ist diese Strategie tendenziell defensiv. Man erinnere sich an Bonhoeffers Diktum vom Lückenbüßer. Der Markt hat es nun einmal an sich, daß die Lücken immer weniger werden, und so gerät die Kirche in ein permanentes Rückzugsgefecht bei gleichzeitig erhöhtem Innovationsdruck. Letztlich aber geht es hier um eine theologisch-grundsätzliche Weichenstellung: Entwerfe ich das kirchliche Angebot als letztgewisse Antwort auf die zuvor diagnostizierte Frage nach religiöser Selbstvergewisserung, oder verstehe ich die mir aufgetragene Botschaft als eine Kraft, die im Raum des religiösen Marktes Menschen anzurühren, aufzurichten und zu bewegen vermag?

Die VI. Barmer These, die im Hintergrund der Formulierung des Tagungsthemas steht, zielt in letztere Richtung. Die Kirche ist dann und insoweit »Institution der Freiheit«, als sie sich an ihren Auftrag bindet, Gottes freie Gnade auszurichten an alles Volk. Diese Pointe der VI. Barmer These möchte ich im folgenden bezogen auf die Verkündigung nachvollziehen. In einem ersten Schritt erinnere ich an den kirchlichen Auftrag, sodann versuche ich zu zeigen, daß und wie uns unser Auftrag gerade in der pluralistischen Gesellschaft Freiheit schafft, die nicht zuletzt eben dieser Gesellschaft zugute kommt.

II   Der Auftrag

Karl Barth beginnt einen 1947 gehaltenen Vortrag über Barmen VI so: »Die Worte ›freie Gnade‹ bezeichnen in ihrer Zusammenstellung erstlich und letztlich nichts Anderes als das Wesen dessen, der in der Heiligen Schrift ›Gott‹ genannt wird: Das Subjekt der ›großen Taten‹, von denen uns die heilige Schrift unmittelbares, authentisches, volles Zeugnis gibt und in deren Feier und Verkündigung die christliche Kirche ihren Existenzgrund hat ... ›Die Botschaft von der freien Gnade Gottes‹ meint also nichts anderes als das, was Röm. 1,1 in kürzester Form das ›Evangelium Gottes‹ genannt wird.«

Ich entnehme diesem Satz im Blick auf die Frage nach dem kirchlichen Verkündigungsauftrag drei Hinweise:

1. Als Kirche sollen wir von Gott reden. Das klingt so selbstverständlich – wir haben diesen Satz ja auch oft genug gehört. Tatsächlich ist er aber alles andere als selbstverständlich, denn er markiert das eine wirklich große Predigtproblem, neben dem alle anderen homiletischen Fragen – auch die, die sich durch die je spezifischen politischen und gesellschaftlichen Konstellationen ergeben – Folgeprobleme sind: Daß wir nämlich von etwas reden sollen, was man nicht sieht, mehr noch, was niemand je gesehen hat. Und jeder, der sich anschickt, das Wort zu nehmen, erfährt dieses Problem nicht nur als Denk-, sondern als elementares Lebensproblem: »Unser Glaube ist der Sieg, der die Welt überwunden hat« – sagt die Bibel –, und zugleich erleben wir täglich, wie der Glaube mundtot gemacht zu werden droht durch die »Sprache der Tatsachen« (Lange) – und das nicht nur bei anderen, sondern auch bei uns. Mit einem Wort: Das Grundproblem unseres Predigtauftrags liegt in der als Widerspruch erfahrenen Spannung von Glauben und Schauen.

Vieles, wahrscheinlich sogar das meiste, was einen an der selbst gehaltenen oder an der gehörten Predigt unzufrieden, enttäuscht, hungrig zurückläßt, liegt begründet im Scheitern an dieser Spannung. Und natürlich wird die Sache nicht besser, wenn man sich dieser Spannung gar nicht erst stellt, sondern predigend im Bereich des Sichtbaren verbleibt.

Da wird dann etwa gesagt, was auf der Welt alles nicht in Ordnung ist, um nach kurzem biblischen Zwischenspiel davon zu reden, was getan werden muß. Selbst wenn das Gesagte im Einzelfall völlig richtig und wichtig wäre, im Blick auf die Predigtaufgabe handelt es sich um Betrug, weil die Hörerschaft um Gott betrogen worden ist, weil sie letztlich mit sich, ihren Fragen und Problemen allein gelassen wird. Denn das Hinzutreten eines wohlmeinenden und im besten Fall gut zuratenden Predigers ist als solches noch kein Schritt hinaus aus der Einsamkeit, die die Menschen im Gottesdienst zu überwinden hoffen. Im Gottesdienst erwarten sie nämlich Antwort auf die Frage »Ob's denn wahr ist« (Barth), daß Gott in ihrem Leben und in ihrer Welt gegenwärtig sei.

Manfred Josuttis hat dieses Alleinlassen der HörerInnen mit der Gottesfrage die Gesetzlichkeit der Predigt genannt. Sie hat viele Formen, nicht nur die eben erwähnte ethische Variante. Es gibt ein von jener Spannung immunisiertes, vollmundiges dogmatisches Gerede, welches den Auftrag im Gewand der Rechtgläubigkeit verrät, und statt lebendigem Wort bietet es zeitlose und deshalb tote Wahrheit. Besonders perfide ist die Form, die die Frage »Ob's denn wahr ist« den Hörenden als Aufgabe zurückschiebt nach dem Motto: »Ostern geschieht, wenn wir ...« Krankheitssymptom dieser Art von Gesetzlichkeit sind oft die Modalverben, die die Zusage zu unseren Lasten einschränken: »Gott will dir nahe sein«. »Das kann dich trösten« – und ausgesprochen oder unausgesprochen steht uns die Liste dessen vor Augen, was wir tun müssen, damit aus der Möglichkeit Wirklichkeit wird. Übrigens hat Josuttis vor einigen Jahren das Thema der gesetzlichen Predigt noch einmal aufgegriffen und darauf hingewiesen, daß auch die Wendung zur narrativen oder zur therapeutisch orientierten Predigt als solche noch keinen Ausweg aus der Gesetzlichkeit darstellt. Auch diese Predigtwege sind kritisch zu befragen, ob sie letztlich nur eine Verdopplung der Welt der HörerInnen darstellen, diese also einmal mehr mit sich allein lassen, oder ob es ihnen gelingt, den Kontakt herzustellen zwischen der Welt der HörerInnen und der Wirklichkeit Gottes. Die praktische Probe ist übrigens leicht gemacht. Wenn in einer Predigt die Passagen über Gott fehlen könnten, ohne daß dem Gesamtduktus Entscheidendes fehlt, ist dies ein ziemlich sicherer Hinweis darauf, daß das Entscheidende fehlt.

2. Verkündigend sollen wir von Gott reden als dem »Subjekt der ›großen Taten‹, von denen uns die Schrift ... authentisches ... Zeugnis gibt.« Mit diesem Hinweis markiert Barth den Ermöglichungsgrund für unser Reden von Gott. Wir sind nicht angewiesen auf ein munkelndes Ahnen (Iwand). Wir fischen mit unserer Verkündigung nicht im Trüben. Und wir sind auch nicht dazu verdammt, unsere Sprachlosigkeit hinter einer allgemein-religiösen oder moralischen oder weltanschaulichen Gesprächigkeit zu verstecken. Denn Gottes Unsichtbarkeit ist keine diffuse, sondern sie ist seine »präzise Verborgenheit« (Jüngel) im Wort der Offenbarung. Der von uns zu verkündigende Gott hat Gestalt, weil er sich mitgeteilt hat in der Geschichte seiner Selbstbindung an sein auserwähltes Volk und in der Sendung Jesu Christi. Das primäre Zeugnis dieser Selbstaussprache Gottes ist die Heilige Schrift. In ihr erfahren wir, daß und wie das ewig Licht da herein geht und der Welt einen neuen Schein gibt (vgl. EG 23,4). Etwas formelhafter gesagt: Die Bibel erzählt davon, daß und wie der Indikativ geschieht. Dabei mag das Wort von der präzisen Verborgenheit uns daran erinnern, daß mit dem Verweis auf das Zeugnis der Schrift die Spannung von Glauben und Schauen gerade nicht aufgelöst ist. Aber indem die Bibel Gottes Selbstmitteilung in ihrer Gegenständlichkeit bezeugt, vergewissert sie uns dessen, daß wir »Grund zum Glauben« (H.-G. Geyer) haben. Wobei eben beides zu betonen ist: Der Grund erschließt sich als Grund ›nur‹ dem Glauben, zugleich aber erfährt sich der Glaube als in einer ihn von außen erreichenden Wirklichkeit gegründet. Wir sind also bewahrt sowohl vor der Scheinsicherheit einer Theorie isolierter Heilsfakten (nach dem Motto: Und die Bibel hat doch recht) als auch vor der Überforderung einer Theorie des absoluten Glaubens. So gesehen muß die Predigt die Frage »Ob's denn wahr ist« nicht selbst beantworten (und erst recht niemandem eine Antwort überstülpen)! Die Predigt ist gleichsam ein geordnetes Delegationsverfahren, welches die Frage dorthin weiterleitet, von wo her allein Antwort kommen kann. Denn Predigt, die ihrem Auftrag gemäß vom biblisch bezeugten Gott redet, steht unter der Verheißung, daß der in ihr zur Sprache kommende Gott selbst in der Kraft seines Geistes unsere und unserer HörerInnen Herzen anrührt und den Glauben weckt, der uns mit unserer Frage und in unserer Anfechtung zur Ruhe kommen läßt und aufrichtet.

Ich bitte Sie deshalb, diesen zweiten Hinweis nicht mißzuverstehen im Sinne einer irgendwelche kirchlichen Bastionen bewahren wollenden, rückwärts gewandten ›theological correctness‹. Auch nicht als Plädoyer für »autoritative Belehrung« (so zuletzt der Vorwurf Michael Klessmanns an meine Homiletik)! Es war doch wirklich etwas vom besonders Verrückten, wenn in den letzten Jahrzehnten die in allen kirchlichen Handlungsfeldern beobachtbare Bibelverschwiegenheit nachgerade als menschenfreundliche Emanzipationsbestrebung propagiert und erlebt werden konnte und statt dessen etwa die (inzwischen auch schon fast kanonisierten) Geschichten und Geschichtchen Einzug auf die Kanzeln hielten. Die kleine grüne Raupe, die Maus Frederick, die drei Freunde – wenn sich doch wenigstens die Tierschützer unter den Predigenden dieser Wesen erbarmt und ihnen die wohlverdiente Sonntagsruhe gegönnt hätten, anstatt sie wieder und wieder auf die Kanzeln zu hetzen! Oder ist das vielleicht die nur zu verständliche Reaktion auf solche, die ihrerseits die Bibel zum Gesetz des Predigers gemacht haben, anstatt sie schlicht und fröhlich als das zu nehmen, was sie ist: Die Chance des Predigers? Nehmen Sie nur die Evangelien. In Jesus Christus ›haben‹ wir, modern ausgedrückt, ein Hologramm des Unsichtbaren Gottes – davon läßt sich doch reden.

3. Inhaltlich ist die uns aufgetragene biblisch orientierte Predigt von Gott Verkündigung seiner freien Gnade, Evangelium. Barth kann im dritten seiner großen Ekklesiologieparagraphen (Kirchliche Dogmatik IV/3, § 72) betonen, daß es die große und umfassende Bejahung ist, die bekannt zu machen die Gemeinde überhaupt in die Welt gesetzt ist. Ein Bejahung, die, weil sie freie *Gnade* ist, Sünde und Schuld gerade nicht zu verdrängen braucht, aber auch nicht vor ihnen resignativ verharren muß; eine Bejahung, in der tröstlicher Zuspruch und zum Aufbruch befreiender Anspruch zusammengehen. Rede von Gott ist also stets daran zu messen, ob sie als Ausrichtung der freien Gnade den Hörenden zu verstehen gibt: »Tua res agitur«. Denn: »Der sich mit dem Menschen so zusammengetan, sich ihm so verbunden, wie Gott es in Jesus Christus getan hat, kann auch nur mit dem Menschen zusammen der Inhalt ihres Auftrags sein« (916). Der Inhalt der Predigt ist im Kern Vergewisserung und Ermutigung: »Der Mensch ... in Kraft oder Schwachheit, in guter oder weniger guter Meinung, als einer von den wenigen bekannten oder als einer von den vielen unbekannten Soldaten des großen Menschenheeres ... geht nicht vorüber, lebt nicht umsonst, ist und bleibt unverloren und unvergessen ... (Er) ist laut des Auftrags der Gemeinde wertbeständig, ist und bleibt und wird immer neu interessant. Darum nämlich, weil Gott Wert auf ihn legt, weil Gott sich in aller Macht gerade für ihn interessiert« (915).

Tua res agitur: Evangelische Predigt geschieht als Betätigung solidarischer Zeitgenossenschaft im Licht der Güte Gottes. Eine »Vernachlässigung« (950) der HörerInnen verbietet sich dann ebenso wie deren »Bevormundung«, also ihre Degradierung zum Objekt, ihre »Behandlung als Material« (950; wobei das eine in das andere umzuschlagen pflegt). Das »Ausrichten« der Botschaft darf also nicht mißverstanden werden, als solle eine ›für sich‹ erhobene biblische Wahrheit an den Mann bzw. die Frau gebracht werden. So wahr sich die Wahrheit des Glaubens im Hören auf Gottes Wort erschließt, so sehr entsteht die aktuelle Botschaft der Predigt nur im direkten lebendigen Kontakt mit den ZeitgenossInnen. Weil es keinen menschenlosen Gott gibt, darf es die situationslose Predigt nicht geben, und Ernst Lange hat recht mit seiner Forderung, die Situation müsse mit der gleichen Sorgfalt exegesiert werden wie der Text. Das »Tua res agitur« erinnert also energisch an das spezielle Proprium der Predigt als einer *Anrede*.

Man wünscht sich, die entsprechenden Passagen in Barths Kirchlicher Dogmatik wären von den Barthianern genauso intensiv wahrgenommen und befolgt worden wie die inhaltsorientierten – sie hätten diese Theologie vor schwerem Mißkredit bewahrt! (Walter Fürst, der frühzeitig darauf hingewiesen hat, blieb weithin ungehört!) Dabei betont Barth schon im Rahmen seiner grundsätzlichen Ausführungen zum Auftrag der Gemeinde in KD IV/3, § 72,3, daß der Frage nach dem Adressaten besondere Aufmerksamkeit zuzukommen habe, weil sonst alles über den Inhalt des Auftrags ausgeführte »allzu leicht den Charakter einer abstrakt objektiven Doktrin, einer kühn um die drei Punkte Jesus Christus, Gott, Mensch kreisenden Gnosis bekommen könnte.« (918). Und später, in der Umschreibung der Aufgabe der Predigt wird noch einmal eigens betont, Predigt sei »nicht mehr, nicht etwas besseres, aber etwas deutlich anderes als einfach Schriftauslegung« (996). Dieses andere, das ist ihre rhetorische Dimension als zielgerichtete Rede, als den Adressaten zugewandte Ansprache.

Einer Unterschlagung des menschenfreundlichen Evangeliums auf der Inhaltsebene entspräche auf der rhetorischen Ebene die Verwechslung der Sprechakte: Aus der hörerbezogenen Anrede würde ein exegetisch-historischer oder systematischer »Lehrvortrag« (996). Die rhetorische Dimension des Predigtauftrags ist weder Adiaphoron, noch versteht sie sich schlichtweg von selbst; sie bedarf umgekehrt um des Evangeliums willen der eigenen Aufmerksamkeit, und sie hat ihre eigene Würde.

III Die Freiheit

Inwiefern verschafft die Bindung an den ihr gegebenen Auftrag der Kirche Freiheit? Und wie wirkt diese sich in der Wahrnehmung des Predigtdienstes aus? Ich habe zu Beginn darauf hingewiesen, daß man, wie immer man den Pluralismus unserer Gesellschaft im einzelnen versteht und bewertet, jedenfalls auch die Erfahrung zulassen muß, daß die pluralistische Situation mit ihrer Tendenz zur Relativierung Verunsicherung schafft, Frustration und Angst erzeugt. Jedenfalls zwingt der Pluralismus die Kirche, sich mit ihrer gesellschaftlichen

Umgebung intensiver auseinanderzusetzen als etwa in einer Situation weitgehender Identität oder extremer Nischenexistenz. Die Lebensbedingungen einer Kirche im Palast des Kaisers Konstantin oder in den Katakomben Roms (samt deren jeweiligen Derivaten) sind bei aller Unterschiedlichkeit vergleichsweise überschaubarer als die auf der Agora. Denn unter den Bedingungen vielfältiger Begegnung, Beeinflussung und Konkurrenz erhält die Frage nach der eigenen Identität eine besondere Brisanz.

Die Frage nach der Identität ist – gestalttherapeutisch gesprochen – ganz wesentlich eine Frage nach der Qualität der eigenen Grenzen. Am organismischen Bild verdeutlicht: Die Bedingung der Möglichkeit von Leben ist die Grenze, genauer gesagt: deren Qualität. Denken Sie an eine Zelle: Sie ist begrenzt durch die Zellwand; ist diese Wand zu löchrig oder löst sie sich gar auf, bedeutet dies das Ende des Lebens, zurück bleibt eine ungestaltete Masse von Molekülen. Andererseits darf die Zellwand aber auch nicht starr oder gar undurchlässig sein, denn sie ist ja der Ort des Austauschs, des – wenn man so will – kleinen Grenzverkehrs. Eine starre Grenze bedeutet deshalb ebenfalls den Tod, denn sie verhindert die lebensnotwendige Aufnahme von Energie und Information. Auf unsere Frage angewandt besagt dieses Bild: Kirche auf dem Markt ist bedroht von Auflösung und Abschottung. Kirche im Pluralismus ist frei, wenn sie im Pluralismus Kirche bleiben kann.

Eben dies ermöglicht ihr, theologisch gesprochen, die Bindung an ihren Auftrag. Denn er impliziert eine doppelte Vergewisserung: Die Kirche ist dazu auserwählt, im Weltgeschehen und als Teil desselben Zeugin des Evangeliums, vorläufige Darstellung des Reiches Gottes zu sein. Was sie aber darstellt, indem sie das Evangelium bezeugt, ist Gottes gute Absicht mit der *ganzen* Welt, die sein Eigentum ist, von ihm ins Leben gerufen, seiner Fürsorge anheimgestellt und so ihrer Vollendung entgegengehend: »In Jesus Christus sind ja die Gemeinde und die übrige Menschheit ein zwar in sich unterschiedenes, aber in dieser Unterschiedenheit fest zusammengefügtes Ganzes« (946). Diese doppelte Vergewisserung ermöglicht es der Kirche, als *Teil* der Welt kraft ihres Auftrags zu einer eigenen Gestalt *ausgesondert* und als solche in der Welt *erkennbar* zu sein. So ist die Kirche also Teil der pluralistischen Gesellschaft, offen zum lebendigen Austausch, und doch zugleich in dieser Offenheit ein eigenes Wesen, dessen Grenzen – wohlgemerkt: offene Grenzen! – entlang ihrer Bestimmung verlaufen, eben die Botschaft von der freien Gnade auszurichten an alles Volk. Anders gesagt: Die im Auftrag verbürgte doppelte Verheißung und Bestimmung gibt der Kirche die Freiheit, Kirche *im* Pluralismus zu sein; diesen Ort als ihre Umgebung, die, wie sollte es anders sein, auf die eigene Verfaßtheit zurückwirkt, anzunehmen, also weder in ängstlicher Abgrenzung zu erstarren (dies wäre der Zwang zum hochkirchlichen, im Fundamentalismus endenden Irrweg) noch sich grenzen- und konturenlos in ihre Umgebung hinein aufzulösen (dies wäre der Zwang zum Irrweg in die Beliebigkeit/Unverbindlichkeit). Insofern ist sie eine in der Bindung an ihre Wahrheit freie Kirche. Übrigens werden sich in einer bezüglich ihrer Bestimmung verunsicherten Kirche die beiden Irrwege in der Regel gegenseitig bedingen: Ist es doch gerade die (übersteigerte) Angst vor Auflösung, die Menschen in die Abschottung treibt, wie andererseits die (ebenfalls übersteigerte) Angst vor Erstarrung Menschen diffus und fahrig werden läßt. Noch einmal anders gewendet erklären sich von daher auch die gegenseitigen Vorwürfe und Verwerfungen, mit denen sich verschiedene Strömungen in der Kirche gegenseitig das Leben schwermachen: Der, den die eigene Angst erst einmal in die Starrheit getrieben hat, wird auch ›gesunde‹ Aufnahmefähigkeit und Durchlässigkeit nur verzerrt wahrnehmen und als bedrohlichen Auflösungsprozeß diffamieren können; und der, den die Angst ins Sich-Verströmen treibt, verwechselt lebensfördernde Grenzen mit tödlicher Erstarrung.

Ich möchte beide Gefährdungen der Freiheit homiletisch konkretisieren:

Erstarrung, Abschottung – das bedeutet im Vollzug der Verkündigung: die Verwechslung des lebendigen Wortes Gottes mit einer zeitlosen Wahrheit (wir nahmen sie schon kurz in den Blick). Sie zeigt sich auf einer oberflächlichen, mehr handwerklichen Ebene darin, daß die Predigt, statt die gute Botschaft heute zu wagen, Zuflucht sucht in theologischen Richtigkeiten. Aber »richtig« ist in der Homiletik zu Recht ein Schimpfwort! Man begegnet der Diffusität des pluralistischen Marktes nicht dadurch wirksam, daß man auf die integrative Kraft eines vermeintlich kleinsten gemeinsamen Nenners oder auf die Beständigkeit oder gar Attraktivität eines geschlossenen dogmatischen Lehrgebäudes hofft. Das Ergebnis ist eher Langeweile, und die macht nun wirklich unattraktiv.

Die Güte des Herrn ist alle Morgen neu, und deshalb will mein Zeugnis nicht zu allen Zeiten, sondern heute als neues Wort verantwortet sein. Dabei müssen wir nicht ausgewogener sein wollen als die Zeugen des Alten und Neuen Testaments! Im Vertrauen auf die integrierende Kraft des Heiligen Geistes muß ich nicht alle Gegensätze unter den Hut einer Predigt zu kriegen versuchen. Auch im Blick auf den innerkirchlichen Pluralismus wünsche ich mir mehr Mut zur Einseitigkeit und auch zum Experiment. Der wird freilich um so eher wachsen, als ich mich von der grandiosen Idee befreie, ich hätte die Wahrheit gepachtet: Das »eine Wort Gottes« impliziert die heilsame Relativierung aller menschlichen, also auch der kirchlichen Worte und Wahrheiten. Wenn wir doch nur nicht soviel Angst vor theologischem Kontrollverlust hätten!

Offenheit bedeutet schließlich, daß ich mich den Bedingungen des Marktes auch insofern stelle, als ich offen bin für die sehr anstrengende Rückfrage: »Was soll's?« Die Predigtarbeit wird nicht zuletzt die Bearbeitung dieser Rückfrage sein! Denn es gibt nicht nur keine zeitlosen, es gibt – zumal in der pluralistischen Gesellschaft – auch keine fraglosen Wahrheiten. Statt zu behaupten, werden wir die unserer Botschaft eigene Plausibilität aufweisen müssen – in Auseinandersetzung mit anderen Wahrheitsansprüchen und in einer Sprache und in Sprachspielen, die den ZeitgenossInnen verständlich sind. Deshalb steht und fällt gerade die monologische Kanzelrede damit, daß sie, aus dem Dialog erwachsen, gestaltet ist als virtueller Dialog, etwas lang geratener Redebeitrag, dem man abspürt, daß er die Gegenrede nicht nur erträgt, sondern wünscht.

Auch die Kehrseite, also die *Diffusität*, der Verlust an eigener Kontur läßt sich homiletisch beschreiben. Es gibt ein Bemühen um Aktualität und Akzeptanz, bei dem am Ende die christliche Verkündigung ihre Identität verliert. Der Einsatz der oben erwähnten Geschichtchen, zumindest wenn sie notorisch an die Stelle biblischer Texte treten, tendiert in diese Richtung. Ebenso die Verwechslung der Predigt mit einer nur politischen, nur therapeutischen, nur philosophischen Rede.

Ihre Tiefendimension hat diese Gefahr freilich dort, wo die pluralistische Herausforderung oder auch Verunsicherung die Kirche zu jener grundsätzlichen Kehre veranlaßt, von der eingangs die Rede war: Statt die aufgetragene Botschaft – nicht abseits vom, nicht gegen, sondern – auf dem Markt – und das bedeutet auch: unter den Bedingungen des Marktes – auszurichten, wird ihr Inhalt am wie auch immer diagnostizierten Bedürfnis des Marktes so ausgerichtet, daß er seiner Bestimmtheit verlustig zu gehen droht. Barth hat dieser Gefahr ein etwas gehässiges, aber gerade deshalb einprägsames Denkmal gesetzt. Er redet von der »Kirche im Defekt«, »die, um der Wirklichkeit des von ihr Geglaubten gewiß und froh zu werden, zuerst nach seiner und so nach ihres Glaubens Möglichkeit fragen zu müssen meint. Sie ist die der Sicherheit halber ... den Menschen und die Menschheit dauernd analysierende statt (weil sie weiß, was sie will und zu sagen hat) schlicht und direkt anredende Kirche. Sie ist – angeblich um die Menschen an ihrem Ort zu erreichen – auch praktisch dauernd darauf aus, auf sie Rücksicht zu nehmen, sich ihnen anzupassen, ihre Aufmerksamkeit und Sympathie zu erwerben, ihnen soweit wie immer möglich gefällig zu sein oder doch zu erscheinen. Sie ist die zerstreute und darum plaudernde, die schielende und darum stotternde Kirche« (KD IV/4, Fragmente, 230). Unschwer, den letzten Satz direkt auf das Predigtgeschehen zu übertragen: Es gibt sie tatsächlich: die zerstreute, die plaudernde, die stotternde Predigt.

Ich habe folgende Begegnung nie vergessen: Die DozentInnenkonferenz der deutschsprachigen Predigerseminare hatte einen der Leiter jenes Zürcher Jugendzentrums eingeladen, das Anfang der 80er Jahre Schlagzeilen machte als Zuflucht der von der Drogenwelle überrollten Jugend. Wir fragten ihn, was wir im Blick auf diese gefährdeten und teilweise ›kaputten‹ Jugendlichen den VikarInnen beibringen müßten, damit sie denen AnsprechpartnerInnen sein könnten. Der Sozialarbeiter überlegte, und dann antwortete er (und man bedenke: Damals währte in der Kirche noch die Hoch-Zeit des didaktisch-methodischen Aufbruchs!): »Die PfarrerInnen müssen keine tollen PädagogInnen sein, sie müssen keine Medien parat haben, sie müssen eigentlich gar nichts Besonderes können. Nur: Wenn einer ›unserer‹ Jugendlichen sie fragt: ›Woran glaubst Du?‹ Dann dürfen sie nicht sagen: ›Du, ich bin auch nur ein Fragender‹, sondern dann müssen sie authentisch Antwort geben.« Authentisch bedeutet nicht pausbäckig, aber eben auch nicht verlegen stotternd oder ahnend munkelnd.

Schließlich sei bemerkt, daß eine diffuse, am Markt ausgerichtete Kirche heute dazu tendiert, die Notwendigkeit einer expliziten Bezeugung des Evangeliums generell zu unterschätzen. Es ist ja nicht von ungefähr, daß die Kirche sich im Zuge der fortschreitenden Pluralisierung immer mehr vom Paradigma der Zeugin entfernt und dem Paradigma der Helferin angenähert hat. Sei es als Animationsbetrieb, als Psychopraxis, als Sozialstation, als politische Pressure-group oder als Kulturverein – die Kirche versucht vieles, um Marktanteile zu sichern bzw. zu gewinnen. Alles ist erlaubt, aber es frommt nicht alles, und es frommt bestimmt nicht, wenn die Kirche über dem vielen ihr Besonderes vergißt.

Dazu noch ein abschließender Hinweis: Michael Welker hat nachdrücklich davor gewarnt, »Pluralismus« zu schlicht zu verstehen, als sei mit dem Hinweis auf »Vielfalt« schon alles gesagt. »Pluralismus« muß vielmehr als eine »Vielfalt von Vielfalten« (Kirche im Pluralismus, 14) begriffen werden, als eine durchaus anspruchsvolle und gefährdete Form des Zusammenlebens, denn sie steht und fällt damit, daß die Vielzahl und Vielfalt erhalten bleibt, was bei allen Beteiligten eine besondere Disziplin voraussetzt: Der Pluralismus »nötigt dazu, einerseits auf eine universale Durchsetzung des innerhalb der eigenen Assoziation für richtig, gut und wahr erkannten Ethos hinzuarbeiten – andererseits das Interesse an alternativen Bestrebungen zu erhalten und womöglich zu steigern. Diese Disziplin verdankt sich dem Streben nach einer die eigene Normativität übergreifenden Vervollkommnung und Wahrheit – im Willen zur Kommunikation und zum Diskurs.« (19) Im Licht dieser Sichtweise wird man einer an ihren Auftrag gebundenen Kirche und Verkündigung die Pluralismusfähigkeit jedenfalls nicht absprechen können.

Wir können im Pluralismus Kirche sein – nicht nur notgedrungen, auch nicht nur aus freundlichem ›good will‹, sondern von unserem *eigenen Auftrag* her: Als ZeugInnen der Wahrheit bekennen wir uns dazu, daß wir die Wahrheit nicht gepachtet haben. Deshalb wird unser Wahrheitseifer unsere Toleranz nicht untergraben können. Als BotInnen der freien Gnade Gottes wenden wir uns an »alles Volk«. Wir haben keinen Grund, unseren Auftrag nicht eifrig zu erfüllen. Wir dürfen auch mehr werden wollen, und über den Weggang der früher erwähnten Karin nicht zu trauern oder auch wütend zu sein, wäre schlicht eine unmenschliche Forderung und eine pluralismusschädigende dazu – denn Selbstaufgabe dient dem Pluralismus ja gerade nicht. Aber wir glauben und wissen, daß nicht alles Volk sich uns zuwenden muß (und erst recht nicht jede/r in gleicher Weise!). Wir können das ernsthaft gar nicht wollen. Extra ecclesiam salus non est – das ist nicht unsere Parole, mehr noch: So wahr Gott seine Freiheit darin betätigt, der *Welt* gnädig zugewandt zu sein, rechnen wir geradezu damit, daß es zu wahren und heilsamen Worten und zu »Gleichnissen des Himmelreichs« auch außerhalb der Kerngemeinde, gewiß außerhalb der eigenen Konfession und ebenso gewiß auch außerhalb der Kirche kommen kann und kommen wird. Diese Gewißheit gibt uns die Freiheit zur Neugier, zur Achtsamkeit, zum Respekt vor den anderen und zum Dialog. Und wenn wir das nicht nur so sehen und sagen, sondern uns auch entsprechend benehmen, dann erweisen wir an unserem Ort der pluralistischen Gesellschaft einen wichtigen Dienst.

Ermutigung für Müdegewordene

Predigt über 1. Könige 19,1–13a, gehalten auf der Jahrestagung der
Gesellschaft für Evangelische Theologie in Münster 1997
(Sylvia Bukowski)

*Und Ahab sagte Isebel alles, was Elia getan hatte und wie er alle Prophe-
ten Baals mit dem Schwert umgebracht hatte.*
*Da sandte Isebel einen Boten zu Elia und ließ ihm sagen: Die Götter sollen
mir dies und das tun, wenn ich nicht morgen um diese Zeit dir tue, wie du
diesen getan hast!*
*Da fürchtete er sich, machte sich auf und lief um sein Leben und kam nach
Beerscheba in Juda und ließ seinen Diener dort.*
*Er aber ging hin in die Wüste eine Tagereise weit und kam und setzte sich
unter einen Wacholder und wünschte sich zu sterben und sprach: Es ist genug, so nimm nun, HERR, meine Seele; ich bin nicht besser als meine Väter.*
*Und er legte sich hin und schlief unter dem Wacholder. Und siehe, ein En-
gel rührte ihn an und sprach zu ihm: Steh auf und iß!*
*Und er sah sich um, und siehe, zu seinen Häupten lag ein geröstetes Brot
und ein Krug mit Wasser. Und als er gegessen und getrunken hatte, legte er
sich wieder schlafen.*
*Und der Engel des HERRN kam zum zweitenmal wieder und rührte ihn an
und sprach: Steh auf und iß! Denn du hast einen weiten Weg vor dir.*
*Und er stand auf und aß und trank und ging durch die Kraft der Speise
vierzig Tage und vierzig Nächte bis zum Berg Gottes, dem Horeb.*
*Und er kam dort in eine Höhle und blieb dort über Nacht. Und siehe, das
Wort des HERRN kam zu ihm: Was machst du hier, Elia?*
*Er sprach: Ich habe geeifert für den HERRN, den Gott Zebaoth; denn Israel
hat deinen Bund verlassen und deine Altäre zerbrochen und deine Pro-
pheten mit dem Schwert getötet, und ich bin allein übriggeblieben, und sie
trachten danach, daß sie mir mein Leben nehmen.*
*Der Herr sprach: Geh heraus und tritt hin auf den Berg vor den HERRN!
Und siehe, der HERR wird vorübergehen. Und ein großer, starker Wind, der
die Berge zerriß und die Felsen zerbrach, kam vor dem HERRN her; der
HERR aber war nicht im Winde. Nach dem Wind aber kam ein Erdbeben;
aber der HERR war nicht im Erdbeben.*
*Und nach dem Erdbeben kam ein Feuer; aber der HERR war nicht im Feu-
er. Und nach dem Feuer kam ein stilles, sanftes Sausen.*

Als das Elia hörte, verhüllte er sein Antlitz mit seinem Mantel und ging hinaus und trat in den Eingang der Höhle.

Liebe Schwestern und Brüder,

was ist eigentlich los mit Elia? Woher kommt es, daß er mit eine Mal so lebensmüde ist? Die Gründe, die sich für andere Beauftragte Gottes vielleicht nennen ließen, gelten doch für ihn gerade nicht. Er ist nicht resonanzlos in seiner Verkündigung, er ist nicht in irgendeine Nische der Belanglosigkeit abgedrängt. Im Gegenteil: Gerade hat er in aller Öffentlickeit einen spektakulären Triumph über 450 Baalspriester errungen, hat sie und ihren Erfolgs- und Erlebniskult im wahrsten Sinne des Wortes naß gemacht. Und damit hat er erreicht, was er vorher immer schon dringend angemahnt hat: daß das »Hinken des Volkes nach beiden Seiten«, hin zu dem Gott Israels und zu Baal, endlich aufhört und sich in Eindeutigkeit verwandelt. Denn, so wird berichtet, als das *alles* Volk sah, »fielen sie auf ihr Angesicht und sprachen: ›Der Herr ist Gott, der Herr ist Gott!‹«

Das heißt: Elia befindet sich auf dem Höhepunkt seines Erfolgs, ihm ist gelungen, in der Frage von Bekenntnis bzw. von religiöser Zugehörigkeit bei *allem* Volk eine Klarheit zu schaffen, von der unsereins nur träumen kann. Und ob Elia das Abschlachten der 450 Baalspriester, das uns so gegen den Strich geht, auch als so belastend empfunden hat, daß er sich deshalb nicht freuen konnte, das bezweifle ich, das wird jedenfalls mit keinem Wort angedeutet. Um so krasser stellt sich also noch einmal die Frage: Woher kommt plötzlich diese abgrundtiefe Müdigkeit, dieses Gefühl: Jetzt reicht es, jetzt kann ich nicht mehr, jetzt will ich nur noch meine Ruhe haben? Und woher die Maßlosigkeit, die aus einer momentanen Erschöpfung den Wunsch macht, sterben zu wollen?

Ist es wirklich die Drohung der Königin Isebel, die als einzige die Umkehr Israels zu seinem Gott nicht mitvollzieht, sondern die Unterlegenheit der Baalspriester als eigene Niederlage betrachtet? Klar, daß sie schäumt vor Wut und Rachegedanken und Elia den Tod androht. Aber warum sollte Elia diese Drohung soviel ausmachen?! Es ist doch eigentlich nur die Reaktion einer total blamierten Herrscherin von Baals Gnaden, es ist der wortgewaltige Versuch einer Verliererin, ihren Gesichtsverlust zu kaschieren! Und wenn Elia mit 450 Baalspriesetrn fertiggeworden ist, warum sollte er dann nicht mit dieser einen Frau fertig werden?!

Mir schiene es jedenfalls viel naheliegender, daß Elia Gott nun auch um Hilfe gegen diese letzte Gegnerin anriefe oder in irgendeinem sicheren Versteck abwartete, bis der größte Zorn verraucht ist. Aber nein, wir hören: Elia läuft um sein Leben und will dann nur noch sterben. Deshalb noch einmal: Was ist los mit ihm? Was wirft ihn so aus der Bahn, daß er sein eigenes Tun und Wollen nicht mehr übereinanderkriegt?

Wenn man genau zuhört, erschließt sich ein unerwarteter, aber einleuchtender Grund: »*Es ist genug, so nimm nun, Herr, meine Seele; ich bin nicht besser als meine Väter.*« (V. 4) Daß *diese* Erkenntnis etwas sehr Niederschmetterndes hat, kann ich unmittelbar nachvollziehen. Denn wer von uns wäre nicht angetreten, alles anders und natürlich besser zu machen als die Generation vorher. Uns 68ern war z.B. völlig klar, daß die Kirche von Grund auf umstrukturiert werden müßte, daß sie weg von jeder frommen Nabelschau hin zu einer revolutionär wirkenden Kraft gelangen müßte. Um eindeutige Stellungnahmen ging es uns, um eindeutige Parteinahme für die Unterdrückten. Jede Menge politischer Predigten und Aktionen dienten diesem Ziel. Unsere Hoffnung war, aus der vielgeschmähten Volkskirche dadurch endlich eine Kirche des Volkes zu machen. Und heute? Heute müssen wir erkennen, daß uns das nicht gelungen ist, daß manches sehr kurzschlüssig gedacht war und auch uns die Gemeindeglieder davonlaufen.

Was bleibt da noch von unserem Anspruch, besser zu sein als unsere Väter und Mütter? Die Realität hat uns inzwischen eingeholt, und es ist nicht leicht, sich dem eigenen Scheitern in dieser Hinsicht zu stellen, ohne in die Alles-oder-nichts-Falle zu geraten und zu resignieren, so nach dem Motto: Dann hat sich eben alles nicht gelohnt!

Von solchen Erfahrungen her verstehe ich Elias Müdigkeit besser, die er mit dem Satz begründet: »*... ich bin auch nicht besser als meine Väter.*« Aber bei ihm wird mir auch ganz schnell deutlich, wie vermessen dieser Anspruch, besser zu sein als die Väter, von Grund auf ist. Für Elia hieße das doch: besser sein als Mose oder auch als Abraham! Und wie sollte das aussehen? Eventuell könnte man einzelne Situationen nennen, in denen sich Elia vielleicht besser hätte verhalten können als jene. Aber besser *sein* als diese Väter im Glauben, ja überhaupt besser sein als irgendein anderer – wer soll das beurteilen, wer soll das entscheiden außer Gott allein? In der jüdischen Tradition heißt es: Gott wird am Ende der Tage nicht fragen: Warum warst du nicht wie Mose? Warum warst du nicht wie Abraham? Sondern er wird fragen: Warum warst du nicht so, wie du hättest sein können, warum hast du deine Möglichkeiten nicht ausgeschöpft und das Beste aus deinem Leben gemacht?

Wer sich durch Vergleiche mit anderen zu definieren versucht, der wird auf lange Sicht nie auf einen grünen Zweig kommen, wird immer neue Defizite entdecken und dann unter Umständen gar nicht mehr die eigenen unvergleichlichen Gaben, die eigene unvergleichliche Kraft und auch nicht mehr den eigenen Auftrag erkennen. Wer sich vergleicht, wird schnell ein getriebener Mensch werden wie Elia, einer, der auch ohne äußere Bedrohung ständig um sein Leben rennt und dabei gleichzeitig doch sterbensmüde ist.

»... ich bin nicht besser als meine Väter« – darin liegt die Krux. Das erklärt auch, warum Elia seinem Riesenerfolg zum Trotz nicht mehr weiter will. Für einen Menschen, der sich ständig mit anderen vergleicht, gibt es keine Ruhe, gibt es kein »genug« im guten Sinn; er scheitert an seinem eigenen Anspruch, statt getrost seine Arbeit zu tun und sich seiner Erfolge zu freuen.

Und nun liegt Elia da und schläft unter einem Wachholderstrauch, hat sich zum Sterben ein lebensrettendes Plätzchen gesucht, einen schattigen Ort, der ihn vor der tödlich-sengenden Hitze der Wüste bewahrt; vielleicht deshalb, weil er wie manche anderen Lebensmüden ja eigentlich gar nicht den Tod will, sondern ein anderes Leben.

Und dazu wird Elia dann auch geweckt. Geweckt von einem Engel, der mit herrlich kühlem Wasser und frischen Brötchen an Elias latentem Lebenshunger anknüpft und ihn gleichzeitig spüren läßt, was Hebräer eigentlich von ihrer Sprache her immer schon wissen: daß Gottes Erbarmen etwas sehr Mütterliches ist.

Statt ihm Vorhaltungen zu machen oder ihm wortreich zuzureden, wendet sich Gott seinem müden Propheten erst einmal ganz fürsorglich zu und kümmert sich darum, daß das Äußere stimmt, daß Elia zu essen und zu trinken hat und alles, was ihm sonst noch guttut und was er braucht, um am Leben zu bleiben: Ruhe, Schlaf und viel Zeit.

Ich finde, es ist gut zu sehen, daß Elia durch diese ganz simple körperliche Stärkung tatsächlich rundherum wieder aufgebaut wird, daß seine Lebenslust und -kraft ihm von außen nach innen wieder zuwächst. Denn gerade in unserer protestantischen Tradition wird das Äußerliche oft viel zu sehr abgewertet zugunsten der »inneren Werte«. Dementsprechend wird dann auch oft wenig Sorgfalt auf das Äußere verwendet: Gottesdienst- und Gemeinderäume strahlen manchmal wenig Einladendes aus, neu Dazugekommene werden kaum bemerkt, geschweige denn begrüßt, und über »Wohlfühlgemeinden« zieht man – mit theologischer Munition – gern scharf her. Aber der Mensch lebt eben auch nicht vom Wort allein, und für manche Zeitgenossen ist das nachlässige äußere Erscheinungsbild der Kirche einer der Gründe, erst gar nicht einen Fuß hineinzusetzen. Und das, finde ich, sollte man nicht so leicht abtun.

Aber zurück zu Elia. Der wird durch die körperliche Stärkung schließlich bereit zu einem neuen Aufbruch, zu einem Aufbruch, der ihn allerdings erst noch weiter in die Wüste führt, noch weiter weg von den Menschen und der normalen Arbeit hin zu dem heiligen Berg, der schon seinen Vätern ein Ort der Gottesbegegnung war.

Dort geschieht nun, was Juden und Christen interessanterweise sehr unterschiedlich deuten. Gott fragt: »*Was hast du hier zu tun, Elia?*« Und Elia antwortet: »*Ich habe geeifert für den Herrn, den Gott Zebaoth; denn Israel hat deinen Bund verlassen und deine Altäre zerbrochen und deine Propheten mit dem Schwert getötet, und ich bin allein übriggeblieben und sie trachten danach, daß sie mir mein Leben nehmen.*« (V. 10) In der christlichen Tradition wird dieser Wortwechsel meist wenig beachtet und alles Gewicht auf die folgende Gottesoffenbarung gelegt. Die jüdischen Weisen dagegen sehen darin die Schlüsselstelle und sagen: Durch diese Antwort macht Elia deutlich, daß er tatsächlich nicht besser ist als seine Väter. Denn Mose hat damals, als das Volk um das Goldene Kalb tanzte, an diesem Ort seinem eigenen Zorn zum Trotz für sein gottvergessenes Volk gebetet. Elia dagegen stellt nur die eigene Standhaftigkeit heraus und klagt alle anderen (und inzwischen ja auch noch zu Unrecht) an. Und genau durch diese Anklage, so argumentieren die jüdischen Ausleger, habe Elia schon hier sein Prophetenamt verloren. Denn zu einem Propheten, auch zu einem Gerichtspropheten, gehört, wie das Alte Testament immer wieder bezeugt, daß er seine Rolle als Ankläger nicht genießt, daß er nicht verliebt ist in den Untergang, den er ankündigen muß, ganz nach dem Motto: Ihr werdet es schon noch sehen, und es geschieht euch alles ganz recht! Ein Prophet erweist sich seines Amtes gerade dadurch würdig, daß er solidarisch bleibt mit denen, an deren Gottvergessenheit er leidet, und daß er diese Solidarität in der Fürbitte ausdrückt und darin nicht müde wird.

Ich frage mich, ob die jüdische Auslegung nicht auf einen ganz wichtige Punkt hinweist, gerade auch, was unsere Fragestellung nach dem Auftrag der Kirche im Pluralismus betrifft. Denn vielleicht ist die Fürbitte ja bis heute der wichtigste Dienst der Beauftragten Gottes, der unser Amt auch in unserer Gesellschaft rechtfertigt und unentbehrlich macht. Aber oft liegt uns Elias anklagende, bittere Haltung näher: Ich bin allein übriggeblieben; alle anderen haben deinen Bund verlassen!

Nach jüdischer Auffassung widerspricht auch die Gottesoffenbarung ganz deutlich jedem unbarmherzigen Eifer, der am liebsten ein gewaltiges Strafgericht auf das treulose Volk herabbeschwören würde. Elia *selbst* muß aus der Sicherheit, aus der bergenden Felsspalte heraustreten und muß ungeschützt Sturm, Erdbeben und Feuer aushalten, ohne Gott darin zu begenen, bis sich ihm Gott schließlich im stillen, sanften Wehen oder, wie M. Buber übersetzt, in der Stimme »verschwebenden Schweigens« offenbart. Der Talmud deutet: Durch diese Gottesbegegnung soll Elia wie die anderen Propheten, die Gott sendet, lernen, zu Israel mit leiser Stimme zu kommen und das Volk mit

Banden der Liebe und sanften Worten heranzuziehen. Nach biblischem Zeugnis bleibt Elia allerdings hart und beherzigt diese Lehre nicht. Aber in der jüdischen Legende wird schließlich ausgerechnet Elia derjenige, der Israel wie kein anderer tröstet, ihm beisteht und seine Hoffnung auf den Messias wachhält bis zum heutigen Tag.

Gott im stillen, sanften Wehen, im leisen Lebensatem vernehmen – das weist auch uns auf eine Art der Anwesenheit Gottes in unserer Welt hin, die sich nicht gewaltsam Anerkennung verschafft, sondern mit Geduld wartet, entdeckt zu werden.

Diesem Gott in unserer Gegenwart zu dienen erfordert nicht, ständig nach neuen spirituellen Höhepunkten jagen zu müssen, getrieben durch den Anspruch, alles besser zu machen als alle anderen und möglichst alle zu überzeugen. Dem Gott zu dienen, der sich im leisen, sanften Wehen offenbart, heißt, dem lebendigen Atem seiner Gegenwart zu vertrauen und getrost zu tun, was in der eigenen Kraft und im eigenen Auftrag steht. Oder um es mit Paulus zu sagen: Diener Christi und Haushalter über Gottes Geheimnisse zu sein und zu wissen: *»Nun fordert man nicht mehr von den Haushaltern, als daß sie treu erfunden werden.«* Amen.

Quellennachweis

S. 12:
Marc Chagall, Neues kündigt sich an
Schwarz-weiß-Radierung 33,4 x 25,1 cm
Bible 99 / WVZ Nizza 355
@ VG Bild-Kunst, Bonn 1998
Aus: Christoph Goldmann, Kinder entdecken Gott mit Marc Chagall
Göttingen [3]1996, S. 63
Mit freundlicher Genehmigung des Verlags Vandenhoeck & Ruprecht

S. 178:
Azaria Mbatha, Der brennende Busch
Linolschnitt
Aus: Theo Sundermeier, Südafrikanische Passion
Linolschnitte von Azariah Mbatha
Bielefeld/Wuppertal 1977, S. 23
Mit freundlicher Genehmigung des Luther-Verlags und des Aussaat
Verlags

Quelle der Bibeltexte, wenn im Text nicht anders vermerkt:
Lutherbibel, revidierter Text 1984, mit Genehmigung der Deutschen
Bibelgesellschaft Stuttgart

Sylvia und Peter Bukowski

EIN BUCH VOLLER LEBEN

Entdeckungen in der Bibel
Predigten zu ungepredigten Texten

Neukirchener

NEUKIRCHENER

167 Seiten
DM 28,– / öS 204,– / sFr 26,–
ISBN 3-7887-1411-5

Peter Bukowski

PREDIGT
WAHRNEHMEN

Homiletische Perspektiven

Neukirchener

NEUKIRCHENER

XI, 194 Seiten
DM 29,80 / öS 218,– / sFr 27,50
ISBN 3-7887-1361-5

Peter Bukowski

DIE BIBEL INS GESPRÄCH BRINGEN

Erwägungen
zu einer Grundfrage
der Seelsorge

Neukirchener

109 Seiten
DM 18,– / öS 131,– / sFr 17,–
ISBN 3-7887-1498-0

NEUKIRCHENER